国家大学生文化素质教育基地校园文化建设丛书

青听新语 润物无声
——广西大学学生新媒体文化建设实践与探索

欧阳雄姣 编著

北京理工大学出版社
BEIJING INSTITUTE OF TECHNOLOGY PRESS

版权专有　侵权必究

图书在版编目（CIP）数据

青听新语　润物无声：广西大学学生新媒体文化建设实践与探索 / 欧阳雄姣编著. —北京：北京理工大学出版社，2019.12
ISBN 978-7-5682-8026-6

Ⅰ. ①青… Ⅱ. ①欧… Ⅲ. ①高等学校–传播媒介–研究–广西 Ⅳ. ①G206.2

中国版本图书馆 CIP 数据核字（2019）第 286876 号

出版发行 / 北京理工大学出版社有限责任公司	
社　　址 / 北京市海淀区中关村南大街 5 号	
邮　　编 / 100081	
电　　话 / （010）68914775（总编室）	
（010）82562903（教材售后服务热线）	
（010）68948351（其他图书服务热线）	
网　　址 / http://www.bitpress.com.cn	
经　　销 / 全国各地新华书店	
印　　刷 / 三河市华骏印务包装有限公司	
开　　本 / 710 毫米×1000 毫米　1/16	责任编辑 / 刘兴春
印　　张 / 18	文案编辑 / 李丁一
字　　数 / 295 千字	责任校对 / 周瑞红
版　　次 / 2019 年 12 月第 1 版　2019 年 12 月第 1 次印刷	责任印制 / 李志强
定　　价 / 68.00 元	

图书出现印装质量问题，请拨打售后服务热线，本社负责调换

国家大学生文化素质教育基地
校园文化建设丛书
编 委 会

丛书主编　左向蕾

成　　员（按姓氏音序排名）

　　　　陈　霄　　陈晓江　　耿　卓　　贾琦艳

　　　　姜　玮　　李　真　　欧阳雄姣　文　静

　　　　吴　滤　　韦兴剑　　伍　星　　王万奇

　　　　吴　忆　　曾文琪　　周子富

互联网信息技术的快速发展给社会生活带来了巨大改变，也为高校校园带来了一股新风。每日发微信朋友圈、刷微博，已经成为当代高校青年大学生的日常行为。青年是互联网的主力军，谁赢得了互联网，谁就赢得了青年。因此，网络新媒体作为思想政治引领的阵地和渠道日益重要。自2014年开始，高校共青团系统微信公众号和微博账号如雨后春笋般纷纷涌现，通过微信、微博平台，传青年之声，解青年之惑，引领青年之思想。

本书汇编了广西大学团委官方微信号"西大团学小微"2015—2017年部分原创微信推文和师生探索文章。微信推文根据共青团的基本职能，围绕思想理论宣传、爱校荣校教育、校园信息传递、典型人物选树、社会实践开展、学习生活服务等方面，构建青年人自己的话语体系，运用新的传播形式，讲述校园好故事，传播社会正能量。这些作品虽仍显稚嫩，但都是学生团队在网络新媒体文化建设上做出的尝试，也是在"微文化"背景下提高网络思想政治教育实效性的探索和实践。"跬步之行,志在千里。"期望这样的尝试和探索能助力将来更好地开展新媒体文化建设,不断创新载体和形式,引领青年、凝聚青年、服务青年。

作　者

2019 年 10 月

目录

上篇 广西大学学生新媒体文化建设综述 ………………………… 1

让学生自己成为自己的思想教育者 …………………………………… 3
第一节 新媒体文化的概念和特征 …………………………………… 3
第二节 广西大学新媒体文化建设的措施和成效 …………………… 5

中篇 广西大学学生新媒体文创作品案例 ………………………… 11

微思想·亮光芒 ……………………………………………………… 13
新时代好青年,你不能不知道这些! ……………………………… 13
团子小课堂——关于"青春" ……………………………………… 19
嘿,"小鲜肉"们,东哥喊你扣好人生第一粒扣子 ……………… 22
学习十九大:赵跃宇校长为新生作专题报告 …………………… 27
十九大学习天天见——争当新时代有理想、有本领、有担当的
　青年大学生 ……………………………………………………… 33
青年学子,"五四"课堂开讲啦! ——习近平总书记五四青年节
　讲话精神学习座谈会 …………………………………………… 37
君武青年"学"系列点评 …………………………………………… 39
《战狼2》:有些伟大的民族,你永远不能低估! ………………… 39
中国动漫发展:大圣归来之后怎么办? …………………………… 43
八年前的今天,你还记得吗? ……………………………………… 47
比金牌更重要的 …………………………………………………… 50
中国女排,不止为冠军 …………………………………………… 53

铭记：八年前的"5·12" …… 56
君武青年"说"系列点评 …… 59

微校园·展风采 …… 61
风雨兼程西大路（一）——看漫山遍野，听梧州岁月 …… 61
风雨兼程西大路（二）——风云桂林，且听风吟（上） …… 63
风雨兼程西大路（三）——风云桂林，且听风吟（下） …… 69
图说《广西大学推进一流大学和一流学科建设方案》 …… 73
印象西大：你是如此难以忘记 …… 76
论big，我只服西大 …… 83
嘘，听初醒的西大 …… 89
看，微醺的西大 …… 92
广西大学，这是你的大学 …… 98
我有美景如画，你有文采如花 …… 102
三月采风：西大人专属春季手机壁纸 …… 105
就算大雨让西大颠倒，我会给你怀抱 …… 112
君武"微校园"爱校荣校系列点评 …… 114

微人物·立标杆 …… 115
唯我校友：李四光之女——李林院士 …… 115
在他眼里，祖国利益高于一切 …… 119
开在西大的"巾帼之花"——访海洋学院王英辉教授 …… 120
胡老师课堂开课啦！！！ …… 124
何以琛算什么？咱西大有犬系优质理工男！ …… 128
高能"虐狗"，"学霸"情侣：蔡炜浩与周婧怡 …… 133
"话"茧成蝶，她的美丽蜕变 …… 140
团员标兵朱济友：我的青春当自强 …… 143
西大造梦者：追逐阳光的人 …… 146
保研北大的女学霸黄爽爽 …… 149
路遥远，我们一起走——专访姐妹花杨墅和王诗艺 …… 152
钟雨欣：没有白走的路，每一步都算数 …… 157
北大直博生戴林辉：人生有无限可能 …… 161
浙大保研生王坤："兴趣"与"坚持"最重要 …… 165
西大达人秀：惊奇乐队毕业单曲震撼首发！ …… 169
总有些人放假比你晚 …… 173

  君武"微人物"系列点评 …………………………………… 175

微实践·接地气 …………………………………………… 176
  青春心向党，重走长征路 ……………………………… 176
  我校师生为首任校长马君武扫墓 ……………………… 178
  一个月迷失鼓浪屿——来自西大青旅义工的自白 …… 180
  请听我说，我的西藏故事 ……………………………… 183
  在中、日、泰交流会上遇见新世界 …………………… 189
  走进吉林边防，点燃青春梦想 ………………………… 191
  军训总结大会：不辛苦是假的，舍不得是真的 ……… 194
  君武"微实践"系列点评 ……………………………… 197

微服务·有温度 …………………………………………… 198
  数读图书馆：谁是2015借书土？ ……………………… 198
  冬天来了，有些关于肺结核病的知识你不得不知道 … 201
  人嘛，谁没个难过的时候 ……………………………… 204
  西大秃头调查：你的头发还好吗？ …………………… 207
  大学生，你是传销组织的下一个猎物吗？ …………… 212
  你玩手机的样子真的很丑！ …………………………… 221
  大学生谈恋爱着急吗？ ………………………………… 222
  毕业季：以梦为马，故称"猛犸" …………………… 225
  在大学当班干部是一种什么样的体验？ ……………… 229
  君武"微服务"系列点评 ……………………………… 233

下篇　广西大学学生新媒体文化建设总结与探索 ………… 235
  以"新"声传"青"音——广西大学团学新媒体中心建设纪实 … 237
  广西大学团学新媒体中心2017—2018学年工作总结 … 245
  广西大学团学新媒体中心2016—2017学年工作总结 … 250
  广西大学团学新媒体中心2015—2016学年工作总结 … 255
  微媒体背景下高等学校意识形态话语权的挑战及对策 … 261
  微时代背景下大学生网络意见领袖的培养 …………… 267
  提升高等学校思想政治教育有效性的"微"探索 …… 271

上篇 广西大学学生新媒体文化建设综述

让学生自己成为自己的思想教育者

第一节 新媒体文化的概念和特征

所谓"新媒体",最初的概念(New Media)是由美国人 G·戈尔德马克 1967 年第一次提出的。"新"与"旧"是相对而言,媒体也是如此,因此,严格意义上来说,新媒体是一个不断变化的概念。

关于现阶段新媒体的确切定义,业界和学界也并未达成共识。从不同角度理解新媒体,对新媒体就会有不同的概述。清华大学熊澄宇教授指出:所谓新媒体,或称数字媒体、网络媒体,是建立在计算机信息处理技术和互联网基础之上,发挥传播功能的媒介总和①。中国人民大学匡文波教授认为:"新媒体是借助计算机(或具有计算机本质特征的数字设备)传播信息的载体"。它的严谨表述应该是"数字化互动式新媒体"。

这些界定有一个共同的特征就是表现了新媒体的技术性内涵,是依托数字技术、互联网技术、移动通信技术等新兴科技而产生的向用户提供信息服务的一系列新的工具或手段。从技术上看,"新媒体"是数字化的;从传播特征看,它有具有以前所有媒体所没有的高度互动性。而从传播学来看,它们又可以分为两类:一类是以网络媒体、移动媒体和互动性电视媒体为代表的"新兴媒体";另一类是传统媒体基础上依托新技术衍生而来的包括户外新媒体、楼宇电视和车载移动电视等"新型媒体"。而高校的"新媒体文化"是从狭义上的新媒休即"新兴媒休"视野展开的,运用以微信、微博、客户端等"两微一端"为主要代表的网络新媒体、移动新媒体(手机媒体)来传播信息、服务师生并达到教育效果,形成文化氛围。

2009 年,媒体发展的口号是"微动力,广天地",一张照片,一小段文

---

① 熊澄宇,廖毅文:《新媒体——伊拉克战争中的达摩克利斯之剑》

字信息,一个转发,都可能带来积极的社会改变,带给我们一片广阔的思想文化天地。因此,2009年媒体发展实现跨越式发展,进入"微时代"。新媒体文化通常称为"微文化"。在2009年9月25日,栾轶玫发表在《视听界》的《"微时代"——从日本的手机小说谈起》文章指出,新媒体逐渐出现了一个重要特质,内容生产上是"微创作",内容消费上是"微支付",内容体验上是"微阅读",即媒介生产与媒介消费都进入了"微时代"。在以微生产、微表达、微支付、微娱乐等为显著特征的微时代里,以微博和微信等社交软件为代表的微媒体方兴未艾。从微博、微信到微视、微小说、微电影等,以短小精炼、多手段、多方式的表达形式进行文化传播与信息交流乃至情感沟通,也构成了新媒体时代的"微"文化。

高校校园文化是社会文化不可缺少的一部分,是由师生们在长期的教育教学实践过程中形成的,反映校园信念和追求。随着新媒体的不断发展,校园新媒体平台的建设,网络微文化成了校园文化的重要组成部分,并且具有新的特征。

(1) 开放性。网络新媒体本身具有信息海量和海纳百川的开放性,在校园新媒体传播形态下,师生们可以自由获取所需信息,具有极大的开放性。

(2) 多样性。校园新媒体平台凭借其形式新颖、覆盖面广、实时性强等优势更易于被大家所接受,平台和内容的丰富多样为校园文化建设提供了新的途径。广大青年学生通过这些途径自我表达、一起分享、彼此碰撞,呈现出校园文化的丰富多彩。

(3) 交互性。多点对多点的新媒体信息传播方式,将信息以裂变的速度辐射扩散。每个人既是信息的接收者,又是信息的发布和传播者,由传统的消极被动接受向积极的主动参与转变,每个人都可以成为校园文化建设的一分子。在信息的来来往往互通有无,熟悉赏识,实现沟通交流,主体间的互动性更强。

(4) 创新性。新媒体不仅在校园生活、学习等方面为师生提供了便利,也潜在地改变着固有的思想、意识和习惯,从而培养和塑造出新的思维方式。新的传播载体,新颖的表现形式,更具特色的传播内容,让校园文化更具创新性和创造性,为人们观念的更新、知识的掌握提供了广阔的平台。

新媒体的出现为校园文化建设带来了更大的发展空间,也为校园文化增添了新的色彩和活力。同时,信息传播的自由和选择的自主性也带来了多元价值的冲击。一方面高校要积极加强数字化校园建设,加快新媒体平台建设,为新媒体文化发展提供硬件设施;另一方面提高师生选择、理解、创造、评估、制作等媒介素养，培养网络文化队伍，引领校园新媒体文化发展的方向，创新校园文化内容，营造良好的网络文化氛围。

第二节 广西大学新媒体文化建设的措施和成效

互联网和新媒体的快速发展在促进社会进步的同时，也给社会思想文化领域带来了复杂影响，网络的开放性和信息海量化必然带来多元化的思潮，外来敌对势力意识形态侵略的现象越演越烈，大量负面信息的影响使社会主义主流意识形态在网络世界被边缘化，社会主义核心价值观受到冲击。互联网日益成为意识形态斗争的主战场、主阵地、最前沿。青年是上网用网的主力军，正处于价值观形成的阶段，在网络负面信息和西方文化对社会主义信仰的冲击下，容易丧失立场、失去方向。积极利用网络技术和网络平台，占领思想和舆论的新阵地，是有效应对互联网时代背景下的新挑战，增强大学生思想政治教育的针对性和实效性的必然选择。如何运用好网络加强对青年大学生的思想政治教育，急需高校做出新的探索。

（一）传统的思想政治教育无法适应新形势下青年发展需求

在互联网冲击下，特别是"两微一端"出现后，大学生的行为模式、心理发展、价值取向发生了很大变化，据 CNNIC 发布的《中国互联网络发展状况统计报告》（第 38 次），截至 2016 年 6 月，我国的互联网普及率为 51.7%，拥有网民 7.10 亿。其中，手机网民规模高达 6.56 亿。《2016 年中国青少年上网行为调查报告》显示，截至 2015 年底，中国青少年网民规模达 2.87 亿人，占中国青少年人口总体 85.3%，占整体网民比例为 41.7%。青少年网民使用手机上网的比例达到 90%，而在"腾讯"发布的 2015 年微信用户数据报告中，18~25 岁年龄段占比最高，为 45.40%。如果说每一代人都有自己的时代烙印，那么对于现在的青少年来说，人人一部手机，每人一个微博一个微信，就是他们的时代记忆。可以说"谁赢得了互联网，谁就能赢得青年、赢得未来"。高校大学生思想活跃，网络技术娴熟，有着很强的网络空间话语能力，自我参与和表达的意识更强烈，而"八股式"的思想政治教育让大学生感觉索然无味，内容与形式吸引力和感染力不强，已经无法适应当代青年大学生的需求。

（二）国家高度重视大学生网络思想政治教育

国家多次下发有关文件，要求大力加强网络思想政治教育理念、方法和载体的创新,增强新形势下大学生思想政治教育的针对性和实效性。2004年,中共中央、国务院《关于进一步加强和改进大学生思想政治教育的意见》指出:"要建设好融思想性、知识性、趣味性、服务性于一体的主题教育网站或网页,积极开展生动活泼的网络思想政治教育活动,形成网上网下思想政治教育的合力。"2014年,教育部思想政治工作司发布了《关于培育建设大学生网络文化工作室的通知》,决定启动大学生网络文化工作室培育建设工作,探索创新高校学生参与校园网络文化建设的新模式、新机制,引导青年学生自觉培育和践行社会主义核心价值观,提升思想政治教育工作的质量。

2016年,全国高校思想政治工作会议在北京召开,习近平总书记在会上指出,教育强则国家强。高等教育发展水平是一个国家发展水平和发展潜力的重要标志,做好高校思想政治工作,要因事而化、因时而进、因势而新。要运用新媒体新技术使工作活起来,推动思想政治工作传统优势同信息技术高度融合,增强时代感和吸引力。

在新时代的背景下,为了更好地推动网络思想政治教育在大学生中入脑入心、随身随行,广西大学团委积极响应共青团中央的号召,结合广西大学的实际,努力探索通过建立微信、微博等新媒体平台开展第二课堂新媒体文化育人提升思想政治教育实效性的方法、路径,从平台搭建、队伍打造、内容开发等方面积极实践,"搭"阵地、"强"队伍、"亮"内容、"活"形式,发挥大学生"自我教育、自我管理、自我提升"的主体作用,运用新媒体引领学生思想,服务学生成长成才,实现思想政治教育由"灌"到"引"、由"被动"到"主动"、由"高冷"到"亲和",学生由"客"到"主"、由"知"到"行"的转变。

(一)建立纵横交错的平台体系,将思政教育阵地"搭"起来

从2013年起,广西大学陆续建立微信、微博等新媒体平台。至2017年,已建设网络新媒体平台近800个,其中微信平台160个,微博帐号628个,易班客户端等校园APP 6个,辅导员博客98个。关注人数达30余万人。学校团学系统则以校团委官方微信、微博帐号为中心,组织建立和开通了包括各级团学组织、团学骨干、校园传媒等一大批组织和个人微博、微信帐号、QQ空间宣传主页。这些平台紧密联系、信息共享,形成了以微博、微信为主体的全覆盖、立体式新媒体信息传播"立交网"。这些平台的建立使思想政治教育有了新的阵地和立足点,大学生拿起手机,刷新微博,点击微信公众

号,核心价值观的思想内容就能即时走进青年学生生活。以青年大学生喜闻乐见的方式随时随地进行思想政治教育,极大地提高思想政治教育中学生的参与性,发挥学生主体地位。同时,校团委树立"经营新媒体"理念,完善新媒体平台运作、考核、监控、培训各项机制,量化工作要求,并融入团委的日常工作,保证其有效、规范化运作。力争做到每天都有新信息,每周都有新亮点,每月都能出精品。2015年1月,学校成立了广西大学团学组织新媒体联盟,同年4月设立执行机构广西大学团学新媒体中心,对各级各类新媒体平台统一管理,有效联动,促进校园正能量的产生、聚合和传播,扩大新媒体传播力和辐射力。

(二)建立全员育人新媒体队伍,让思政教育队伍"强"起来

微信、微博等新媒体的优势之一就是突出的学生主体参与性。但是,由于网络传播的信息海量化和无序性,青年大学生的价值理念受到新媒体多种思潮的影响。利用新媒体开展思想政治教育,要以学生为主体,让其自己做自己的思想工作,但绝不能放之任之,必须建立教师为主导、学生为主体的强有力的队伍。我们在探索实践中建立了主要由校团委及各二级学院团委负责人组成的政治觉悟高、理论水平扎实的网络管理队伍,对整个校园学生新媒体网络平台建设、管理、运营进行规划和引导,对网络文化工作者进行教育、培训与管理;着力培养了一支政治坚、能力强、业务精、素质高,以学生干部和青年团干为主的学生媒体宣传员队伍,担当起方向上引导、议题设置、内容上的把关等主导作用,通过微平台互动分享生活阅历、社会经历;也有熟悉新媒体运营、思想活跃、创意丰富,并且有强烈的参与意识和主体意识的学生编辑队伍,从学生角度出发,根据学生实际需求及信息接收特点,收集信息,采写稿件,编辑、创作各网络平台的宣传内容,策划开展网络文化活动,传播正能量;建立一支以各新媒体平台学生负责人为主的把关审核队伍,把关平台传播内容,确保网络文化的正确方向和质量;建立一支以网络中心技术人员、计算机科学与技术专业教师为主要力量,带动相关专业学生的新媒体技术队伍,为网络平台建设和整个网络思政实施过程提供技术支持与保障。

(三)整合开发多层次的内容资源,使思政教育内容"亮"起来

在新媒体平台内容设计上充分考虑大学生聚焦的热点和真实的需求,积极整合校内资源、共享社会资源、开发特色资源,为贴近学生、贴近实际的

微信、微博等平台内容创作提供源泉。

（1）整合校内资源。一是学科专业资源。通过整合不同门类各专业领域的资源，以图文、音乐、视频等方式通过微平台进行传播，新颖又有趣，将专业性、思想性和趣味性有机结合。二是校史校训资源。校园是大学生最熟悉的地方，校友是成长中最近的榜样，充分挖掘和开发校史、校训和校友、校草、校花等资源，通过大学生喜闻乐见的方式传播和扩散，引导学生更加了解学校的历史和底蕴，提高荣誉感和自豪感，弘扬爱国主义爱校荣校精神，也能引起在校学生和广大校友的集体共鸣。此外还可以关注、发布学校各方面的改革发展，尤其是与学生学习生活息息相关的信息，通过学生参与和体验的方式体现"主体"地位，提升思政教育的针对性。三是品牌活动资源。利用已经形成品牌的校园传统活动，创新线上拓展与线下结合的新形式，以活动为依托，可以开发一些具有创意和内涵的衍生文化产品，拍摄微视频、制作活动 H5 等网络文化产品。

（2）共享社会资源。以某个社会热点问题、节日、纪念日、高频网络词汇、某部口碑好的电影电视剧、流行歌曲等为创意点，开发制作微信、微博内容，引起青年大学生的集体共鸣或者热烈探讨。

（3）开发学校特色资源。开发广西、南宁等区域和城市特色，围绕民族地区开发民族特色文化资源，结合红色革命老区开发爱国主义、革命精神资源等，形成自身特色，并加深青年大学生对历史的认识，对国情、社情、校情的了解。

（四）探索"五微一体"育人模式，让思政教育形式"活"起来

在微信、微博等新媒体平台传播过程中构建青年话语体系，打造"五微一体"内容，通过学生"自建、自管、自用"的网络平台运行模式，对学生进行潜移默化的渗透式教育，使网络文化育人犹如"春风化雨，润物无声"。

（1）转换教育话语体系。使用贴近青年的话语，构建青年自己的话语体系。用"网言网语"、青年化的言说方式阐释理论，讲述青春故事；立足青年人的话语体系和情感需求，讲青年人能听懂的话，讲青年人易理解的道理；将传统课堂上学术性、严肃性的语言转换成为具有浓郁生活气息的、富有生命力的语言风格，将教诲式的单向灌输转化为参与式的双向话语。

（2）打造"五微一体"教育内容。在新媒体平台的内容设计上回应青年

需要，从青年的喜好与需求出发，将思想性、娱乐性、趣味性融合，充分运用图文、动漫、音乐、视频等内容呈现形式，以鲜活的真人、真事、生动的图文传播和实时的互动交流，发挥微博、微信等新媒体的实时互动功能和聚集、叠加、放大效果，打造"五微一体"内容：①"微思想·亮光芒"，在微平台上开设"微课堂"，将大道理转化为符合青年接受习惯和特点的微话语，改变传统是想政治教育"高大上"，学生不愿、不易接受的弊病；②"微人物·立标杆"，宣传校园内学生身边的优秀青年榜样，发挥同辈影响，使大学生觉得可以学、学得来、做得到，引领青年向上向善；③"微实践·接地气"，通过微平台，以线上、线下相结合的方式开展社会实践，通过微信、微博等移动平台展示实践见闻，分享实践感悟和收获，为大学生践行社会主义核心价值观提供便捷渠道；④"微活动·显风采"，聚焦学生关心的热点，结合学生需求开展丰富的网络活动，将思想政治教育蕴涵于活动中，通过引导学生组织、参与文化、教育活动提升思想和素质；⑤"微服务·有温度"以服务学生成长成才为基本出发点和落脚点，做好信息咨询、排忧解惑的各类服务。"五微"内容将思想性、政治性、可视性和趣味有机融合，润物细无声地将主旋律、正能量植入其中，加强大学生思想政治教育的吸引力和感染力，犹如"春风化雨，润物无声"般做好大学生青年思想政治引领，使社会主义核心价值观内容真正融入大学生的心中。

经过近三年的探索和实践，广西大学学生新媒体平台建设取得了一定成效。校团委微信公众号"西大团学小微"从2014年10月认证至今，已有关注人数7万人。截至2017年年底，微信平台共推送900余期共近2000篇原创好文，阅读数量超500万人次，共青团广西大学微博发布博文1万条，转发量60000多人次。新媒体文化的建设有力地配合了第一课堂，促进了大学生对社会主义核心价值观的认同，从深度和广度上提升了大学生思想政治教育的实效性。学生新媒体建设得到了各级领导的关怀和社会各界的关注，《光明日报》《科技日报》、人民网等多家媒体对我校网络文化育人成效进行了近30篇（次）报道；北京理工大学、西南大学等20多所高校到校考察学习。

2014年，国家教育体制改革领导小组办公室编发的《教育体制改革简报》（2014年第77期），刊发了《广西大学：活用新媒体，弘扬社会主义核心价值观》的典型材料，团中央书记处傅正邦书记做出批示；2016年1月，时任广西壮族自治区党委书记，现任四川省委书记彭清华到广西大学视察，专门考察新媒体，听取工作汇报后以"春风化雨，润物无声"给予高度肯定；2016

年9月，教育部陈宝生部长来校视察工作时，特别指出：由学生自己举办自己的新媒体，自己成为自己思想的引领者。这条路可以继续探索走下去，我们的思想政治工作才能够走出新的路子，成功的思想政治工作是自己对自己的思想政治工作，别人只是起引导作用，学生有自己的语言，有他们自己关心的问题，有他们自己的表达方式，用他们愿意听的话、喜欢说的话来解答与他们相关的问题，表达他们的喜怒哀乐，很有特色。

中篇 广西大学学生新媒体文创作品案例

微思想·亮光芒

改变传统思想政治教育刻意古板、灌输"填鸭"式的宣传和教育形式，在微信、微博平台上开设"微思想"课堂，将"大道理"转化为符合青年接受习惯和特点的"微话语"，以一图看懂、H5、小游戏等方式将"有意义"做得"有意思"，让"高大上"的思想政治教育"接地气"，让青年愿意听、喜欢听、听得进。

新时代好青年，你不能不知道这些！

五四青年节到来，身为新一代进步青年的你了解社会主义核心价值观吗？下面团子君带你走进社会主义核心价值观！

富强：国富民强　国泰民安

富强即国富民强，是社会主义现代化国家经济建设的应然状态，是中华民族梦寐以求的美好夙愿，也是国家繁荣昌盛、人民幸福安康的物质基础。

荷团子："今天我在西大好好学习先进科学文化知识，明天我要为祖国造汽车、造坦克、造飞船。"

民主：人民至上　责权共享

民主是人类社会的美好诉求。我们追求的民主是人民民主，其实质和核心是人民当家作主。它是社会主义的生命，也是创造人民美好幸福生活的政治保障。

青听新语 润物无声——广西大学学生新媒体文化建设实践与探索

GXUer："那里好多人！他们在干什么呀？"

荷团子："他们是在给西大学代会的候选人投票呢，现在都在提倡民主哦！"

文明：彬彬有礼　仁德有序

文明是社会进步的重要标志，也是社会主义现代化国家的重要特征。它是社会主义现代化国家文化建设的应有状态，是对面向现代化、面向世界、面向未来的，民族的科学的大众的社会主义文化的概括，是实现中华民族伟大复兴的重要支撑。

荷团子："我是文明礼让的社会主义新时代的好宝宝，食堂打饭从不插队，骑电动车从不抢道，图书馆自习从不喧哗。"

和谐：多元包容　以和为贵

和谐是中国传统文化的基本理念，集中体现了学有所教、劳有所得、病有所医、老有所养、住有所居的生动局面。它是社会主义现代化国家在社会建设领域的价值诉求，是经济社会和谐稳定、持续健康发展的重要保证。

同学甲："小团子，帮我去菜鸟驿站领个快递吧，我等会有个会要开。"
荷团子："好呀，取货号是什么？"
同学甲："啊，你真好，你是我的小天使！"
荷团子："应该的，同学之间互相帮助、友好相处，才能打造和谐的人际关系嘛。"

自由：海阔天空　任我驰骋

自由是指人的意志自由、存在和发展的自由，是人类社会的美好向往，也是马克思主义追求的社会价值目标。

荷团子："在西大，你可以自由的追求自己的梦想，无论你身处社团还是学生会，无论你是在大礼堂还是绿茵球场，心有多大，舞台就有多大。"

平等：人人平等　自尊自强

平等指的是公民在法律面前的一律平等，其价值取向是不断实现实质平等。它要求尊重和保障人权，人人依法享有平等参与、平等发展的权利。

荷团子："我的朋友来自各行各业，有从业会计师、建筑工程师、程序员、语文老师、主持人，还有超市收银员、导游、修车工人、出租车司机等，无论做什么职业，他们都是平等的。"

公正：公道在心　不偏不倚

公正即社会公平和正义，它以人的解放、人的自由平等权利的获得为前提，是国家、社会应然的根本价值理念。

GXUer："最近几天模拟联合国的会场可真是热闹非凡啊，各方代表唇枪

舌剑!"

荷团子:"是呀!大赛组委会本着'公平、公正、公开'的原则,对每场比赛进行评比。才使得我们的比赛那么精彩!"

法治:章法有度　自成方圆

法治是治国理政的基本方式,依法治国是社会主义民主政治的基本要求。它通过法制建设来维护和保障公民的根本利益,是实现自由平等、公平正义的制度保证。

荷团子:"每天上、下课高峰期,崇左桥真是堵啊!可是虽然堵,还是要听从交警叔叔的指挥呀!一定要遵纪守法哦!"

爱国:国家兴亡　匹夫有责

爱国是基于个人对自己祖国依赖关系的深厚情感,也是调节个人与祖国关系的行为准则。它同社会主义紧密结合在一起,要求人们以振兴中华为己任,促进民族团结、维护祖国统一、自觉报效祖国。

荷团子:"今年西大的民族传统体育运动会又成功举办啦!同学们都积极地参加比赛,分享交流自己的民族文化。这让我们来自各个民族的同学都更加热爱我们生活的这片土地了!"

敬业:恪尽职守　乐业奉献

敬业是对公民职业行为准则的价值评价,要求公民忠于职守,克己奉公,服务人民，服务社会，充分体现了社会主义职业精神。

荷团子："听说新体育馆要竣工了，为炎炎烈日下还在辛勤工作的工人们点个赞！他们可真敬业啊！"

诚信：一言九鼎　重于泰山

诚信即诚实守信，是人类社会千百年传承下来的道德传统，也是社会主义道德建设的重点内容，它强调诚实劳动、信守承诺、诚恳待人。

荷团子："听说狗洞有个自动投币购买的摊点哦！那我们买东西的时候可要自觉投币，诚信做人啊！"

友善：推己及人　善心善待

友善强调公民之间应互相尊重、互相关心、互相帮助，和睦友好，努力形成社会主义的新型人际关系。

荷团子："谢谢你们把我扶了起来，还没问你们叫什么名字呢？"
GXUer："我们做好事从来不留名，你就叫我们西大人吧！"

相信各位同学们和荷团子一起学习后对社会主义核心价值观有了一定的认识。我们身为国家的新一代青年，应该把社会主义核心价值观与自身实践相融合，能对学习与生活有所帮助，做一个全面发展的优秀青年！

（图文：杨旭、罗琴书、梁夏珊、刘晓萱、李智璐、李晓希、李达贤）

团子小课堂
——关于"青春"

丁零零！
团子君小课堂又来啦！
再经受"两学一做"的熏陶后，
今天团子老师要和大家一起来听
习大大对我们青年的教诲：

青听新语 润物无声——广西大学学生新媒体文化建设实践与探索

人的一生只有一次青春。现在，青春是用来奋斗的；将来，青春是用来回忆的。人生之路，有坦途也有陡坡，有平川也有险滩，有直道也有弯路……要历练宠辱不惊的心理素质，坚定百折不挠的进取意志，保持乐观向上的精神状态，变挫折为动力，用从挫折中吸取的教训启迪人生，使人生获得升华和超越。只有进行了激情奋斗的青春，只有进行了顽强拼搏的青春，只有为人民作出了贡献的青春，才会留下充实、温暖、持久、无悔的青春回忆。

——摘自习近平总书记2013年5月4日
《在同各界优秀青年代表座谈时的讲话》

团子君以为，我们的青春从奋斗开始。思想上的上进，学习上的奋斗，生活中的积极，以昂扬斗志和抖擞精神，努力提升思想素质，掌握各种专业技能，时刻准备好为建设社会主义而做出贡献。

青年的价值取向决定了未来整个社会的价值取向，而青年又处在价值观形成和确立的时期，抓好这一时期的价值观养成十分重要。这就像穿衣服扣扣子一样，如果第一粒扣子扣错了，剩余的扣子都会扣错。人生的扣子从一开始就要扣好。

——摘自习近平总书记2014年5月4日
《在北京大学师生座谈会上的讲话》

团子君说，青年要以社会主义核心价值观为自己的价值取向，深刻认识自己在时代中承担的责任，不要怕！GXUers，你们的路还很长，你们值得为此而奋斗，你们可是社会主义的接班人，你们要把这些思想宝藏传承并推广到全社会中去。

实现中华民族伟大复兴的中国梦，需要一代又一代有志青年接续奋斗。广大青年要以国家富强、人民幸福为己任，胸怀理想、志存高远，积极投身中国特色社会主义伟大实践，并为之终生奋斗。要加强思想道德修养，自觉践行社会主义核心价值观，不断养成高尚品格。青年的人生之路很长。心中有阳光，脚下有力量，为了理想能坚持、不懈怠，才能创造无愧于时代的人生。

——摘自习近平总书记2016年5月4日
《在与知识分子、劳动模范、青年代表座谈会上的讲话》

与团子君一起实现中华民族伟大的复兴中国梦吧！少年强，则中国强。我们要把自身的命运与国家的命运紧紧联系在一起，我们要让国家富强要让人民安康。少年兴，则国家兴。我们是党和人民事业发展的生力军，我们有责任推动国家前进与民族发展。

听到这里你是不是有点澎湃还有点懵懂？
现在"团子老师"用热点词继续为你解读。

★ 青 春 ★
我们的青春是可以
为人民、为党和为国家
做贡献的青春。

★ 奉 献 ★
奉献在于你伸出的双手，
奉献在于为人民服务的志愿。

★ 责 任 ★
责任是人民的期望，
是国家的命运，
是推动时代前进的齿轮，
是我们一步步的践行。

★ 价 值 观 ★
价值观为我们青年学子选择了一条路。
错的价值观让我们一路走到黑，
对的价值观使我们看到风雨中的彩虹。

★ 奋 斗 ★
努力学习，天天向上；
志存高远，心怀理想；
投入实践，圆梦中华。

★ 理 想 ★
小时候的理想，是做科学家；

青听新语 润物无声——广西大学学生新媒体文化建设实践与探索

> 长大后的理想,是找一份好工作。
> 无论什么样的理想,
> 我们都在追逐我们的中国梦。

通过团子老师的解读,你有没有听懂习大大对我们的寄望,有没有听懂他对我们的激励?奋斗吧!青年。你有最美丽的未来在你前面等着你,你为国家为人民的心也不曾停歇,为何不继续努力,一起追求我们的梦!

(图:曹欣桐;文案:张宝桁)

嘿,"小鲜肉"们,东哥喊你扣好人生第一粒扣子

人生路漫漫,紧要处只有几步。在人生紧要处的大学阶段,如何扣好第一粒扣子,将优秀变成习惯,拥抱自信开创未来?东哥给你答案!

10月27日下午,我们亲爱的刘正东书记与头雁班学员、学生骨干代表等畅谈人生自信,引导年轻西大人要扣好人生第一粒扣子。

东哥讲话字字珠玑,深刻而生动。团子君特摘选讲话内容与大家分享,我们一起好好学习,天天向上!

秋高气爽,大雁南飞,今天"大雁"的头头们都飞到广西大学这个教室里了。欢迎大家!

在座同学才新入学一个多月。你们高考成功,来到广西大学,从被父母和老师捧着、护着、宠着的阶段,走向自理、自力、自强的新阶段,这是最重要的人生转折,开始了崭新的人生里程。作家柳青说过,人生之路是漫长的,但紧要处只有几步,尤其当人年轻的时候。现在你们就在这个人生紧要处。用习近平总书记的话说,就像穿衣服扣扣子一样,从扣第一粒扣子扣起,如果第一粒扣子扣错了,则剩余的扣子都会扣错。决定第一颗扣子扣得好不好,父母老师给你们讲耳朵讲起茧了。35年前我跟你们现在一样经历了这个转折,这里讲一些自己的体会,不知适不适合你们。

1. 有梦想,戒彷徨

各位都是高考英雄,有不少男女学霸。为了今天,你们打了从小学到初中的九年"战争",高中三年的"战争",其间经历了多少题海"战役",个个都是身经百战的考试英雄。今天终于成功了,值得欢庆。但是欢庆之后怎

办？下一步目标是什么？有的人在寻找、思考；有的人在迷茫、困惑；有的人在松懈、放任；更多人在顺着走、跟大流。我希望大家赶紧调整过来，适应新常态，构筑新梦想，收拾好心情包裹，向着新的目标出发。

此时此刻请大家关注的是，党的十八届五中全会已于昨天召开了。这次会议将要审议通过第十三个五年规划建议，制定全面建成小康社会的蓝图。党的十八大确立了"两个一百年"奋斗目标。第一个一百年是到中国共产党成立100年时，全面建成小康社会；第二个一百年是到新中国成立100年时，我们国家成为世界第一大经济体，人均国民收入达到中等发达国家水平，实现中华民族伟大复兴的中国梦。我国台湾大学教授朱云汉说："中国大陆的崛起和中国模式的出现对于世界而言是石破天惊的历史巨变，在过去300年中，只有三个历史事件可以与之相提并论：1789年的法国大革命，1917年的俄国十月革命和19世纪后半期美国的崛起。"

现在进入高校的大学生，到2020年全面建成小康社会时，你们刚好陆续毕业走上社会；到21世纪中叶即新中国成立一百周年，基本实现现代化时，很多人还不到我这个年龄。也就是说，实现"两个一百年"奋斗目标，你们将全过程参与。赶上这个伟大的新时代，将面临多少创新创业的机会，提供多少建功立业的舞台，获得多少人生出彩的可能！盛世求学，盛世报国，人生能有几回得？

英国首相卡梅伦在2013年12月访华结束后，就呼吁英国学生放弃法语等传统语言课程，转而学习决定未来的语言——中文普通话。他表示，英国学生应该将注意力从传统的法语和德语课程上转开，集中精力学习正在崛起的中国的语言。而且请了一批教师到英国试行中国式教育。他说："当现在出生的孩子离开学校时，中国将成为世界最大经济体。所以，现在到了超越重视法语和德语传统的时候，让更多孩子学习中文。"外国人都如此，我们当何思考？

时代潮流浩浩荡荡，顺之者昌，逆之者亡。希望每位同学在中国梦的召唤下构筑自己的人生梦想，在实现中国特色社会主义共同理想中编织好自己的奋斗理想，在西大校园放飞青春的翅膀。人只是有了梦想才有奔头，有了梦想才有精神，有了梦想才有激情，有了梦想才会创造奇迹。

2. 有修养，戒任性

古人讲的"大学之道，在明明德"，是指办学的本质在于弘扬光明道德。一般地讲，无论古今中外，立德树人是办学的本质。我们常说，"百行德为首，百业德为先。"中华民族历来重视道德修养和道德力量，早在春秋时期，管仲就提出了"礼义廉耻,国之四维""四维不张,国乃灭亡"的思想。以孔子为代表的儒家学说,"修身、齐家、治国、平天下",把修身放在第一位。但是,近现代以来,我们国家由于救亡、由于战乱、由于运动等等原因,我们的社会建设缺了一些基础课,没有全部完成传统道德向现代社会的转型演进,有时忽左忽右,要么是全面否定,要么是厚古薄今。也正因为如此,我们这个阶段的道德建设尤其重要。

特殊地看,当代大学生考上大学,现代高考制度迫使你们不顾一切考"状元"的同时,牺牲了很多别的基础训练,例如音乐、美术、体育、心理、劳动、礼仪、坚韧、毅力、包容、担当、责任,还有独生子女的一些共性问题。我孩子读高中时偷偷跑出去踢了一个小时的足球,被老师重批了一顿,理由是学校不准踢球,怕受伤影响高考。他初中前喜欢的绘画也不得不停止了。他现在工作了,感到很多遗憾。你们现在上了大学,有时间和条件,应该补课,应该提升。

习近平总书记指出:"做人、做事第一位的是崇德修身。这就是我们的用人标准为什么是德才兼备、以德为先,因为德是首要、是方向,一个人只有明大德、守公德、严私德,其才方能用得其所。"

首先,要明大德。何谓大德?大德就是对国家、民族、人民的忠诚和大爱。在北京大学师生座谈会上,习总书记指出:"社会主义核心价值观其实就是一种德,既是个人的德,也是一种大德,就是国家的德、社会的德。国无德不兴,人无德不立。"

其次,要守公德。公德是在社会生活领域的道德要求,包括职业道德、学风学德、师风师德。以前报道过一个专业很优秀的博士在德国找不到工作，原因是此人在乘公交汽车时有逃票记录。不久前有人出国旅行在美国被拒绝入境，原因是此人有不良记录。这段时间媒体上报道不少缺少公德的事件，在飞机上辱骂殴打空姐，在泰国著名景区的洗手池里冲脚，被挂牌禁止中国游客入内。我国游客在一些公共场合"丢人现眼"的事时有发生。最近对一些人在旅游中发生不文明行为，文化和旅游部把他们列入黑名单。不文明的事我们学校也屡见不鲜。例如，有的同学半夜三更在外喝了酒，回宿舍时高声喊叫；有的开车横冲直撞，造成校园不安全感；有的把车乱停乱放，甚至堵在门口、路上不给人方便；有的在墙上、桌上、厕所乱写乱画、乱贴乱刻；有的在班上或宿舍不尊重他人学习或休息，任性妄为。公民的公德水平是一个国家和一个地区、一个社会、一个单位、一个团体、一个家庭文明程度的重要标志。风气好，大家受益，长期受益；风气不好，大家受害，长期受害。良好的风气是易碎品，搞好它要大家长期努力，而破坏它只要个别人的言行。学校是文明殿堂，每一个人都要以良好公德，为良好风气添砖加瓦。

最后，要严私德。私德是在私人生活领域的道德要求，是对个体行为的严格约束。严私德要重视修养中的"内省"功夫，修养者要经常在内心省察自己的言行。还要在现实生活中积善成德，"从自我做起，从身边事做起，从小事做起"。大学是最高学府，是塑造灵魂的地方，是传承和创新文明的场所。一个人道德修养如何，决定我们今后能走多远，能飞多高，担子能挑多重，接受社会什么样的选择。如果我们培养的学生虽然有知识，但是言语粗鲁，行为野蛮，品格低下，为所欲为，心无敬畏，没有底线。近来媒体关于校园暴力事件时有所闻，有些人对自己的生命不尊重，一点小事就去寻自尽；有些人对别人的人格、生命不尊重，莫名其妙把人拉出去打一顿，这样的人本事越大危害越大。让我们从入学之日开始，努力做一个高尚的人、高雅的人、有品位的人、脱离低级趣味的人。这是人生最重要的扣子，从现在开始就要把它扣好。

3. 有定力，戒浮躁

有些新生同学进入大学后，出现一些不好的情况。一是松懈，认为自己终于从高考的千军万马中杀出来，可以松一口气了，在大学里管得松，可以好好玩玩；二是放任，过去为高考牺牲了很多兴趣爱好，压抑了很多个性和欲望，堤内损失堤外补，无节制、无把持、无坚守；三是浮躁，没有目标，没有毅力，学习目的过于浅薄和功利化，静不下心来读书。

特别是网络时代，大家手不离机，既享受着海量信息的便利，同时也容易在海量信息中迷失。于是阅读碎片化、浅表化、快餐化，一些人追逐刺激

青听新语 润物无声——广西大学学生新媒体文化建设实践与探索

性标题、刺激性消息，经典读物逐渐退出大学生的视野，时间、精力、追求都被碎片化、功利化、浅薄化了。

我们读大学的那些年代，大家以谈吐曹雪芹、鲁迅、黑格尔、泰戈尔等为雅趣，以讨论各种主义和学说为时尚，以背诵经典、名著、诗歌为荣耀。现在少了，大家很功利了。现在书很多，但好多是垃圾书，好书被淹没了。

怎么办？我建议：一是读经典、读名著，这是经过久经时间和实践证明的、孕育了无数人成才的，没读过的赶紧补上；二是围绕人生目标方向选择重点读，不要平均分配或随心所欲，有些是必读，有些是辅读，有些是拓展读；三是提高能力——读书能力、学习能力和思考能力，掌握方法和能力比记住知识重要。在当今这个到处有诱惑和陷阱的社会，在这个眼花缭乱的互联网世界，一定要志存高远，修炼定力，静下心来，仰望星空，放怀大海，耐得住寂寞，守得住清苦，保持内心的执着和清静，恪守心灵的从容和淡定，千万不要迷失在庸俗无聊、玩世不恭中。四是谈上两个"恋人"——图书馆、运动场。每天都泡，形成常态，那天不泡就空虚、失落。只有在图书馆，你们才会有心灵的飞翔，心有多高，世界就有多大；只有在体育场（泛指可以锻炼的场所）酣畅淋漓的挥洒，才能绽放青春，健美成形，小丑鸭变成美天鹅，为今后几十年的奋斗奠定基石。

4. 有自信，戒自卑

刚才我进门见到你们的第一印象就是年轻，满堂"小鲜肉"。有一本很有名的书叫《正能量》，写作这本书的"成人教育之父"、成功学大师戴尔·卡耐基（Dale Carnegie）说："你有信仰就年轻，疑惑就年老；有自信就年轻，畏惧就年老；有希望就年轻，绝望就年老。"有自信就年轻，他说得多好！你们是大学生中的"领头雁"，肯定很优秀、很自信，所以你们很年轻，把我显得很衰老。

前几天校友座谈会上，几位知名老学长谈到有的毕业生出社会后不爱讲话，不够活跃，不太自信。而我们学校有位同学叫王万奇，他说在参加全国大学生代表大会时和北京大学、清华大学的学生干部在一起时并不觉得低人一筹，很自信。我孩子刚入清华大学时，同寝室的好几位是省市高考王或前多少名，当时心里想"完了"，但他拼了一年后就树立了优势和自信。我认为不够自信是因为缺勇气，缺勇气是因为缺底气，缺底气是因为不够优秀，不够优秀是进入大学后这第一颗扣子没扣好。

你们加入了"头雁班"，当"头雁"就是当领袖，要带动更多的人飞翔。不仅你们进步入党，还要带动更多人进步入党，用言行举止告诉大家什么是新时代的党员。首先，对自己要自信，要有足够的优秀。

我们看一段俞敏洪讲自信的视频。俞敏洪的精彩演讲有两个核心因素：一是要具备优秀的特质，就是"来自内心要想变得更加优秀的强烈渴望和对生命的追求的火热激情"；二是要克服恐惧和自卑心理。因此，自信的前提是优秀。大家从一开始就要树立优秀的目标，有追求优秀的火热渴望和激情，把追求优秀落到日常每个场合的每个细节中，使优秀成为习惯，让优秀伴随终身。用你们的优秀和自信影响更多人的优秀和自信。

毛泽东主席一生酷爱游泳，从年轻到年迈，都以此来锻炼身体，磨炼意志，激发豪情。他24岁时写下"自信人生二百年，会当击水三千里"的名句。"自信人生二百年"——与"有自信就会年轻"是同样的道理，是一种豪迈人生的情怀；"会当击水三千里"——是像《庄子》里讲的鲲鹏一样壮志冲云霄，击水三千里。请大家共勉。

扣好你人生的第一粒扣子，自信和未来属于你们！

学习十九大：赵跃宇校长为新生作专题报告

刚刚胜利闭幕的党的十九大，向世界宣告中国社会主义进入新时代，开启新征程。

那么，新时代的广西大学会是什么样子的呢？

青听新语 润物无声——广西大学学生新媒体文化建设实践与探索

现在就让团子君带着大家一睹未来校园的壮美景象！

是不是很兴奋？

是不是很惊喜？

团子君在赵校长的报告上看到这一幕时，

心情和你们一样一样的。

在全国人民热学热议党的十九大精神之际，10月23日晚、24日下午，赵跃宇校长在西校园体育馆为全体2017级新生分两场作了题为"大学·学术 新时代的广西大学"专题报告。副校长罗廷荣主持报告会。

报告会现场

在报告中，赵校长通过2500年的历史跨度，深入浅出地讲述了大学的起源、发展和历史，明确了大学的根本任务和命脉在于学术，明确了在座同学们的时代责任和担当，结合党的十九大精神和学校未来发展规划，提出了新时代广西大学服务广西、服务国家、服务东盟开放战略、服务"一带一路"的办学目标。当赵校长为同学们展示上述几幅校园新规划建筑效果图时，现场听众无不为之振奋，掌声雷动！

"广西大学要做一个区域特色研究型大学"

赵跃宇校长从欧洲大学的起源到中国古代的书院制度，再到当代中国大学的现状，为同学们讲述了大学的发展历史。赵校长与同学们畅谈了中国大学的未来，阐释了大学的人才培养目标：不仅要为社会发展培养有技能的人，更要培养出有思想的人，培养出思想的引领者；大学的责任在于建立具有中国特色的未来高等教育体系，实现中华文化对世界文明的引领作用，在于必须对人类进步有较大的贡献。

学术是什么呢？

赵跃宇校长为同学们进行了详细的解读，学术是大学的根本任务和命脉，大学一定要敬畏学术，营造学术自由氛围，推崇教授治学。学术自由是大学的灵魂，全体在校师生要遵循学术至上的思想，严格做到学术事物优先，学术事物平等，学术管理从严。

"如果一位老师在上课时间被校长叫去谈话，那么这位老师应该毫不犹豫拒绝校长，选择去上课，这便是学术敬畏！"听到赵校长生动的例子，全场响起了热烈的掌声。

"教授即大学，是大学最大的实力"

何为大学之学者？大学学者是实现学术追求的载体，是大学得以实现其社会职能的代表。而中国的学者更要有爱国忧民之心、学术报国之志、创新批判之求。鼓励我们广西大学的学者和研究生——未来的学者，选择符合学科发展前沿、国家重大战略需求、解决地方发展瓶颈、个人兴趣爱好的学科方向。

"我跟你们透露一个我的想法，我想做一个从来没人尝试过的：人造太阳！即用薄膜发电的方法，制作太空发电站！"赵校长用他的这个"从无到有"的想法，鼓励同学们要多进行奇思妙想、异想天开、无中生有的原始创新，要甘于坐"冷板凳"十年磨一剑的坚持研究，要敢于研究学术上的硬骨头问题！

赵校长结合习近平总书记在党的十九大报告中的相关论述，对"新时代"的定义进行了深入解读。随后，为了让同学们对我国新时期社会矛盾已转化为"人民日益增长的美好生活需要和不平衡不充分的发展之间的矛盾"这一重要论断有更形象的认知，赵校长以GDP的增长、重大科技成果的问世等来说明国家的快速发展，并与他在贫困县那坡的所见所闻进行了对比，让同学们深刻认识到脱贫攻坚的事业还任重道远。赵校长还通过"十四个坚持"为同学们深刻解读了习近平新时代中国特色社会主义思想。听报告的同时，同学们对十九大精神进行了一次深入的学习。

师生一起学习党的十九大精神

进入新时代，广西大学怎么办？

今年广西壮族自治区党委和政府发布的《广西大学推进一流大学和一流学科建设方案》和《广西大学综合改革试点方案》两份重要文件，明确了对学校未来的发展要求和路线。"要通过11年的努力，实施三步走战略，把广西大学建设成为主要办学指标和综合实力进入国内一流、特色鲜明的综合性研究型大学。"赵校长坚定地说道。

当屏幕上放映出新时代广西大学南大门、君武文化艺术教育中心、学生活动中心的设计效果图时，将报告会推向了最高潮，全场欢呼赞叹，掌声不息！那宏伟的艺术厅、充满历史底蕴的时光隧道、设计前卫的学生活动中

青听新语 润物无声——广西大学学生新媒体文化建设实践与探索

心……鼓励着每一个西大人砥砺前进,更燃起了每一个西大人内心的骄傲!

"在未来一年多的时间里,我校的众多工程启动实施,可能会给大家的学习生活带来些不便,声音会多一些嘈杂,空气中会多一些灰尘,校园的车辆会受一些限制等,我在这里也请大家多包涵、多忍耐。一切都是为了发达西大!"赵校长语重心长地说道。

目前,学校正大力推动学校的综合改革和"双一流"建设,不仅要提高学校硬件设施的品质,更要提高我校的核心与内涵品质,"明确什么是广西大学该做的,把该做的事情做好,把精力和财力全部用在该做的事情上",这就是赵校长对学科专业发展的整体思想。推动本科生和研究生课程之间的有机衔接,将成为持续强化"五有"领军型人才培养的重要举措。

师生们对新时代广西大学的期待

赵跃宇校长的报告在大一新生中激起了强烈反响，大家都纷纷在朋友圈、QQ中转发，为校长打call！

立宏图之志，积跬步之行，请各位同学们今天把赵校长的教诲牢记心底，今后刻苦努力，攻坚克难，争取优秀成绩！把个人梦想、理想融入我国特色社会主义现代化强国建设的征程中，在实现中国梦的伟大实践中，勇于攀登科学技术高峰，在追求卓越的不懈奋斗中创造出精彩人生！

（文案：陈霄、郑杏、陈思萌；图片：黄昀昀、昌颖绚）

十九大学习天天见
——争当新时代有理想、有本领、有担当的青年大学生

昨天晚上，在我与18位青年大学生的共同倡导下成立了广西大学习近平新时代中国特色社会主义思想青年研学社，直到现在我也未能平复激动的心情。党的十九大胜利闭幕已有一周多的时间，但是青年大学生研究和学习党的十九大的热情丝毫未减，在广西大学学习习近平新时代中国特色社会主义思想已经成为青年大学生的新时尚。

作为一名马克思主义学院的青年大学生，我自始至终都未敢忘记习近平总书记在党的十九大报告中对我们青年人的教诲：“青年兴则国兴，青年强则国强。青年一代有理想、有本领、有担当，国家就有前途，民族就有希望。中国梦是历史的、现实的，也是未来的；是我们这一代的，更是青年一代的。中华民族伟大复兴的中国梦终将在一代代青年的接力奋斗中变为现实。全党要关心和爱护青年，为他们实现人生出彩搭建舞台。广大青年要坚定理想信念，志存高远，脚踏实地，勇做时代的弄潮儿，在实现中国梦的生动实践中

青听新语 润物无声——广西大学学生新媒体文化建设实践与探索

放飞青春梦想,在为人民利益的不懈奋斗中书写人生华章!"

广西大学青年学生学习讨论党的十九大工作报告

争当有理想、有本领、有担当的青年大学生,俨然已经成为新时代广西大学大学生的奋斗目标,那如何争当新时代有理想、有本领、有担当的青年大学生呢?我想谈谈自己的想法,与大家共勉。

有理想——欲穷千里目,更上一层楼

理想是指引一个人走向远方的路标,没有理想就如同失去方向的航船,只会盲目地漂泊,找不到前进的方向,寻不见最终的目的地。广西大学青年学子中从来不会缺乏有理想的代表,他们从进入大学开始,就有了自己的规划和目标。他们有的成了青年企业家,有的保送到心意的大学继续深造,有的则选择到西藏去成为一名西部计划志愿者,有的更是成为一名扎根基层的选调生。虽然归宿不同,但他们都是在自己的理想的指引下成就着自己的人生价值,寻求着一个又一个新的目标,追逐着一个又一个新的理想。

广西大学瑶篮志愿服务队为乡村小学捐赠图书室

有本领——不要人夸好颜色,只留清气满乾坤

拥有一身好本领是一个人内心踏实不浮躁的关键所在,一个有本领的青年大学生从不会畏惧任何挑战,他们会在一次次奋进中不断锤炼意志,不断寻求突破。广西大学青年学子中从来不缺乏有本领的代表,他们坚信:吃了别人吃不了的苦,就做了别人做不了的事。他们中有的成为选秀节目中的佼佼者,有的成为大学生"小平科技创新团队"奖的获得者,有的成为全国"啦啦操"大赛的冠军得主,有的成为中国优秀青年志愿者,有的更是成为全国学术竞赛的金奖得主。他们的本领各有千秋,但是他们都有着人生出彩的机会,他们在母校为他们搭建的人生舞台上用自己的努力,施展着自己的看家本领。

广西大学荣获大学生"小平科技创新团队"

青听新语 润物无声——广西大学学生新媒体文化建设实践与探索

有担当——雄关漫道真如铁,而今迈步从头越

敢于担当是一个人责任心的体现,是一个人在集体中生存并获得大家认可的前提条件。一个有担当的青年大学生,必然是富有正义感的,必然是大家心中的领头羊、带头兵,他们有与生俱来的感召力。广西大学青年学子中从来不会缺乏有担当的代表,他们在不同的领域,用青年人的担当,讲述着西大君武青年的"勤、恳、朴、诚"。他们中有普通的学生干部,有敢于同歹徒搏斗的国防生,有甘愿献出熊猫血的"熊猫侠",有勇于到基层支教的志愿者,更有在生命最后一刻坚持完成毕业生答辩的"巾帼英雄",他们的担当各有体现。但是,他们都有着自己的内心的坚毅,他们用新时代青年人的故事,讲述着中华民族的未来与明天。

广西大学研究生支教团

争当有理想、有本领、有担当的青年大学生,这是新时代的号召,这是青年大学生的自我追求。2018年,恰逢广西大学成立90周年、广西壮族自治区成立60周年、改革开放40周年,在历史的重要节点,作为青年大学生的我们要始终牢记马君武校长的教诲,求得知识,练好身体,更遵守严格纪律,时刻准备着为实现"复兴中华,发达广西"的目标而接力奋斗!

(图文:王万奇)

青年学子,"五四"课堂开讲啦!
——习近平总书记五四青年节讲话精神学习座谈会

习近平总书记在五四青年节前夕考察中国政法大学时强调中华民族的未来属于青年,青年一代的理想信念、精神状态、综合素质,是一个国家发展活力的重要体现,也是一个国家核心竞争力的重要因素。

青年时期是培养和训练科学思维方法和思维能力的关键时期,要把学习同思考、观察同思考、实践同思考紧密结合起来,保持对新事物的敏锐,学会用正确的立场观点方法分析问题,善于把握历史和时代的发展方向,善于把握社会生活的主流和支流、现象和本质。

共青团是党的助手和后备军,广大团员青年坚定跟党走,就是初心。不忘这个初心,是我国广大青年的人生航向。习近平总书记勉励同学们珍惜韶华,潜心读书,敏于求知,做到德、智、体、美全面发展,毕业后为祖国和人民施展自己的才华,实现自己的人生价值。

在这个属于青年的节日,我校团委召开学生代表座谈会,一起学习习近平总书记五四青年节讲话精神。各个学院的学生代表针对座谈会主题发表了各自的感悟和看法。

学习习近平总书记五四青年节讲话座谈会现场

青听新语 润物无声——广西大学学生新媒体文化建设实践与探索

在大学四年级即将毕业之际,还能够有幸与老师同学们一起学习习近平总书记的重要讲话。习近平总书记为我们指明前进的大方向,立德树人,立法治国,德法兼修,励志勤学的鲜明主题,坚定这个时代同心同德不忘初心跟党走的方向。作为一名选调生分配到国家级贫困县,我还因为没能够找准方向迷茫而惶恐。总书记说到要学习焦裕禄的精神,焦裕禄的精神是一盏明灯。使我坚定了信念,为我指明了正确方向,引导我选择正确的道路,我对未来的生活充满了期待。

——体育学院苏立洋

今天聆听了习近平总书记的讲话,我感慨良多。首先,大学生思想教育工作需要各方面协调合作,重视起来,切切实实把思想教育工作做到位,让同学们受到真正的思想教育;其次,法制建设需要每个人遵纪守法,从一点一滴小事做起。只有每个人都做到遵纪守法,我们的国家才能真正建成法治国家;最后,作为外语学院的学生,我们应该把自己的理想和祖国的需要结合起来,真正做到个人价值和社会价值的统一。

——外国语学院王鑫宇

"中国梦"三个字在以前对于我们来说真的有点遥远,但是,我现在有点了解了。实际上是用"梦想"这个词把国家和个人联系起来,个人的梦想是青春梦,国家的梦想是中国梦,中国梦激励着青春梦,我们要做的是用我们每个人的青春梦建设中国梦!

——资源与冶金学院张全文

习近平总书记五四青年节前夕在中国政法大学参加班级团支部团日活动的讲话中提到,大学生应当珍惜韶华,认真学习。作为一名大学生,学习是首要任务,学习专业知识,专业技能是日后就业的基础,而思想道德方面的培养也不可或缺。增强思想道德的培养,师生应当共同参与。

——动物科学技术学院黄远玲

在将个人方向与国家发展相联系之前,我们需要有一个明确的人生态度,那就是手有余力,推己及人;手无余力,做好自己。在没有能力改变社会、为社会做出贡献之前,至少别让自己成为社会的累赘;当自己有了能力之时,以己之力,为社会注入清流。这也能从德方面给青年学生确立一个基点,以此励志勤学,成为对社会有用之人。

——公共管理学院沈庆铭

学生代表们的发言围绕着"青年""中国""发展"来进行。青年是国家未来的中流砥柱,青年的未来就是国家的未来。我们在党和国家的荫庇下成长,在享受教育资源的同时接受了社会的关爱。我们只有在爱国精神的指引下倾举国青年之力,肩负起实现中国梦的责任,才不枉中国先人对后辈的殷殷期待。

(文案:黄昀昀;图片:黄阳)

君武青年"学"系列点评

青春正是学习的大好时光,那么"学什么"与"怎么学"便是青年学习生涯要解决的最重要问题。"学什么"决定着青年如何树立正确价值观念与理想信念,决定着青年的未来发展和人生道路的选择,我们必定要从马克思主义科学原理中寻找答案,必定要从优秀传统文化中汲取养分。而"西大团学小微"平台恰恰精准地给出了解答:从习大大对青年的明确要求到"五四"精神的时代发展,从社会主义核心价值观到国学文化精髓,从刘正东书记、赵跃宇校长对西大青年的希望寄语到西大学子自己的感悟心得,"西大团学小微"明确引导了君武青年们"学什么",使青年的学习选择不再迷茫。"怎么学"则决定着青年是否能"真学真懂真用",学习不是形式主义,学习是为了真抓实干,那么就不能空讲真理。"西大团学小微"将报告、精神、政策、观念、讲话、指示、寄语等等进行适合青年的、活泼的、深层次、全方位的青春型解读,用青年的话语体系,真正将学习做到"以人为本",使得广大青年能够做到"真学爱学想学"的主动性学习。

《战狼2》:有些伟大的民族,你永远不能低估!

"犯我中华者,虽远必诛"

在这炎热的夏日里,《战狼2》带着满满的中国能量席卷华夏大地。每一个看过影片的人都热血澎湃,感动良久。

关于影片

《战狼2》以撤侨为主线,讲述了因故被开除军籍的冷锋卷入非洲国家的一场叛乱,却无法忘记军人的使命,孤身犯险展开救援的故事。影片中所展现出国家对处在危险中的中国公民的全力保护，让众多观影的人心生自豪与感动。

在影片中，许多燃点十足的情节和台词给人们留下了深刻的印象。

"一朝是战狼，终身是战狼"

在《战狼2》中，冷锋没有了并肩作战的战友，没有了后方支援的保障，也没有了肩上的徽章，但责任和使命依旧装在胸膛。虽然脱下了军装，但是冷锋的骨子里还是一名中国军人。他牢记着：中国军人，为祖国和人民而生。

从边境到南非，难度加大，危险升级。无论是冷锋与雇佣兵间的个人恩怨，还是为了保护工厂员工的安全，当个人利益与集体利益合二为一，大爱小爱相互融合，中国军人的热血与柔情，都展现得淋漓尽致。

电影中有一个片段，一名雇佣兵对冷锋不解："你现在都已经不是军人了，你还那么拼干吗？"然后冷锋坚定地说："一朝是战狼，终身是战狼。"也许对他国军人而言，军人身份的定义可能只是穿上制服服役的那段时间。但是，对于中国军人而言，军人的纪律军人的职责，不会在脱下制服后消失，它早已溶进血液之中。受命之日，则忘其家；临阵之时，则忘其亲；临鼓之时，则忘其身。这就是军人，中国的军人。

"那是在以前"

在《战狼2》影片中，冷锋在和雇佣兵头目肉搏时的一段对话让人记忆深刻。雇佣兵头目说："你们这些民族就是懦弱胆小，就该一辈子被欺压。"可是当冷锋将雇佣兵头目打得奄奄一息的时候，冷锋怒吼："那是以前！"

相信每一个中国人都不会忘记，那段屈辱而顽强的中国近代史。西方殖民主义者的铮铮铁蹄踏上了华夏大地，带给古老中国无休止的战火：鸦片战争、甲午战争、八国联军侵华战争……落后的旧中国被迫签订一系列不平等条约，被迫割地、赔款、开放通商口岸，生活在中国的人民也饱受欺凌。而雇佣兵头目的那句话似乎将我们的记忆拉回那段屈辱的时光中。

如今，一百多年过去了，经过几代人不懈的努力，中国的综合国力不断提升，发展迅速，从任由侵略者践踏长达一个世纪的弱国发展为令世界敬畏的强国之一，荣光闪耀。作为中国人，对蔑视祖国的言论，我们可以底气十足地反击："那是在以前！"

"在你身后,有一个强大的祖国"

在《战狼2》影片的最后一帧结尾处,大屏幕出现的中国护照封皮上滚动出字幕:

中华人民共和国公民:
当你在海外遭遇危险,
不要放弃!
请记住,在你身后,
有一个强大的祖国!

短短几行义字,却让许多人感动得热泪盈眶。

影片呈现了许多战乱中的危险场面:乱枪扫射,炮弹轰炸,坦克碾压……在硝烟四起的异国,中国公民的人身安全得不到保障。在危急时刻下,中国大使馆、海上舰队及军人们的作为都让我们看到了国家庇佑公民的决心。

《战狼2》影片的最后,主人公冷锋带领众人经过敌占区时,用手臂高高地撑起迎风飘扬的五星红旗,敌占区的士兵们看到后停止了射击,并说:"是中国人,全部停下,不打中国人。"众人得以平安顺利地到达安全地带,那一幕让中国人真真切切地感到自豪。正如导演吴京在微博中所写:"人在海外,分分钟,感到祖国的强大。"影片让人感受到一种有足够底气和强大实力的中国力量:在海外,我们得到的尊重,都基于强大的中国,基于我们是中国人!

影片之外

生活在和平安定的国度是一件很幸运的事情

看完《战狼2》,很容易联想到《我是演说家》中,哈佛留学生许吉如做的演讲"国强则少年强"。

身为一名留学生,许吉如以自己在国外念书的切身经历阐述国家给予国民的安全感,因为国家的强大,国民才能在国外获得话语权。她提到一位来自叙利亚的同班同学对她说:"我很羡慕你,我的国家常年在内战,虽然在今天,我们俩都是在美国的留学生,但是我们各自还有一个身份,你的身份叫中国国民,而我的身份叫叙利亚难民。"

"国民"和"难民",虽一字之差,其中的内涵却千差万别。

生活在中国,我们会感觉到安全。我们不用为战乱而担惊受怕,不用害怕被未知的炮弹袭击,不用成天为自己的生命安全紧张。作为中国国民的我们,拥有自由选择的权利,我们不需要将自己的命运寄托在其他国家,我们不必担心自己该何去何从。因为我们的身后是一个强大、稳定的国家,所以即便我们身处异国,也能受到尊重,这是祖国赋予我们的、实实在在的安全感。

而难民,面对的却是国家长年不断的战乱,无法知道自己的归宿,对自己的生存抱着诸多不确定性,也许上一秒还在安然看书,下一秒就匆忙逃命,甚至被乱枪射死。

中国国民的身份带给我们足够的安全感和幸福感,强大的祖国对国民的庇护让我们感到安心。很幸运,因为我们生活在中国;很自豪,因为我们是中国人!

无论你在何方,祖国都能把你接回家

身处海外的同胞也能感受到国家赋予的安全感。随着经济的快速发展和对外开放水平的提高,有越来越多的中国人前往异国,当危险发生时,国家力量为他们提供保障。撤侨不止发生在电影里,现实中,中国曾进行多次撤侨行动,保护中国人民在海外的安全以及财产利益。

2010年,吉尔吉斯斯坦奥什地区发生骚乱,祸及中国侨民。在危急时刻,中国政府先后派出9架次包机帮助侨民撤离,共有1 299名在吉中国公民安然返抵祖国怀抱。

2011年,利比亚局势动荡,身处利比亚的中国公民人身安全受到严重威胁,中国政府通过海、陆、空三种方式从利比亚撤离中国公民35 860人,历时12天,这是1949年以来规模最大的撤离海外中国公民行动。

2015年,也门萨那,沙特空袭行动持续,中国海军一艘军舰抵达亚丁港,撤离在也门的中国公民和使馆工作人员。

其实,从2006年的所罗门、东帝汶骚乱,到2008年的乍得反政府武装激战,到2010年的海地地震,2011年的利比亚动荡,再到2015年的也门、沙特空袭,中国在每一次的撤侨行动中都全力以赴,投入力量之大,撤侨速度之快,令世界都为之惊叹与震撼。脱离危险的同胞无不体会到作为一名中

国人的自豪与尊严:"中国护照能将我们从世界上的任何一个地方带回来。"

有许多人在为你的安全承担风险

"如果你觉得自己活得很舒服,那是因为有很多人在默默地为你付出;如果你觉得很安全,那是有许多人在为你承担风险。"

国家的和平和人民的安全,都不是凭空而来。在和平安定生活的背后,是人民英雄在为我们保驾护航。他们是武警官兵、边防战士、维和士兵……他们有一个共同的称号:**中国军人**。

沧海横流,方显英雄本色。我们永远不会忘记,当洪水侵袭时,当地震来临时,当冰雪灾害降临时,当海外公民的人身安全受到威胁时,中国军人们一次又一次地担起肩上的责任,冲在危险的第一线,用生命拼尽全力保护人民群众的安全。因为他们,我们才能过上安定幸福的生活。

中国军人刚毅顽强,勇敢无畏,热血忠诚,每一回出生入死,每一次攻克艰难,都是为了把阴霾驱散,让你我尽享温暖阳光。在他们一次次的殊死搏斗中,我们看到了保家卫国的神圣职责,看到了他们对党和人民的无比忠诚,看到了他们对祖国深深的热爱。

威武之师,保我国家,撼山易,撼中国军人难!他们是人民英雄,是新时代最可爱的人,让我们向中国军人致敬!

在现实中,我们也许很难遇上影片里出现的战乱危机。如今,祖国日益繁荣富强,影片中所传达出来的民族团结、民族自信和民族自豪正是我们所需要的。在《战狼2》影片中,冷锋有一句台词:"有些伟大的民族,你永远不能低估!"的确,生活在中国,作为一名中国人,这足以让我们感到幸运、骄傲与自豪。

(文案:黄飒飒、许泽茵;图片:来源于网络)

中国动漫发展:大圣归来之后怎么办?

今天终于抽空和老婆去看了《大圣归来》,我以为这是一部不差于《疯狂的麦克斯》,甚至高于《速度与激情》《复仇者联盟》和《恐龙》的电影。这部电影明显地把中美动画的差距从100年缩小到了10年以内,尤其是在中国动画恶心了这么多年以后突然出现了这样一部作品,实在是大快人心让人不禁痛哭流涕。我曾经说我有一个中国梦，就是全世界的年轻人都喜欢中国的影视、动漫、游戏作品，这个梦过去我觉得很遥远，现在我认为并不远了。

更重要的是我感觉电影有一种政治隐喻，孙悟空就像是近代的中国。500年来饱受欺凌，当孙悟空恢复法力打败了外形酷似宫崎骏漫画里造型的反派的时候，我联想到的是中国重新回复了汉唐雄风。这电影不光可以叫做大圣归来也可以叫做中国归来。这种爱国主义情怀又不像义和团似的爱国，《大圣归来》里有很多国际化的元素，妖怪的造型是西方的，石头人明显在抄魔兽，用吉登斯他们的话说就是 glocalization 球土化，在全球化时代结合本土与全球。总之，这是一部里程碑式的电影，估计很快有大量的学术论文也会出现。如果非说有什么缺点，那就是汪峰的歌降低了整部电影的 level 吧。

那么问题来了，《大圣归来》之后怎么办？《大圣归来》只是昙花一现呢？还是从此中国动画上了一个新台阶，可以稳定的维持在一个较高的水平？毕竟最近上映的还有《汽车总动员》这样的低水平动画片，让人不得不担忧《大圣归来》只是一个偶然现象。

如果从历史上来看，中国动画起起落落幅度很大。20 世纪 60 年代的《大闹天宫》是一个高峰期，在"文革"时期到了低谷，20 世纪 70—80 年代的《哪吒闹海》《葫芦兄弟》《黑猫警长》等好作品层出不穷又是一个高峰，但是到了 20 世纪 90 年代以后好像精品就越来越少。虽然政府大力扶持动画产业，但是中国动画一直不是很理想。尽管近年来《喜羊羊与灰太狼》《熊出没》等动画收视率还不错，但是对于大多数看着《七龙珠》《圣斗士》《灌篮高手》《火影忍者》《海贼王》长大的"80 后""90 后"们来说，这类低幼动画是根本不能看的。如今，好不容易出现了一个《大圣归来》，我们如何保卫这来之不易的胜利成果，需要好好总结经验。

第一，IP 很重要。

IP（Intellectual Property，知识产权）现在受到越来越多的重视。近年来出现了很多小说和动漫改编的电影，如《蜘蛛侠》《蝙蝠侠》《钢铁侠》《变形金刚》《哈利·波特》《指环王》等，这些都是 IP 的反复利用。有人说，《变形金刚》这类的 IP 被拍来拍去是不是美国创作资源枯竭了。其实不然，一个好的 IP 出现的次数越多，越能在观众心目中留下深刻印象，也就越能成为票房保障。这次《大圣归来》就是充分利用了孙悟空这个被用过无数次的 IP，结果大获成功。但是，前几年中国动画也做出了很多努力，如《魔比斯环》《兔侠传奇》《魁拔》《超蛙战士》等，但大多数连成本都收不回来，一个很大原因就是 IP 较弱。其实中国有很多优秀 IP，如《三国演义》《水浒传》《葫芦兄弟》《仙剑奇侠传》甚至《花千骨》都是很好的 IP，可以制作成动画。

第二，科技很重要。

中国自古以来一直是文化强国，即使中国历史上曾经被异族征服，但是中华文化却可以把异族汉化，唐诗、宋词、明清小说等优秀作品层出不穷，中华文化始终处于领先地位。然而在 21 世纪的今天，中国的年轻人热衷于观看好莱坞大片和日本动画，喜爱美国和日本的电子游戏，中国文化受到了前所未有的挑战。这种挑战来自哪里？西方的文化优越在哪里？我认为很大的原因是在于科技。当今的文化不能单单只有文化，必须要文化和科技相融合。早在 15 世纪，达·芬奇就曾经说过："艺术要插上科学的翅膀才能展翅高飞。"当代西方的文化产业包括电影、动画和电子游戏等相当发达，这是建立在新媒体高科技上的。这次的《大圣归来》在视觉特效方面就取得了较大的进步。

第三，东西方文化融合很重要。

全球化时代的文化是一种"杂交"的文化。汤林森在《全球化与文化》一书中赞扬全球化带来的文化混杂性（hybridity），他认为混杂文化是掌握跨越国家文化的空间中某种新形态文化认同的有效概念，他们不同于国家文化的统一性，有"去疆域化"（deterritorialization）的特点。

如果我们看日本动漫游戏，它不但有东方符号，还融合了很多西方的符号。自从福泽谕吉提出"脱亚入欧"的构想以来，日本人任天堂出品的《超级玛丽》中马里奥被设计成意大利籍美国人，大鼻子、身穿背带工作服、还留着胡子的形象很容易被西方人接受。同样，《塞尔达传说》系列的主人公"林克"是金发碧眼的形象。"金发碧眼"几乎已经成了日本动漫游戏中的标志性符号，如《七龙珠》《火影忍者》《死神》等动漫。目前，《最终幻想》一共有十四代，故事背景从古代发展到现代，故事的主人公也都是西方人金发的形象。例如，四代的西塞尔，七代的克劳德和十代的提达斯。前面曾提到过《最终幻想》的画风和音乐也受西方影响颇深，所以能够成功的打入西方国家市场。但是，这些游戏也绝不是简单的西化。例如，《最终幻想》中经常有拿日本武士刀的日本武士角色和忍者的角色，《勇者斗恶龙》中有中国龙的形象，还有日本文化中的"八岐大蛇"等神话传说。日本的电子游戏已经成了一个文化杂交的典型案例。

在全球一体化时代，应该融合东西方文化元素，这次的《大圣归来》就做得很好，既有龙这样酷炫的中国元素，又有石头人、妖怪等西方元素。在全球一体化时代，如果不融入世界只搞本土文化是不行的，如《兔侠传奇》的失败。但是，全盘西化也是不行的，如《魔比斯环》。如果完全西化，观众只要去看好莱坞电影就行了，何必要去看"中国制造的好莱坞电影"。只有结合东西方元素，才能做出"有中国特色的好莱坞电影"，这样才有新鲜感，并且也能打入国外市场。

第四，放松管制很重要。

张维迎曾经批评中国的动画产业说，政府管的越多，动画产业越发展不好。近年来，政府确实非常重视动画产业，但管理效果不佳，并且有"左"的思想和极端民族主义作怪。例如，花费巨资制作的《兔侠传奇》虽然特效技术和画面一流，然而为了对抗《功夫熊猫》居然把反派设置成了熊猫。这种动画在国内都没有火爆起来，更不用说去走向国外市场。另一个案例是《雷锋的故事》，这是由沈阳春秋动漫文化有限公司制作的国产三维动画作品，2010年在中央电视台少儿频道首次播出。该片耗资巨大。但是，实际三维效果粗糙、动作语言生硬、剧情呆板幼稚，以至于戏称为"本土最差的三维动画"。然而，只有这类动画才有人投资，《大圣归来》就没人投资，最后靠众筹才能完成。

中国现在不差钱，只要肯砸钱，做出不亚于好莱坞的三维特效并非难事。特技已经不是太大的问题，更大的问题是管制太多，动画里不能有一点点暴力色情的内容，束缚了中国动画创作者的自由和想象力。最后做出来的东西，都是说教意义很强的动画，或者是《喜羊羊与灰太狼》这样的低幼化作品。这次的《大圣归来》，也有人批评说最后的妖怪变身太恐怖怕吓到小孩，打斗场面太暴力。但是，如果没有精彩的打斗场面又怎么吸引成年观众呢？况且导演田晓鹏已经做过了修改，大圣最早的人设造型更加黑暗暴力。日本动漫如《火影忍者》《海贼王》等都有很多暴力的内容，美国的《钢铁侠》《复仇者联盟》《X战警》等动漫改编的电影也有很多暴力的情节，因为动画的目标观众，现在已不是儿童，而是全年龄段的观众。中国动画管制太多，就像孙悟空手上的锁链封印一样，长期限制了中国动画的发展。对于中国的动画产业，我不禁想到龚自珍的诗："九州生气恃风雷，万马齐暗究可哀。我劝天公重抖擞，不拘一格降人才。"

最后，希望《大圣归来》能够打碎捆绑在中国动画从业者手臂上的封印，中国动画从此崛起！

团子说

"80后"的"西大自来水"薛强老师心中有一个孙悟空，"90后"的我们心中也有一个孙悟空，我们的"60后""70后"叔父辈们和"00后"弟弟妹妹们心中也有。"身如玄铁,火眼金睛,长生不老还有七十二变,一个筋斗云呀就是十万八千里"的齐天大圣孙悟空已经成为每一代中国人共同记忆和集体情怀。

国漫崛起,大圣归来。这一次,我们都是猴子请来的救兵。

(文案:薛强)

八年前的今天,你还记得吗?

同一个世界

同一个梦想

今天是 2016 年 8 月 8 日,里约奥运会正在如火如荼地进行着。然而,许多中国人都记起了 2008 年 8 月 8 日北京奥运会那个激动人心的夜晚,那场盛大壮观的演出。

八年前的北京奥运会开幕式,留给我们的不光是瑰丽壮观的场面,清澈动听的歌声,留给我们更多的还是奥运梦实现时那份属于中国人的自豪感。在这八年中,许多人成长了,身处的环境变化了,但在心中都保有对那个难忘的夜晚的深刻感受。时隔八年,回顾北京奥运会开幕式,我们感动依旧。

一起来听听同学们的记忆。

一开场就相当震撼,击缶的场面非常壮观雄伟,那些子弟兵们的表演也很不错。到升国旗的部分,很感人!感觉我们的祖国真的强大起来了,为当时举办的奥运会感到骄傲!

——不坏的坏蛋

记得那时候全家守在电视前面看直播。感觉超级震惊,那么多人,一举一动,整齐划一,气势如虹。至今还记得活字印刷板块的精妙,也有火炬终于点燃的激动。我还记得后来网上说直播的编导坑我们,本来可以更好看的,专门找不好看的角度放,结果还是很牛。

——盗珈乐

还记得那年中国作为东道主进场的盛况,大家不仅被中国队伍的气势所折服，更被中国的两个高度所震撼，一个是体坛巨人姚明，一个是九岁小孩林浩，姚明代表着中国体育精神的高度；而九岁小孩林浩代表的是心灵的高度，并不是运动员的他是灾难后的幸存者，是抗震救灾的小英雄。他的出场，把中国正在抗震救灾的悲壮现实巧妙结合起来，展现了中国为受灾群众传达的温暖，呼应了人类彼此关怀和真善美追求的奥运宗旨，让奥运闪耀善的光芒。

——fairy tale

记起当时听到中国国旗进场时杨沛宜小女孩在幕后用纯净而自然的童音唱出的《歌唱祖国》时，我与许多人一样，都感动落泪了。"歌唱我们亲爱的祖国，从今走向繁荣富强……"从成功申办北京奥运会到努力筹备奥运会再到成功举办奥运会，我们见证着中国一步一步地走向繁荣。当"体操王子"李宁高举着火炬点燃主火炬时，我的心再次沸腾了。如今，时隔多年后再来重温那一个个难忘的开幕式瞬间，我依旧心潮澎湃。我想，这就是作为华夏儿女的民族自豪感。

——墨夕晨

在2008年北京奥运会开幕式上，李宁在空中奔跑两圈后点燃了火炬台，看得人热泪盈眶。一是李宁身上岁月的痕迹令人感慨，曾经那个身姿矫健的少年终究是随着时间老去，曾经的荣耀却仍然是那么光彩。对他的钦佩只增不减。虽然步伐不再轻快，最终还是成功点燃了火炬，万众瞩目。二是等了太久，过程太壮观，结果太完美，所以让人油然而生一种感动。背后的种种付出和努力无疑让所有人都由衷的自豪和感动，向世界展示的这一刻终于来临！

——二德

从2008年到2016年，不管时间地点如何变化，2008年北京奥运会的开幕式依旧是最让我惊艳的开幕式，没有之一。在2 008个缶整齐的敲打声中，我们一起倒数，迎来北京奥运会开始的第一秒；从29个脚印状的烟花依次绽放中，我们一起欢呼，迎来开幕式的第一幕；从897块活字印刷字盘变换出的不同字体的"和"字中，我们一起感受，传达中国自古以来传承的"以和为贵"的祖训……我骄傲，我学习着中华文化！我自豪，我是一个中国人！

——虽万人吾往矣

记得那个夏天，我小学毕业。父亲为了我初中能分到一个好的班级，让我在家好好学习，什么事都不让我参与。但是北京奥运会开幕式当晚，他却跟我说："今晚破例，出来看北京奥运会开幕式。"时至今日，已经过了八年，我依然记得主火炬被点燃时，父亲脸上那自豪的神情，还有眼神里散发出难以掩饰的激动。也许，这就是北京奥运对我们的意义吧。

——在在在在在下

八年前那个暑假，第一次认识到奥运会这个概念。北京！中国！奥运！这好像是全中国的一个荣耀，每个人都高度关注着这一国际盛事。传递圣火一直到北京奥运会开幕式上的点燃，好像就是把全中国人民的热情和荣耀全都汇聚到北京会场。当一个个脚印出现在北京上方，第29届北京奥运会，一步步向鸟巢走来。小小的我第一次感受到如此骄傲与自豪！

——张先生

2008年北京奥运会的时候我才11岁，那时候就记得家里面的人都很兴奋啊，全家人围坐在电视前观看北京奥运会开幕式。可能是当时年纪还小，没有感受到北京奥运会开幕式场面的宏大和好看，就只是心里觉得超级厉害。那么多年过去了，现在再翻看当年的北京奥运开幕式，心中满满的都是自豪感。只想说，我的祖国真的很棒，我超级爱我的国家！

——hl

我清楚地记得2008年8月8日晚上8时整正是北京奥运会开幕的时间，一开始映入眼帘的场景就只能用震撼来形容！2 008名表演者们扮演着2 008尊中国古代打击乐器缶一声声强有力地敲击着乐器。而后演员们组合出倒计时的数字，观众们也一起喊出10、9、8、…、3、2、1，顿时整个鸟巢升起了无数色彩斑斓的烟火。其中令我印象最深刻的表演就是《蓝色星球》，天空中的星球，变幻着色彩和图案太美了！我喜欢北京奥运会开幕式中的每一个节目，它们都让我感受到了中华民族悠久灿烂的历史文化和中国如今的蓬勃发展。期盼我中华民族再创辉煌！

——我们天黑再动手

八年前的北京奥运会开幕式，留给我们太多值得珍藏的回忆。那一夜，是一个欢乐之夜，是百年梦圆之夜，是中国人自豪和难忘的一夜。时隔八年，情怀不淡，梦想依旧。

2016年，我们的奥运健儿踏上了里约征程，如今正在里约这片土地上，努力绽放着中国人的奥运梦想，让我们一起为他们加油！

（文案：为奥运健儿加油的GXUers）

青听新语 润物无声——广西大学学生新媒体文化建设实践与探索

比金牌更重要的……

今晚,在刚落下帷幕的2016年里约奥运会女子10米气手枪决赛中,中国选手张梦雪夺冠,为中国军团摘下首金。然而,在过去的十几个小时里,对于无数中国体育迷的心情来说,无疑是大起大落的。

先是在6日晚上,女子10米气步枪决赛中,称为"双保险"的杜丽和易思玲分获银牌和铜牌;庞伟在男子10米气手枪决赛中摘得铜牌。随后,中国女排的姑娘们在首场小组赛中2比3惜败荷兰;在伦敦奥运会上取得过不菲战绩并打破世界纪录的"天才小将"叶诗文在女子400米混合泳预赛中惨遭淘汰;男子400米自由泳决赛中,上一届奥运会冠军孙杨以0.13秒的微小差距获得银牌,比赛结束离开采访区前,这个25岁的大男孩突然情绪失控,揉着相熟的记者痛哭起来,令无数粉丝揪心不已。

然而,金牌真的有这么重要吗?

每一届奥运会总共产生300多块金牌,却有着一万多名运动员。

每一个运动员付出的血泪和汗水都是常人所难以想象的,难道他们就不值得我们鼓掌吗?

我每看运动会时,常常这样想,优胜者固然可敬,但那些虽然落后而仍非跑至终点不止的竞技者,和见了这样竞技者而肃然不笑的看客,乃正是中国将来的脊梁。

——鲁迅

其次,抛开首日无金的遗憾不谈,中国队今天的表现就真的不好吗?其实换个角度来看,你会发现,他们真的已经足够伟大。

杜丽的奇迹

6日,在里约德奥多鲁奥林匹克射击场,34岁的杜丽以一块银牌开启了她的第四届奥运会之旅。笑着转身的杜丽在听人说起儿子的那一刻,心里一酸,眼泪夺眶而出。

"其实我想一直笑着的。"她说,"打到今天,就是一个不可思议的奇迹。"

四届奥运会,杜丽经历了雅典的一战成名、北京的大悲大喜、伦敦的名落孙山、里约的退役复出。12年来,杜丽用欢笑和泪水书写了一段传奇。

北京奥运会之后结婚生子的杜丽，在2011年年初，是带着半岁的孩子重返国家队的。那时的她一边着急恢复、着急上量、着急选拔，一边又因为孩子太小而被牵扯了太多精力。结果，只获得步枪"三姿"的参赛资格，而且在伦敦输得一塌糊涂。

伦敦之后，杜丽选择退役，全心照顾孩子。她说："那时放下枪虽然不甘心，但为了孩子，家里必须牺牲一个。"于是，同样是北京奥运会冠军的丈夫庞伟留在了国家队。

2015年，儿子4岁多了，稍稍挤出精力的杜丽终究还是放不下自己心爱的枪。她决定为里约再搏一次，于是，带着儿子再赴北京。在和一帮年轻后辈的竞争中，杜丽一直拼到最后一场选拔赛。

巴西对于中国是遥远而神秘的，但是杜丽觉得里约是她的幸运之地。在4月的射击世界杯赛里约站暨奥运会测试赛上，杜丽获得了复出以来唯一一次世界杯冠军。杜丽说："感谢里约，这里给了我创造奇迹的机会。"

杜丽6日的资格赛是完美的，40枪打了新规则实施以来创个人纪录的420.7环。她说：

"这应该是我最后一届奥运会了，所以特别珍惜，总感觉那是最后40发子弹了。"

杜丽把可以留在奥运会气步枪赛场上的时间拉到了最长。淘汰赛制的决赛中，她三次站在悬崖边上，三次用稳准狠的10.8环"续命"，直到只剩两人的终极PK。然而，面对比自己年轻15岁的美国小将思拉舍，她最终以1环之差获得亚军。

"遗憾是有的，但对我来说已经是奇迹了。"

五天后，杜丽还要参加步枪"三姿"的比赛，这是她在北京奥运会夺冠的项目。然而不管结局如何，她值得拥有所有的祝福与喝彩。

孙杨的泪水

在里约奥运会男子400米自由泳比赛中，孙杨以3分41秒68摘得银牌，金牌被澳大利亚选手霍顿夺得，两人成绩只差了0.13秒。赛后，孙杨抱着记者大哭，让无数网友为之心碎。

比赛之后，面对采访，孙杨表示自己状态不错，但冲刺不够，当时有点看不清对手，有影响。谈及首金压力，孙杨表示会有，毕竟是检验自己训练成果的关键时刻，非常遗憾。谈及霍顿，孙杨说，不想对别人评论过多，做好自己。

其实，过去一年，孙杨过得并不容易，在去年的喀山世锦赛上，孙杨因心脏不适退出了1 500米自由泳决赛的争夺，今年冬训他又遭遇脚部意外受伤。为了安心养伤，孙杨还错过了4月在广东佛山举行的全国游泳冠军赛暨里约奥运会选拔赛。

实际上，孙杨已经发挥了近几年来的最佳水平。

在2012年伦敦奥运会上，孙杨的夺冠成绩是3分40秒14，随后，他的成绩出现下降，2013年巴塞罗那世界锦标赛夺冠成绩是3分41秒59，比奥运会时慢了1秒多，2015年喀山世界锦标赛，他的成绩是3分42秒58，再次下降。而孙杨的对手，霍顿，在澳大利亚选拔赛上游出了3分41秒65的好成绩，这也是奥运会前三年内全世界的最好成绩。比较一下孙杨的成绩可以发现，孙杨只比上述的成绩慢了0.03秒。对运动员来说，能一直维持在巅峰状态实属不易。

除了以上这些所谓的"失意"，中国奥运健儿们也制造了不少惊喜。

女子重剑个人赛中，女剑客孙一文顶住了队友们受伤、被淘汰的压力夺得一枚铜牌；女足姑娘们用两个漂亮的进球击败南非，时隔2 917天奥运会上再取胜，谭茹殷更是踢出了一脚离球门40米之外的逆天远射。

在体操男团预赛中，中国队力压日本，暂时排名第一；女网选手张帅，郑赛赛分别爆冷击败12号和4号种子，张帅、彭帅的女双强势晋级；中国沙滩排球组合在取得胜利之后对手质疑下重赛再胜实力强劲的瑞士组合……

把痛失金牌换成喜摘一银，去感受他们和对手竞技带来的热血，去感受他们四年潜伏备赛的辛苦，去学习他们遇到大起大落时的能屈能伸。斤斤计较得失毫无意义，认真享受比赛才是体育的真谛。

——网友

中国体育的胜利，绝不仅仅是以金牌来衡量而已。

尽吾志也而不能至者，可以无悔矣，其孰能讥之乎？

——王安石

没有金牌并不可怕，运动员们的出色表现已经为中国代表团的里约奥运会征程开了个足够好的头。

首金，真的没那么重要。

毕竟，竞技体育最大的魅力就在于它的不确定性和未知性，最终留在大家心里的，是运动员们流过的汗，淌过的泪，和不到最后一刻绝不放弃的精神。不管是夺金、摘银，还是添铜，你们真的已经足够出色。

无论是杜丽还是孙杨，在领奖的时候都露出了灿烂的微笑，这些笑容是中国运动员的自信和从容的绝佳写照，是奥运精神的最好诠释。而这些，都是比金牌更重要的事情。

比赛还长，好戏，才刚刚开始。

亲爱的中国健儿们，无论结局如何，你们都是种花家的骄傲！

（文案：王碧琪）

中国女排，不止为冠军

两个星期前，中国女排2比3遭遇逆转负于荷兰队后，队员们低着头匆匆走过采访区，荷兰队主帅古德蒂在新闻发布会中用"不可思议的开局"总结了这场比赛。谁也没有想到的是，最后将"不可思议"发挥到极致的，却正是我们中国女排的姑娘们。

1/4决赛和半决赛难掩激动，决赛胜利反而"整个人都放松下来了"的中国女排主教练郎平和她当时所身处的中国女排，是真正意义上的全民偶像。一个原因是那时候的中国体育远没有现在这样兴盛；另一个原因是她们在取得辉煌的过程中展现的女排精神。

这种精神很难去定义，但一代又一代的中国人用这样的精神力量鼓舞着自己。在某种意义上来说，女排精神甚至并不仅仅限于女排，它已经融入了中国体育代表团的血液中，融入了每一个中国人的血液中。

是女排，让那个转折的年代的人们明白，我们是有机会的，不断拼搏，不要放弃，我们是有可能领先于世界的。

> 拼啦，不拼没机会啦！
>
> ——郎平

自此，女排成了一个特殊的情感寄托，国人始终惦记着女排的姑娘们，即使是从不关注体育的人，都能在辛苦的工作之余，吃着米粉，谈起这支自己心目中总有资格争夺冠军的队伍。因为我们一直坚信她们的精神永存，即使女排也曾遭遇低谷，甚至伦敦奥运会后接连输给实力远远低于自己的球队。但是，一些珍贵的东西依然存在，像郎平说的："女排精神一直都在。"

早在几个月前，与世界杯前三名再加上荷兰、意大利分在一组，让郎平在接受采访的时候直言:"我从来没见到过这么强的分组。包括 2008 年北京奥运会,两组强弱之分也没有这么悬殊。"但是她说:"能做的就是面对现实做好最好的准备。"

结果,小组第四名出线的姑娘们竟然靠着一股韧劲拼了下来。在大比分输掉首局比赛后,打败了过去 7 年对战仅仅胜过一次,占尽天时地利人和的巴西队。上演绝地反击,以 3 比 2 击败巴西队跻身四强。

逆转巴西后,中国女排又成功复仇荷兰,小组赛中荷兰曾以 3 比 2 逆转打败中国队。这次中国队激战四局,3 比 1 涉险过关,每一局都只赢了 2 分。郎平打完荷兰队感叹自己心脏受不了,只能鼓励队员"打一分赚一分,一分一分咬着牙顶,你死我活的"。

女排精神不是赢得冠军,而是有时候知道不会赢,也竭尽全力。是你一路虽走得摇摇晃晃,但站起来抖抖身上的尘土,依旧眼中坚定。

——郎平

她们也许不够强大,但拥有未来,充满希望。

2008 年,阿迪达斯曾用在中国女排身上的那句"Impossible is nothing"也许是此次女排"里约大冒险"的最好概括,国内的媒体和观众们一边质疑着一边又在隐隐地期待着属于中国的女排奇迹,姑娘们随即用三场让许多人红了眼眶的逆转带给了我们最大的惊喜。

如果奇迹有颜色,那一定是中国红。

20 世纪 80 年代,人们关注奥运会比赛和金牌,关注每一场比赛,是需要金牌去证明那种民族荣誉感。进入 21 世纪后,我们的国家日益强大崛起,人们对金牌渐渐不那么看重了。这次的女排决赛,可能不仅创造了此次里约奥运会国人观赛的记录,甚至创造了 21 世纪以来国人观奥运的记录。人们当然期待中国队的每一场胜利,可 21 世纪以来,可能国人没有哪一次比这次更期待中国队赢!

人们太需要一场这种酣畅淋漓的胜利了。

中国军团在这次里约奥运上整体表现并不是特别好,一些队缺乏斗志,表现低迷,甚至连蔡振华在赞女排精神时都公开批评说:"女排精神伟大!不像某些队不团结没韧劲。"人们并不看重金牌数量,但看中的是有没有去拼,莫名其妙地犯规,莫名其妙的低迷状态,让观众很受伤。这届运动员身上,缺的不是金牌,而是一种让人提气的精神,有一种被掏空的感觉——不是一两个队的问题，而是整体缺少一个精神领袖和灵魂。一个队是不能没有灵魂和领袖的，没有精神领袖，一两场比赛失败所带来的消极影响就可能在全队传染，从而带来连环的失败，失去气势，兵败如山倒。

里约的低迷，最让人焦虑的就是觉得这届奥运会运动员中没有那种能独当一面提振士气的灵魂人物和精神领袖，有段子手，有颜值高的小鲜肉，有各种破纪录的冠军，就是没有一个能往全队身上输送精神、向观众传递正能量的精神灵魂。直到女排告别低迷而在逆境中拿下巴西和复仇荷兰时，人们惊喜地看到，这不就是中国队失落的精神灵魂吗？这不就是能提振中国军团整体士气的精神领袖吗？郎平在逆境中的指挥若定，队员们的气势如虹，低谷后对巅峰的征服，不就是我们熟悉的精神灵魂。有了这个灵魂，才能激励更多队员不断创造奇迹，不断在逆境中崛起，不断追逐更高更快。

我觉得不是靠讲故事或者什么心灵鸡汤能解决的，关键还是从平时的训练中就严格要求。

——郎平

女排精神不应只存在于口号里，"不要因为我们赢了一场就谈女排精神，也要看到我们努力的过程。女排精神一直在，单靠精神不能赢球，还必须技术过硬"。

在这个越加浮躁的世界里，女排精神的确有一种超越体育的力量，让人站起来去追逐卓越，去超越自我，去超越自怨自艾而埋头奋斗。你真的愿意去努力，最坏的结果也不过是大器晚成。再强大的焦虑，也会败在行动力和坚持面前。人总要努力拼搏，才能活成自己喜欢的样子、得到自己想要的结果。一个不努力的人，别人想拉你一把，都找不到你的手在哪里。

女排有过低谷，受到过指责，被人漠视过，被世界强队扫成二流三流，但她们咬着牙挺过了没人支持没人重视的日子，输过很多比赛，但是从来没有放弃过，女排姑娘值得我们所有的掌声。

这是每个人需要补的钙，是一个民族需要的精神之钙。

体育赛场，从来就是"不可思议"发生的地方，中国的运动员们在里约向世界证明着我们的"女排精神"。这一次的里约之行，我们失去了很多，不公正的判罚和令人惋惜的比赛比比皆是。但是，女排的夺冠带给了我们比金牌更重要的东西，那就是，不到最后一刻，绝不轻言放弃的中国精神。

（文案：李树玟、王碧琪）

青听新语 润物无声——广西大学学生新媒体文化建设实践与探索

铭记：八年前的"5·12"

有人说："所有纪念日都是假的，只除了'5·12'。"这句话也许有点过，但相信你能理解。我们常常做这样的事情，庆祝"某某一百周年，某某五十周年"……对于很多人而言，纪念只是仅仅是为了纪念。但是"5·12"不一样，一周年、两周年、三周年、四周年、五周年、六周年、七周年、八周年……就算过去了几十年、几百年，只要一点点的由头，所有的思绪就会像潮汐一样涌现不停。那么，你是否还记得，八年前的今天，自己在哪儿？在做些什么？回望八年，涅槃重生，让我们砥砺前行。

我安静地上课；我安静地在书本帮小明画上胡子；我的时针分针悄悄转过；下课铃声照常响起；我安静地接过街边老爷爷的鸡蛋仔；我安静地看着一元五角钱的奶茶里浮沉的珍珠和西米；我安静地看着电视《新闻联播》里陌生的字眼；我安静地把钱放进捐款箱；我安静地为感动而哭泣；我安静地默默把爸爸、妈妈抱得更紧；我会好好地安静地努力地活下去。

——阿梅

那年初二，那几天老师居然在班级里放电视新闻。赈灾晚会那天晚上，全班同学都湿了眼眶，全国哀悼那天刺耳的汽笛声让人有说不出的哀伤。也是从那时起，开始切身感受到自己是这个民族的一员，开始去关注社会，那场灾难对我而言算是一个"思想启蒙"吧。那一年国家发生了太多的事情，至今想起都还历历在目，没想到八年一晃就过去了，时间真的过得好快。

——刘珊珊、卢飞飞

那时，我没日没夜沉浸在游戏里。空气很混浊，屏幕上闪着当时我引以为傲的角色。鼠标、键盘、饮料、耳机……光怪陆离的游戏场景，我忽略了一次小小的震动，我以为那是我眼花的恍惚。马上，一些玩家纷纷掉线。我总以为他们只是困了，累了，立刻就会和我一起上线，我们还能并肩作战，遇怪杀怪。八年过去了，屏幕上的头像还是灰色，我再也没有碰过这款游戏。

——夏巨巨

当时我还是小学六年级，我的姐姐在成都读大学。地震来的时候我在上讨厌的体育课，天气很热，我忍不住去买了七个小矮人（一种雪糕）来跟小伙伴一起吃。晚上回到家，妈妈不做饭围着爸爸哭，爸爸在焦急地打电话，电视上充斥着的都是四川汶川地震的消息。而我的姐姐，那个在世界上和我最最相像，最最亲密的人，现在生死未卜。信号断了，打电话联系不上。晚上九点我就睡了，我一直睡不着，我怕，我怕我以后都见不到我姐姐。我拿出姐姐送给我的风铃，我不敢睡，我怕我睡醒之后姐姐真的不在了。第二天，姐姐的电话终于来了，她没事，当时她也忙着寻找同学，忙着弄清楚到底发生了什么所以就没有打电话回来。后来听说姐姐的学校塌了一面墙，有两个学生受伤了。那种胆战心惊的感觉，我到现在都还历历在目。愿逝者安息，愿生者平安。

——欢喜你就欢喜吧

那时我还小，不知道地震的概念。后来才知晓伤亡那么惨重。后来，在全国人民为四川汶川大地震遇难者默哀时，我站在教室里，低着头看到大家眼泪滴滴答答的掉下来，有的同学忍不住失声痛哭。警钟长鸣，我一生都不能忘怀当时的情形。八年了，缅怀逝者，希望这样的悲剧能够少一点发生。

——达拉木马

八年前的今天，下午两点多钟，我走出单元门，邻居慌张地问我："刚刚地震了！你感觉到了吗？"南宁不在地震带，这个词对我来说太陌生了，怀着不安和怀疑来到学校，才知道汶川地震的消息。放学回家，电视里不间断地播放着地震的最新动态，我和我妈妈就站在电视机前，吃不下饭，鼻子太酸了。那天晚上，我们没上晚自习，全班来到人民大会堂的广场，地上摆满了蜡烛，到处都是带着哭腔的"汶川加油"，时隔八年，我还记得那时候的烛光，大难当前，中国人是真的心连心的。

——钟姑凉

在那个智能手机还不普及信息传递不像今天这样迅速的年头，直到晚上放学回到家后才知道发生了什么。以前对于地震的印象更多是外界对于唐山大地震的描述，不曾想有一天会亲身见证，只见电视画面里一栋栋房屋倒塌，一具具尸体抬出，山河同悲。但是，在悲痛中感受到了一个民族的坚韧与不屈，于绝境中展现的隐忍坚强。多难兴邦，愿天佑中华。

——Figo

那时我是初一的学生，那年的今天感觉真实的可怕，电视新闻与收音机里都是现场搜救的报道，一个个坚强的生命被救援的时候，是感动的。身边每个人都是带着焦灼的面庞和紧绷的心，默念着"汶川，加油"。特别难忘的是为汶川哀悼的那个下午，到时间时防空警报响起，整座城市都寂静了，我在家里，朝着西，双手合十，颤抖着。

——防城港的熊本

青听新语 润物无声
——广西大学学生新媒体文化建设实践与探索

汶川地震已经八周年了,可是那一段时间里的回忆还是清晰。那时我才上小学,汶川地震后家乡连着下了好多天的小雨,全家人吃了饭以后围成一圈关了灯一起看《新闻联播》,妈妈用毛巾被围在腿上,看着看着她就用毛巾被擦起了眼泪,在黑暗中也可以看到她抽搐地哭着。后来班上来了一位四川灾区来的男同学,全班挤着送他学习工具还有吃的,班主任站在门外眼角湿润地看着我们。我们把最好的位置留给那位男同学,也因为他全班体育课的时候一起玩游戏。那时觉得活着就很好了,要多多珍惜身边的人,珍惜当下幸福的生活。

——邱锦铃

除了"5·12",没有任何一个其他的纪念日,可以每次一想到都能涌起无数种情绪,却又沉重得不知从何说起了。从那时起对生死突然就有了概念,明知道电视新闻在不断地重播,但就是想要一遍遍地确认期待着新的消息。记得头七天,班里最调皮的男同学也低下头默哀,默哀完了大家很久也没有说话,这大概是我印象中感受最深的一个纪念日了。

——KarenM

那年,我读六年级。其实还没有见证过太多的生离死别。2008年5月12日,在我的记忆里,永远是黑色的。那个时候,全中国都没有人说话。无论是新闻报道中不断攀升的死亡数字,是坐在电视机前家人氤氲的泪眼,抑或是满城的募捐点,大大的横幅上写着"抗震救灾,众志成城",在我回忆起来都是无声而压抑的。我不停地写着募捐稿;不停地祈祷伤亡数字可以增长得慢一点,再慢一点;不停地为不断涌现的英雄母亲、最美老师掉眼泪。这就是我的"5·12",2008年5月12日14时28分4秒,四川省阿坝藏族羌族自治州汶川县,北纬31.01度,东经103.42度,我不在震中。

——龙傲天

也许你要花很大的力气,才会想起当时的自己。
那个痛哭流涕的自己,
那个顿悟生死的自己,
那个毫不犹豫捐出所有零花钱的自己。
每个人,都有自己的"5·12",
每个人的"5·12"都是生命中加厚的篇章。
记住它,足够你受用一生。

记住它的模样，记住它的教诲。

记住它并不困难，你只需记住那天的自己。

记住当时的自己，

你就会在祭日里为逝者献上一束花，

点上一支香，或倒上一杯酒。

你就会问自己，他们是否都已安息？

记住当时的自己，

你就会对社会抱着负责的心态，

对他人投以信任的目光，

对人性更加包容，对制度更加苛严。

记住当时的自己，

你就会对自己更加肯定，

更加疼爱，更加呵护，

你就会更加有主张，更加有尊严，也更加有力气。

所以，你一定要

记住"5·12"，记住当时的自己。

——长平

（文案：祝福汶川的GXUers）

君武青年"说"系列点评

新时代青年人渴望表达、善于表达且追求表达，为青年提供一个广阔的表达平台，他们可以为大家讲述整个世界。"西大团学小微"为西大青年提供了这样一个平台，通过这个微平台，青年们大胆地表现了自己，老师们清楚地了解了学生，家长们更好地认知了子女，学校更全面地把握了教育客体。通过这个微平台，新时代青年的思维、观点与认知全方位地展示在大众面前，原来我们同学的关注点不单单在于吃鸡、约会、"双11"……大家更关心的是历史、民族、国家命运……那么我们的教育就有了着手点，我们的引导就有了指明灯，我们与青年的关系就有了黏合剂。微平台，师生交流的好平台。

青听新语 润物无声
——广西大学学生新媒体文化建设实践与探索

　　从历史到现实，从特殊的时间节点到社会热点，用青年自己的语言从青年的角度去看待问题，表达态度，分享思考。"我手抒我心"，自我充分表达的新媒体平台上，一方面可以引导学生大胆尝试；另一方面因为同龄同辈的缘故，更容易让大学生产生共鸣，同时产生碰撞，从而势必引导和影响更多人关注和参与，达到"自己教育自己"的效果。

微校园·展风采

用图文、视频、H5、小游戏等新媒体的方式，学习学校历史，展示校园风貌，开展爱校荣校教育，培养"西大育我，我誉西大"的荣誉感和责任感，让每一个西大人自发自觉地爱学校。

风雨兼程西大路（一）
——看漫山遍野，听梧州岁月

春华秋实，薪火传承，广西大学已走过87年的风雨之路
87年来，一代代西大人筚路蓝缕，栉风沐雨
求真务实，锐意进取
在历史的长河中留下了一串串闪光的足迹
铭记过去的风雨岁月
是对他们，最好的纪念

肇始蝴蝶山（1928）

岭南之西，北部湾畔，称为八桂大地；汉、壮、瑶、苗、仫佬、毛南等各民族自古世居于斯。花山岩壁画，布罗陀文化，百鸟衣传说，刘三姐歌谣，传统文化异彩纷呈。

广西有高等教育，始自清光绪二十五年（1899年）由巡抚黄槐森在桂林文昌门外创办的体用学堂，1904年改设为广西高等学堂。但是，广西有真正意义的现代大学，则肇始于广西大学。

1925年（民国十四年），以李宗仁、黄绍竑为首的新桂系一广西，为培植建设广西人才，大力整顿广西教育。1927年1月17日，广西省政府政治分会决议，第五项第一个细目是"增加教育经费，设立广西大学"。

1927年4月15日，广西省政府成立，是年冬，省政府决定筹办省立广

西大学,由省主席黄绍竑邀请本省籍留德工学博士马君武回桂筹办,正式成立省立广西大学筹备委员会,黄绍竑亲任委员长。

1928年6月,广西大学在梧州成立,由广西省政府聘马君武任校长,盘珠祁任副校长。经筹委会选定,校址设在梧州市河西区蝴蝶山。

梧州居西江上游,地当浔、桂两江交汇点,为广西内河航运的咽喉,向为西江流域物产的集散中心。蝴蝶山一带当年虽是荒山野岭,但形势绝佳,位置亦好。马君武校长和盘珠祁副校长率领全校师生员工劳动建校,开山填土,修筑道路,环山建筑校舍。

按筹办广西大学时的决议,拟开办文、理、农、工、矿五科,招收四年制大学本科生。后来因师范应独立设置,遂废文科。又因为当时省内尚少高中毕业生,故在西大成立时先办三年制预科,招初中毕业生或高一插班生,为以后发展本科打基础。

1928年6月,广西大学分别在梧州、南宁、柳州、桂林四城市招生,录取预科一年级生约260人;分甲、乙、丙、丁、戊、己六组授课。

曲折兴学路(1929—1931)

1929年4月,粤桂战争爆发。6月,粤军进入梧州,办学仅一年的广西大学校务被迫停顿。1931年5月,粤军退出梧州,局面靖定。广西政治委员会议决定恢复广西大学,仍聘马君武、盘珠祁任正副校长。1931年7月14日,广西大学粘贴布告招生。

正当广西大学积极进行复校并准备开学之际,由黄旭初任主席的广西省政府突然于1931年8月20日下达决议停办广西大学,改聘马君武、盘珠祁两位正副校长为省府顾问。

广西大学接到"主席黄皓电"后,立即回电省府请收回停办广西大学成命,并电请国府李宗仁委员,第四集团军白崇禧副总司令向省府提议收回停办广西大学成命。同时电邕、桂、柳各招考处,继续办理招生事宜。1931年8月24日至26日,广西大学如期举行预科三、预科二、预科一共三个年级入学考试。

广西社会各界也纷纷发出通电,反对停办广西大学。经学校和社会各界的共同争取,1931年9月2日,广西省政府谈话会议决准收回停办广西大学成命。

热血创基业(1931—1936)

广西大学复校后,在马君武校长的精心治理下,不断发展壮大。到1936年,已建成理、工、农三个学院七个系,有两届本科毕业生,在校生规模达到930人。

广西大学创办之初，由马君武校长聘请了一批知名教授到校任教。其中有法坛巨擘白鹏飞教授、我国钢铁冶金先驱者之一的严恩棫教授等。

马君武校长治学严谨，在广西大学创办之初，就建立起了完善的管理制度。

（文案：摘自《广西大学史话》；整理：王诗艺）

风雨兼程西大路（二）
——风云桂林，且听风吟（上）

大家随着团子君的步伐一起重走了西大的梧州岁月，见证了办校初期的艰难。今天，让我们再一次屏息，隔着岁月的凝视，轻叩历史的大门，再现桂林时期的风起云涌。

实施改组——广西大学迁址桂林

1936年6月，广西省政府决定改组广西大学，由省主席黄旭初兼任校长。将省立师范专科学校并为广西大学的文法学院，省立医学院并为广西大学医学院，初设本部于南宁，将理、工两学院并为理工学院，与农学院仍设于梧州。

1936年10月，校本部及文法学院随省府迁往桂林，以良丰西林公园为校址。1938年，理工学院迁至桂林，农学院迁至柳州沙塘，广西大学改组完毕，从此进入学校发展阶段的桂林时期。

桂林校址——良风西林公园

桂林校址——李子园办公宿舍

桂林雁山的西林公园，原是清朝文人唐子实的别墅，名为"雁山别墅"，后为两广总督岑春煊所有，改名"西林公园"。园内林泉秀美，绮丽多姿，地有碧云湖、相思溪，红楼曲栏之胜，物有绿梅、方竹、红豆、丹桂之宝，前有雁山，后为旷野，空间辽阔，环境优美。

汇学堂——大礼堂
（以上均为修缮后的现存建筑图）

一、学校规模

改组后的广西大学，共设有文法、医学、理工、农学四个学院11个系（科），办学规模迅速扩大，成为文、法、理、工、农、医的多科性的综合大学。

二、建立党组织

1936年10月，广西大学文法学院成立了广西大学第一个共产党支部，由曾世钦任支部书记，李殷丹任宣传委员，路璠任组织委员。当时被誉为"最有战斗力"的党支部。同年11月，广西大学梧州支部建立，由高朗如任支部书记，宁培聪任组织委员，李毓任宣传委员。同月，高朗如、宁培聪因组织学生运动被开除，由黄传林接任支部书记。

三、名师聚合

桂林时期，是广西大学迅速发展的一个时期。1938年2月，著名法学家，被誉为"法坛巨擘"的白鹏飞教授出任校长，学校延聘了一批名师，师资力量迅速壮大。学校面向全国招生，并收容了大批战区转学的学生。

李达教授

马保之教授

四、科技发达

在这个时期，广西大学相继设立了植物研究所、经济研究所、广西农林试验区和广西农事试验场，科学研究成绩斐然。

八桂学府——改省立为国立广西大学（1939—1940年）

一、改省立为国立

随着办学规模的扩大，名师大家聚集，沦陷区转学来校就读的学生剧增，理工学院的学生于1939年春首先发起了"国立运动"，很快得到了文法学院和农学院学生的支持和社会名流的支持和赞助。在全校师生的推动下，广西省政府报请民国政府教育部，要求将广西大学由省立改为国立。1939年8月，经国民政府行政院议决，同意广西大学为国立大学，任命马君武为校长。

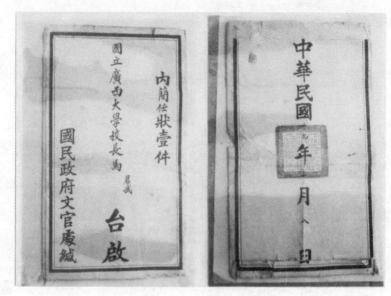

马君武校长的任命书

二、健全机构

根据教育部的组织要点，改订西大组织大纲，调整机构，选聘一批教授分任各职。

国立广西大学钢印

三、延聘名师

马君武出任国立广西大学校长后，除续聘原省立广西大学的教授外，又新聘一批名教授，师资盛极一时。

新聘教授名单

文法学院：张铁生、张志让、董维键（之学）、黄逸峰、漆琪生、万仲文、盛成、蔡经济。

理工学院：李四光、郑建宣、雷瀚、石志清、刘光文、林炳仁、赵佩莹、余克缙、杭维翰、衷志纯、潘祖武、唐崇礼、竺良甫。

农学院：吴绍揆、王子芳、翁德齐、汪振儒、李静涵。

四、兴建校舍

1938年以后，除了农学院在沙塘外，各院系都陆续集中到桂林良丰校本部。为适应办学的需要，学校开始在校内兴建图书馆、物理馆、矿冶室、化工室、机械室、材料室、电机室、学生宿舍和教工宿舍等设施。

桂林良丰礼堂

五、重大事件

【抗日救亡】

广西大学师生有着光荣的爱国传统，从建校之日起，就以复兴中华、保卫祖国为己任。抗战爆发后，师生们更是以满腔报国热血，积极投身抗日救亡活动。

青听新语 润物无声——广西大学学生新媒体文化建设实践与探索

师生声援"一二·九"运动

【马君武校长辞世】

1940年8月1日,马君武校长因积劳成疾,胃病复发,在校内住宅与世长辞。师生哀恸,各方痛悼。《救亡日报》发表社论"悼马君武先生"。中共领导人周恩来挽词是"一代宗师",朱德、彭德怀送来挽联"教泽在人"。蒋介石、白崇禧、孔祥熙、陈立夫、冯玉祥、李济深等军政要人,翁文灏、陈衡哲、竺可桢、萨本栋等科学界名流,中国学术社、上海大夏大学等发来唁电。

(文案:摘自《广西大学史话》;
编辑整理:王诗艺)

马君武校长遗墨:先天下之忧而忧,
后天下之乐而乐

小编后记:桂林时期,风起云涌。整理校史的时候才得以有机会慢慢抹去尘埃,逐步看清它的模样。然而我看到的,也一定只是冰山一角。当时的风雨飘摇、壮志情怀,始终离我甚远。这些老照片,都是岁月遗留的请柬,邀请我们去会晤消逝的昨天。翻看旧影,才知如何珍惜当下如何面对生命的无常,动荡的日子里,唯有读书人饱含希望。桂林时期的跌宕起伏并未结束,莫急莫急,且等下回再继续诉说,带着历史尘埃的桂林往事。

风雨兼程西大路(三)
——风云桂林,且听风吟(下)

依稀能嗅到带着阴雨的潮湿,斑驳的老墙遗迹是历史落下的奢华留白,我们继续溯流而上,侧耳倾听桂林时期的低吟。

风雨兼程——三易校长的风波

一、雷沛鸿时期(1940年8月—1941年8月)

马君武校长去世后,行政院于1940年8月任命广西省教育厅厅长雷沛鸿为广西大学校长。雷沛鸿校长到任后,提出要"配合抗战之需要,努力培养各种人才,以充实抗战之力量"。他主张对学生应予以相当自由,同时应积极设法促使学生自发的研究,使其获得研究的兴趣而自由发展。

国立广西大学农学院首届毕业生

二、高阳时期（1941年8月—1942年12月）

1941年8月，行政院决定免去雷沛鸿广西大学校长职务，任命高阳为校长。高阳是在国民党第二次反共高潮中上任的，国民党当局因不满进步师生的民主运动，委派高阳到校，以加强对广西大学的控制。此举引起师生的强烈不满。在中共地下党组织的活动下，学生组织成立了"拒高护校委员会"，并在校门外阻止高阳到任。其后高阳由宪兵武装护送到校，并处分了一大批学生。

高阳出任广西大学校长后，武装占领学校达一年之久，气氛极度紧张，学校党组织被迫撤出校园。这时，日寇南侵，战火燃至华南，作为抗战大后方的桂林，也处在风雨飘摇之中。学校在艰难岁月中艰难前进。

三、李运华时期（1943—1944年）

1942年年底，高阳校长因得不到西大师生的拥护，因病请辞，由李运华代理校长。1943年8月，高阳在桂林病逝。9月，李运华获正式任命。

这一时期，抗日烽火迫近桂林，日军飞机不时对桂林进行轰炸，学校的教学秩序受到干扰。李运华出任校长后，又新聘了一批名教授。

这一时期，在一批著名学者、教授的带领下，师生学术研究和科学实验的热情空前高涨，还先后取得一批研究成果。

1943年10月，中国物理学会桂林分区会议在广西大学举行
图为李四光教授在大会上作报告

经历过三易校长风波后,西大并没有马上恢复宁静,1944年夏,日军进犯湖南,桂林告急,校本部决定向西南迁移。

颠沛流离——西至榕江办学(1944年6月—1945年8月)

1944年夏,日军进犯湖南,桂林告急。为了保护学校财产和师生安全,学校决定疏散学生,校本部向西南迁移。这时,李运华校长离校他去,临危之际,张先辰总务长负起了学校撤离疏散的重任。历经几个月的辗转跋涉,部分师生和设备搬迁到了贵州省榕江县,并于当年12月在榕江恢复上课。榕江地处偏僻,物资匮乏,师生们虽然生活艰苦,仍坚持正常教学,并在党组织的领导下,开展了轰轰烈烈的民主运动。

《大公报》对广西大学疏散学生的报道

抗战胜利的号角终于为这段颠沛流离的日子画上了句号,黎明的曙光照进漫漫长夜。

黎明前夜:重返桂林迎解放(1945年9月—1949年)

一、暂栖鹧鸪江

1945年8月,抗战胜利,学校迁回广西。因桂林良丰校舍在战火中被毁,学校暂栖柳州鹧鸪江前第十六集团军的妇孺工读学校。

二、"返梧运动"

桂林当时是国民党省党部所在地,对民主力量控制甚严,部分进步学生力主学校迁回梧州,发起了一场大规模的"返梧运动"。

三、重建校园

经请示当时教育部,决定学校在桂林将军桥和良丰重建。学校一面新建、修复校舍,一面租用厂房恢复上课。

四、学校新制

1946年3月,李运华校长辞职,陈剑脩出任校长。1949年4月,陈剑脩校长调任"教育部考试院考试委员"。6月,盘珠祁出任校长。

1949年11月,国民党进驻西大,盘珠祁校长离职,临时校务辅助委员会主持校务。

五、作育英才

广西大学重返桂林后,在将军桥中央无线电器材厂和良丰两处办学,校园面积5 000余亩,学校规模进一步扩大,到1948年,在校教职工261人,在校学生达2 000余人。到1949年,广西大学共培养了本、专科毕业生4 464人。

1944年毕业于广西大学的中国工程院院士陈太一和中国科学院院士李林

六、科学研究

1947年在研课题(列表)

社会科学:《边疆民族社会生活之研究》《成人教育之研究》。

自然科学:《Matrix 及函数之研究》《人工分崩原子、原子能量及宇宙线之研究》《国防化工之研究》《漓江流量之变化》《新式军用飞机场之设计》《雷达之研究》《高速下空气性质变化之研究》《原子能非军事用途之研究》《柳城煤田地质及煤矿排水问题之研究》《皮革制造》《士敏土制造》《稻田改良、病虫害防治之研究》《花卉果木之改良研究》《免疫血清之研究》。

七、师生爱国民主运动

1946—1949 年，是国民党政府迅速走向覆灭的时期，是国民党统治最为腐败和黑暗的时期，广西大学也经历着血与火的洗礼，师生的爱国民主运动进入高潮。

1949 年，人民解放军挥军南下，节节胜利。国民党统治区的经济陷入全面崩溃，社会极度混乱。广西大学的师生们为了求得生存，保卫学校，进行了不屈不挠的斗争。

> 黎明前的曙光，
> 把西大照得光明透亮，
> 历史的转轮还在扭动，
> 接下来的故事，
> 愿你还在倾听。

（文案：摘自《广西大学史话》；编辑整理：王诗艺）

图说《广西大学推进一流大学和一流学科建设方案》

经广西壮族自治区人民政府同意，自治区发改委、教育厅、财政厅联合印发了《广西大学推进一流大学和一流学科建设方案》，对我校"双一流"建设作出总体部署和工作指南。

一、方案发布的重大意义

与双一流方案同时印发的还有《广西大学综合改革试点方案》。两个方案的下发表明广西大学"双一流"建设和综合改革纳入自治区党委政府重大决策部署，体现了自治区党委政府对办好广西大学的高度重视和深切希望，标志着我校进入以"双一流"建设为主要目标和引领的新阶段，是指引我校乃至广西高等教育适应时代发展的大趋势、国家发展大战略的需要。

时任广西壮族自治区党委书记彭清华，广西壮族自治区党委副书记、主席陈武先后来我校考察，召开现场办公会，发表重要讲话，确立了"建成布局合理、特色鲜明的一流综合性研究型大学"和"打造广西高校改革发展的排头兵、科学研究和产学研协同创新的排头兵、高端人才培养成长的排头兵"的目标任务，明确要以教育部直属院校办学标准和保障水平给予重点倾斜和大力支持。

教育部陈宝生部长和多位副部长密集来我校视察调研，明确对我校按"一省一校"政策重点扶持。

二、"双一流"的精神内涵

"双一流"建设是我国高等教育发展新的里程碑，是现阶段大学发展的主引擎。

广西大学建设"双一流"的表述中包含三层含义：一是"多个世界一流学科"，二是"一批国内一流学科"，三是"国内同级同类一流大学"。

建设"双一流"要正确理解处理好一流学科与一流大学的关系。一流学科是建设同级同类一流大学的核心、抓手，但是建成同级同类一流大学不能只有一个或多个世界一流学科，还需要一批国内一流学科以及多学科协同发展。

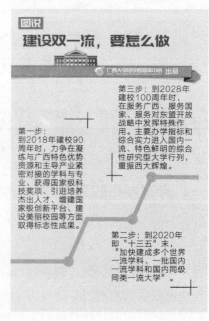

三、"双一流"建设如何实施

分"三步走"实施

第一步,到 2018 年建校 90 周年时,力争在凝练与广西特色优势资源和主导产业紧密对接的学科与专业、获得国家级科技奖项、引进培养杰出人才、增建国家级创新平台、建设美丽校园等方面取得标志性成果。

第二步,到 2020 年即"十三五"末,"加快建成多个世界一流学科、一批国内一流学科和国内同级同类一流大学"。

第三步,到 2028 年建校 100 周年时,在服务广西、服务国家、服务对东盟开放战略中发挥特殊作用,主要办学指标和综合实力进入国内一流、特色鲜明的综合性研究型大学行列,重振广西大学的辉煌。

以学科建设为基础

我们在解决区域性的国家特有甚至世界少有的问题上集中发力,落实教育部评估组的整改要求,加大整改力度和速度;对学科、专业进行精心梳理、科学规划、合理设置,突出热带亚热带资源禀赋、沿海、沿江、沿边、沿区位、多民族文化、东盟开放合作等特色优势和战略需求;争取在特色上做大优势,在优势中凸显特色,在特色优势上争创国家一流,在国家特色优势上冲击世界一流。

青听新语　润物无声——广西大学学生新媒体文化建设实践与探索

以人才培养为核心

综合来说，就是培养"五有领军型人才"，即有社会责任感、创新精神、实践能力、法治意识、国际视野的"领军型人才"，体现国家对当代大学生的综合要求，也体现广西大学的特殊要求。

四、争做一流学子

作为广西大学的学子，我们入校开始就要跳起来仰望星空、触摸理想，树立"舍我其谁"的志向，培养"五有"素质和底气；毕业后又能弯下腰埋头创业、低调做人，成长为真正的"领军型人才"。

广西大学在"双一流"的建设浪潮中扬帆起航，建设"双一流"高校需要我们同心协力。明年就是广西大学90周年，作为广西大学的一分子，我们也应该为"双一流"大学建设做好每一件事，学好功课，练好本领，发挥自己的力量。或许只有我们学生一流，学校才是真的一流。

（图文：周冰洁、刘泳君、胡宇晴、段成）

印象西大：你是如此难以忘记

你是如此难以忘记
沉沉浮浮的在我心里
你的笑容你的一举一动
都是我所有的回忆

——《你是如此难以忘记》

褪去青涩
期待与你相遇
看见你的刹那
你的身影瞬间映入我的脑海
生根发芽

四年
与你同作同息,同乐同哀
你伴着我度过一个个日月星辰

我们啊
偷偷地在橘暖灯光下

青听新语 润物无声——广西大学学生新媒体文化建设实践与探索

窃窃耳语
空旷的地平面上
是怀梦的路演乐队
诉说着热爱音乐的衷肠

怀揣梦想的我们不觉委屈
体育场上洒出的
汗水和眼泪
有你的见证与陪伴
让我变得毫无畏惧

你让我爱上了
沐浴着阳光赐予的温暖
享受着来回奔跑的激情
感受着青春带来的悸动

转眼间就看到
黄叶飘落，霜满白头
时光荏苒，青春不复

每当走过崇左桥
似乎走进了艺术走廊
最爱那缤纷色彩
更沉醉于绿水青山

青听新语 润物无声——广西大学学生新媒体文化建设实践与探索

高大明洁的窗户
与车边的镜子,相互辉映
映出了多少人影、面容和灯架

一字排开的椰子树,舒展成伞
笔直的躯干,翠绿的枝条
丝毫没有因为寒风而瑟缩

绿油油的农田
裹着梦想
随着风吹云动
与禾苗一起茁壮成长

你的美丽
你的包容
你的善解人意
是我最大的欣喜

青听新语 润物无声
——广西大学学生新媒体文化建设实践与探索

谁说建筑物都是冰冷属性
这光与影的结合
无不显露出满满的

画中的你坚韧不拔、气冲凌云
我也想像你一般
担当、勇敢
你的时髦，你的复古，我都喜欢
你的欣喜，你的悲伤，我都接受
见过你的细雨朦胧
见过你的云卷云舒
也见过你的骄阳似火

却不曾想浓墨淡彩的你

让我如此惊喜赞叹

西大，你就是那么难以忘记

（文案：庞春凤；图片：赵冬、罗雯文）

论 big，我只服西大

宝贝请把你刚刚说的话再说一遍

作为一名可爱的 GXUer

竟然不知道西大这么"高 big"？

既然这样

今天就让团子君

带你领略西大是怎么个"高 big"吧

beginning [bi'giniŋ]

n. 开始；开端，开头，起初（时间或空间的）开始；起点

每个西大学子的开端

都是那封令人喜悦的录取通知书

9 月悄然而至

怀揣着对大学生活的憧憬

我们来到了大学东路 100 号

开启了新的奋斗征程

青听新语 润物无声——广西大学学生新媒体文化建设实践与探索

big [big]

adj.（体积、面积、宽度数量、程度、规模等方面）大的，巨大的

"哎呀，怎么办，快要迟到啦"
"去狗洞？太远了"
"要去东体健身吗？""好远哦"
想必校园面积太大
给西大学子造成了很多困扰吧？
4 000多亩的占地面积
可不是闹着玩的哟
世界上最遥远的距离
不是生与死
而是你住在西校园，我住在东校园

building ['bildiŋ]

n.（居住、娱乐、生产等用的）建筑物，房屋，营造物（如房子、大楼、等）；任何建筑物

羡慕世界各地的高端建筑？
在西大，它们就好了
承载着光荣历史的大礼堂
散发着现代气息的新西体
展现着浓厚艺术氛围的崇左桥
还有一看就想进去学习的图书馆
不都是西大的建筑标杆吗

bloom [bluːm]

vi. 盛开，开花；繁殖；繁盛　　n. 水华，风华正茂；霜，青春

西大花满园
清新的荷花盛夏绽放
火热的凤凰花惹人注目

青听新语　润物无声——广西大学学生新媒体文化建设实践与探索

满地的紫荆花瓣犹如漫步仙境
飘香的桂花沁人心脾
绽放的花朵
宛若充满活力的西大学子
散发着青春朝气

believe [bɪ'liːf]

n. 相信，信赖；信仰

近百年前
马君武先生提出了"勤恳朴诚"的校训
引领着校友们艰苦奋斗扎实办学
风雨飘摇中
广西大学依然在成长
今天的我们依然坚持着这份信仰
带上这份信仰，我们继续走向更好的明天

beloved [bɪˈlʌvɪd;-ˈlʌvd]

adj. 心爱的；挚爱的　n. 心爱的人；亲爱的教友

每天早晨最幸福的事
就是吃着心爱的狗洞小笼包
赶往熟悉的教室
快放学了，肚子开始叫了
你最爱的水塔饺子在呼唤你呀
吃饱喝足后回到温馨的宿舍
和挚友们谈天说地
晚上，带上书本
奔向自习室，坐着最喜爱的窗口宝座
沉迷学习，无法自拔

beautiful ['bju:tɪfl]

adj. 美丽的；出色的；迷人的

正午的阳光穿透藤蔓
湛蓝的天空下，塔安静地矗立着
历经岁月打磨的旧墙角落
几枝三角梅婀娜多姿
西边红色彩霞
为黄昏水田增添了几分迷人
无论何时
西大总是这么迷人

best [best]

n. 最好的人，最好的事物；最佳状态　adj. 最好的　adv. 最好地

愿你生活在西大的日子里
都能遇到最好的自己最好的人
多年后回忆起来
可以带着骄傲的语气说

那是我最好的青春时光

西大面积之 big 让人抓狂
她的 beauty 让人心旷神怡
西大人的 belief 令人敬仰
……
虽然我们都有说 bye bye 的一天
但我们永远都不会忘记
在最心爱的西大里，有我们最美好的回忆

（文案：凌远策；图片：校团学新媒体中心新闻部）

嘘，听初醒的西大

是清晨那一缕阳光，
灿烂了这一季的花海。
在光与影的完美协奏曲中，
西大期待与你邂逅，
在这最美的年华里。

破　　晓

破晓的那一缕微光温柔渲染，
光影中，碧云湖如泼墨山水画般美丽。

青听新语 润物无声——广西大学学生新媒体文化建设实践与探索

书 声

春燕衔泥的呢喃,
也不如你湖边琅琅书声,
在低眉垂首间氤氲出青草般深深浅浅的书香之气。

凉 亭

黎明初晓,微雾柔光。
湖畔亭舍,
与何人促膝长谈韶华之梦。

路　　上

采一点晨曦，装点一天的清新，
捧一把阳光，温柔一季的心情。
我依然记得，追梦的路上，
阳光下的你，最美。

挑　　战

前方的号角已响起，
我愿用青春的每一滴热血去挑战，
刷新人生每一个不可能的可能。

青听新语 润物无声——广西大学学生新媒体文化建设实践与探索

幸　福

清晨那一缕淡淡的青草香，
你闻到了吗？
晨曦那一份清晰的幸福，
你听见了吗？

勇敢地甩掉一天的疲倦，
我等你一起，
用美的眼睛去探索，
如诗人一般，发现隐藏在校园里深深浅浅的诗情画意。

（文案：陈炳康、宋容；图片：梁正）

看，微醺的西大

听过初醒的西大，走过神清气爽的清晨，度过绵延的午后。忙碌了一天的你，一个人走在校园朦胧的细雨中，走在暖黄的灯光下，走在和煦的晚风里，总有一条小径一首歌伴你安放心绪。

就让团子君与你一起,从西大初醒的清晨,步入微醺的夜吧。

学 堂

细雨微风湿透黄昏的校道
杳杳远光,静谧学堂
是谁在灯下埋首苦读
又是谁在楼前轻吟浅唱

小 径

悠长迟暮的小径
已经可以听到络纬的鸣叫
暖黄街灯渐露
你我最爱沿路唱
以歌声替代说话
"嗯,夏天要来了呢"

青听新语 润物无声——广西大学学生新媒体文化建设实践与探索

轻　吟

"我知道风里有诗句，不知道你"
月光的氤氲
树影的婆娑
夜风的晓畅
比不及
你那夜在湖畔的轻吟浅唱

盛　宴

清晨安安静静的早点铺子
晚上变成一场盛宴
看过你的沸腾和汗水
闹腾和尖叫
看过你的热烈和喧嚣
杯盏交错中蒸腾出热气
因为你
这个南国的夏夜不再孤单

梦

聚光灯打下来的那一刻
我在人海用力让梦盛开
燃烧沸腾的血脉
用最坚强的姿态
唱出我的精彩
我的未来

奔　跑

借着路灯的微光
奔跑在天地之间
微风会拭去疲倦
我只管放纵自己的狂野
坚定不移地向前
寻找自己的明天

护　卫

一道通向光明的路

青听新语 润物无声——广西大学学生新媒体文化建设实践与探索

在黑夜里越发闪亮
两旁的树站成坚强
黑暗里永远当你的护卫
它们知道
追逐光明路上困难重重
需要光明的指引

可 能

总想超越极限
领略不一样的人生风景
你不是一个人
灯光还在，同伴还在
如果你愿意，我们一起
在有限的空间里
游出无限的可能

我说"要有光"
于是"嗒"的一声,我的世界就有了光
温柔的光轨在熙熙攘攘的路面上重叠交错
像在保护我的小小星球
又像只有我知道的暗号

放下一天的疲劳,看看西大的夜
会有不一样的心境哦
团子君只想在你耳旁轻道一声"晚安"

(文案:陈丽萍、宋容;图片:元洛乔)

青听新语 润物无声——广西大学学生新媒体文化建设实践与探索

广西大学,这是你的大学

一年一度的高考已画下休止符,
又一批准 freshman 开始憧憬即将到来的大学生活,
一如当年的你我。

风趣愉悦的课堂,儒雅睿智的教授,
温馨舒适的寝室,干净美味的食堂,
浪漫美好的校园……

广西大学
这也是你的大学
学长学姐告诉你,不得不上西大的十大理由

西大位置·百越之地,邕城常青

广西大学(简称西大),坐落于风景如画的南宁。南宁,古称邕城,属百越之地,距今已有 1 690 多年的历史,是广西壮族自治区的首府,它是中国—东盟博览会的永久举办城市。凭借着得天独厚的自然条件,有"半城绿树半城楼,满城皆是凤凰花"的美名,长久以来形成"青山环城、碧水绕城"的城市风格。

西大历史·君武之训

广西大学是广西壮族自治区内规模最大、历史最悠久的、唯一的一所"211 工程"学校。学校占地面积 307 公顷(4 605 亩),建筑面积 133.09 万平方米,校园面积位列全国第八。在校生 32 026 人,其中本科生 23 677 人,硕、博研究生 7 061 人,博士后 65 人,留学生 1 223 人。首任校长马君武先生与蔡元培先生并称为"北蔡南马"。多年来,西大学子一直秉承君武精神和"勤恳朴诚,厚学致新"的校训,为发达广西、复兴中华而奋斗。

西大科研·文理工商,皆有所长

学校现设 29 个学院,学科涵盖哲、经、法、文、理、工、农、管、教、艺等十大学科门类,有 95 个本科专业,36 个一级学科硕士点,186 个二级学科硕士点，8个一级学科博士点，56个二级学科博士点和10个博士后科研流动站。现编教职工3 555人。有2个国家重点学科，1个国家重点（培育）学科；2014年工程学学科进入ESI世界前1%行列。有4个国家级实验教学示范中心，1个国家级虚拟仿真实验教学中心；1个立项建设国家重点实验室和1个省部共建国家重点实验室培育基地，4个教育部重点实验室和工程研究中心，1个自然资源部重点实验室和一批广西重点建设的实验室、研究基地。学校科研成果显著，2014年发明专利申请受理1 654件，全国高校排名第七。

西大美景·南国风光，醉卧梦乡

西大四季如夏，自然风景如画。夏日湖水潋滟、晨光微醺，满池的荷花香溢校园；冬日里不同于北国风光的萧瑟，花草树木，郁郁葱葱，年年如此。

西大图书·左图右史，博古通今

西大图书馆建筑面积32 338平方米，阅览座位3 600多个，拥有各类藏书568万册，其中印刷型图书348万册，电子图书220万册，全文电子期刊3.5万种，各类中外文数据库77种，图书馆外表高端大气，室内设空调，光线充足，环境舒适。

西大体育·静若处子，动若脱兔

西大体育场分为西体与东体，体育设施齐全。西体主打室外球类活动，东体不仅有室外运动场，还有室内体育馆，开设了各种室内球类、跆拳道、健身房、舞蹈乐器培训等课程。

西大生活·异彩纷呈，海内皆知己

学生会、社团总会、新媒体联盟等各级校内学生组织会开展各种各样的校园活动。例如，十大歌手、女生节、舞蹈大赛、荷花节等西大精品活动，每个学期都给你满满的活动体验和惊喜，更可以提升你的交际、组织的能力，结交各种有趣的朋友。

西大美食·五湖四海，别有洞天

狗洞一条街，吃法天天变。福建小吃、重庆风味、陕西凉皮、玉林生料粉、南宁老友粉等让你天天吃吃吃不腻，如若不喜欢小吃店，更有西苑、南苑、东苑、翠苑、春华秋实各大食堂供你选择！西大美食让你欲罢不能！

西大学子·才子佳人，凤舞龙蟠

在躁动的青春岁月中，最幸福的事莫过于自己的大学男女比例均衡，这点西大也能满足。

你！理工科男神居多，文科女神不败。理工男和文科女在一起吃巧克力更配哦！

西大视野·交流深造，机不可失

多年来，西大十分重视校际交流，为西大学子提供了众多交换学习的机会，交换地点有中国台湾、美国、韩国、泰国等。例如，我国的台湾大学、美国的中田纳西州立大学、日本三重大学、加拿大尼比星大学等名校都是西大交换生的常居地，比起东西校园的异地恋，跨国恋也许更浪漫吧！

我来西大的理由其实还有，例如：夏日里，校园变成了一座花果山弥漫着浓浓果香；碧云湖里水波潋滟，清风徐徐晨光微醺，似乎可以洗涤一切烦忧；田野上阳光慵懒，云起云落，绿叶随浪而来，一层一层；道路旁紫荆花开，漫山遍野，一步似乎走近一树飘零……

    缘来是你，万幸是你！
    拥抱西大，青春无悔！
    广西大学，我们的大学，
      我们在西大等你。

    （文案：严敏、苏珊；图片：王笑西、元洛乔）

青听新语 润物无声——广西大学学生新媒体文化建设实践与探索

我有美景如画，你有文采如花

七月流火，八月未央。

在一场酣畅淋漓的夏雨后，天气终于凉爽了点，荷塘里本亭亭玉立的荷花因为雨的到来而娇羞地低下了头，变成了另外一番景色。

我们看着它们抽枝、长叶、开花、结果，在风中摇曳的姿态让大家驻足欣赏。而这红莲绿叶间，除了艳丽，还有"出淤泥而不染"的自我净化，是破泥而出的积极向上，是不惧风雨的坚强无畏。历代圣贤都为荷花的娇艳而倾心，为娇艳背后的廉洁、高贵、奉献和无畏之精神而赞叹，各类诗篇成了中华瑰宝。而在咱们西大，也是一派"校园荷花如此多娇，引无数师生齐咏唱"的景象。今天团子君将与大家一同跟随着西大的"诗人们"，在"花已成莲"的时节，欣赏荷花给我们带来的如画风景，领略她们的圣洁与高贵。

赏 荷（一） 赵艳林

菡萏轻摇映碧空，
馨香四溢韵无穷。
清风满面含羞笑，
无欲争娇别样红。

工科教育背景的赵艳林校长在这幽雅洁丽的荷花前,也被荷仙子们的优美的身姿和高尚的精神所打动,忍不住吟诗作赋,文艺范十足呢。古有"诗仙"李白说:清水出芙蓉,天然去雕饰。浑然天成的荷仙子晨开暮闭,自顾自成长,自顾自绽放,风雨飘摇,无欲争娇。

赏 荷(二) 赵艳林

六月荷塘碧连天,
轻裙影动舞翩翩。
出污不染涓涓净,
淡淡清香入云间。

接天莲叶无穷碧,映日荷花别样红。迎风摇曳的荷花看似柔弱却具有勇于挑战无畏风浪的拼搏精神。笑看人来人往,云卷云舒,不入俗不逐流,尽显高贵。

绿荷吟 黄南津

碧叶舒张取物和,
红莲方可仰天歌。
接天一笑人难识,
铁意担当即是荷。

青听新语 润物无声——广西大学学生新媒体文化建设实践与探索

　　红花还要绿叶配，没有荷叶的无穷碧，哪来荷花的别样红。荷叶之清香与荷花之艳丽并肩而立，不卑不亢，不羡不怨，坚守自己的那份葱翠，以"成人之美"的君子心态，衬出清雅旁的艳丽。

　　荷，花之君子者也，清廉洁白高雅，自古便是高洁的文人墨客心头好，即使出身于淤泥却仍这般圣洁，只可远观不可亵玩，意蕴隽永。也愿西大人在这清新荷香的熏陶中，做个如荷一般磊磊大方、清风朗月般的君子与淑女，将荷之精神、君武精神传颂下去。

　　当然，西大的"诗人"少不了我们可爱的同学们，他们或借花抒愁，或赏荷思物，心中万千感，付诸笔端流。

雨　荷　叶泽霖

西大聚愁纱，明珠败落花。
乡愁风奏起，浅笑太思家。
见雨苔孤傲，披星莲睡斜。
悠悠帘退去，荷满泪盈盈。

蝶恋花·荷　邓　康

秋意阑珊晴又雨，咋起狂风，催却云来去。
池上风荷香一缕，暗香飘尽知何处。
遍地凄凉人不语，满目残黄，偏惹离愁绪。
若问情深还几许，人生聚散无凭据。

哀西湖　邓　康

平湖烟雨送春回，柳浪闻莺桃欲开。
不见湖心舟上客，如今临境总伤怀。
断桥花港青苔遍，曲苑荷风不复来。
唐宋经年从此去，空留余韵惹人哀。
碧圆自洁，向浅洲远渚，亭亭清绝；
　一朵芙蕖，开过尚盈盈；
小荷才露尖尖角，早有蜻蜓立上头。

　　欣赏了美景与好诗后，荷花是否开在了大家的心中呢？虽然四季风景更替，但荷花盛开时的风姿仍留在西大"诗人"们的作品中。团子君相信肯定有更多的西大"诗人"们,在此我们以"校花"之名诚邀,你若有诗,配予我荷,何如?

(图文:西大的诗人们)

三月采风:西大人专属春季手机壁纸

早春三月,草长莺飞,正是春游踏青的好时节。在我们的校园里,春意犹盎然,你是否停下过匆忙的脚步,驻足领略这满园春色呢?团子君为同学们贴心送上西大春季手机壁纸,让大家随时欣赏到校园的明媚春光。

人间三月春景明,
和暖和香,
日光斜,
堤竹摇,
如镜湖面,
尽映着春的似水柔情。

青听新语 润物无声——广西大学学生新媒体文化建设实践与探索

郁郁醉青天,
葱葱绕云华,
碧空玉树,
春之馈赠。
那一抹醉人的绿,
是藏在你我记忆中的素锦年华。

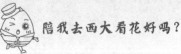 陪我去西大看花好吗?

停在校园道路上的自行车,
锈迹斑驳,
却印刻着时光洒落的痕迹,
你是否仍记那年花开时分?

 别忘了那封来自远方的信

拾起一片绿叶，
寄去我对你的思念，
守一封清风来信，
独坐安宁。

青听新语 润物无声——广西大学学生新媒体文化建设实践与探索

三月芳菲始盛开,
薄妆粉黛惹人怜。
一花一草一世界,
一念一思一天堂。

花开正妍，暗香盈袖，
　轻嗅缕缕清香，
　　脉脉温情，
　　在我的心头荡漾。
　岁月静好，愿许你一春安暖。

青听新语　润物无声——广西大学学生新媒体文化建设实践与探索

一树梨花一树雪，
朵朵素白舞芳华，
含苞待放比伊人，
万种风情醉人间。

桃之夭夭 灼灼其华

长亭外，桃香飘，
是谁在翘首凝眸，
是谁在抚琴低吟。
在惊艳的时光里，
我不曾遗忘。
一袭素衣，
缤纷了春光，
待她如蝶起舞，
满城花遍绽。
琳琅粉面，
只为君倾笑。

青听新语 润物无声——广西大学学生新媒体文化建设实践与探索

琴声瑟瑟,古韵悠悠,春意浓浓,芳草萋萋。我们的校园春光正好,何不停下你的脚步让这大好春光抚平内心的浮躁呢?只要心有春光,处处皆可成春光。

(文案:黄飒飒;图片:刘晓萱、梁耀文、谢锐莹、覃敏星、付怡阳)

就算大雨让西大颠倒,我会给你怀抱

下午临近放学时分,乌云密布狂风大作,就这样,一场暴雨突袭了整个西大,初夏的天空像孩子的脸,变化之快让人措手不及。夏季的"偶阵雨"让我们感受到大自然神奇的一面,也为这几天闷热的天气带来了丝丝缓解,持续将近四十分钟的阵雨,却让我们感受到无数细小的善意和关怀在雨中闪烁着耀眼的光芒。

"家离南宁比较远,平时除了放寒暑假都很少回家,下午就我一个人在宿舍,突然接到了妈妈的电话,说接到短信看到我们这里是橙色预警,提醒我要注意出行注意电路老化。那瞬间感动到不知说什么好,就算离家千里之外,也依然能够感受到家里父母暖暖的爱意。"

"我还在上课的时候,教室外就已经雷声大作了,从商学院出来的时候,当时我没有带伞,本来想先在楼里躲躲,看雨会不会小一些。我突然接到了室友的电话,问需不需要来给我送伞,当时,一下子就觉得大家好有爱啊!'在家靠父母,出门靠朋友',谢谢室友们对我的爱!"

"下午开电动车从外面回来的时候,就看到阿姨站在宿舍门前挨个提醒停电动车的同学记得把雨衣披在电动车上,快要下暴雨了。不知阿姨在门前提醒了多久,看着阿姨单薄的身影,突然好心酸,谢谢每个宿舍阿姨对我们的爱。"

"我从图书馆出来的时候发现天空已乌云密布,我咬咬牙把肩上的书包一紧,准备冒雨冲回宿舍,这时图书馆里的管理员看到,忙喊住递给我一把伞,叮嘱我雨天注意路滑,心里暖意满满快要溢了出来。"

"身边一对情侣相携而行,看到男生不断地把雨伞往女生那边倾斜,自己淋湿了半边肩膀。"

雨再大也会停,爱却永不止息。现在,团子君也给你带来满满的爱意,你以为今天的图片就是这些萌萌的阿狸而已吗?这就错了,团子军团里也有很多很"拼"的同学,只想带给大家最完美的视觉碰撞,只为呈现西大的每一种美好。

(文案:心中有爱的西大人;图片:元洛乔)

青听新语 润物无声——广西大学学生新媒体文化建设实践与探索

君武"微校园"爱校荣校系列点评

  我爱你,所以想懂你;因为懂你,所以更爱你。天底下没有无缘无故的爱,对于母校的感情依然如此。对于自己学习、生活数年的地方,对于自己拼搏、奋斗青春的地方,对于斩获友情、寻觅爱情、收获师生情的地方,我们的母校,谁不想如心中女神一般真正了解她呢?苦于没有途径?恰好,"西大团学小微"来告诉你:西大从哪里来的建校历史,西大到哪里去的未来规划,西大不断发展的各项成就,西大处处隐秘的点滴美好……你想知道的西大,这里,"西大团学小微"都有,从小微里看到的西大,满眼都是你我的青春。

微人物·立标杆

利用点对点的微信、微博平台，选树、宣传优秀师生的典型，挖掘师德楷模、学霸风采，通过老师们的言传身教，拉近了和同学们之间的距离；挖掘身边的青年榜样，发挥同辈影响。造诣深厚的校友、身正为范的青年教师、考研保研的学霸、奔跑在创新创业路上的双创英雄、品学兼优的优秀毕业生、工作学习两不误的优秀学生干部等系列，用轻松活泼的语言和形式，展示西大学子风采，让身边榜样可见、可学、能学，引导广大学生见贤思齐，努力奋斗。

唯我校友：李四光之女
——李林院士

团子前言：

香校友情。理想的大学，心仪的教育，应该是一棵树摇动另一棵树，一朵云推动另一朵云，一个灵魂唤醒另一个灵魂。校友就是这样的树和云，以他们的宝贵经验，感人肺腑的故事，滋养年轻学子的灵魂。我们西大的校友里，有院士，有科学家，有企业家，更有为社会默默做出奉献的西大人。在接下来的日子里，团子君会陆续为大家介绍一些西大历史上的优秀校友，感受西大八十多年深厚的历史积淀和优良的学风校风。

李林，女，著名物理学家。祖籍湖北黄冈，1923年生于北京，1944年毕业于广西大学机械系，英国伯明翰大学物理硕士，剑桥大学博士，中国科学院院士。1956年加入九三学社，1958年加入中国共产党，1980年当选为中国科学院学部委员（院士）。李林主要从事材料物理学研究，20世纪50年代在包头铁矿的高氟炉渣腐蚀问题、球墨铸铁等方面研究获中国科学院自然科学、国家自然科学三等奖。20世纪70年代，从事超导材料研究，在我国第一次制备出 A15 相铌三锗薄膜，其成果获得中国科学院科技进步奖一等奖、国家科技进步二等奖。

2002 年 5 月 31 日，李林院士走完了她 80 年的人生路，她留下遗言，将自己的骨灰埋在研究所的一棵小树下。李林院士为科研工作耗尽毕生精力，与世长辞后仍要在这里做一位默默的守望者。

名门之后，秉承父志理想成为科学家

李林是李四光的女儿，出生于书香世家。当时李四光在北京大学任教，李林的母亲是北京师范大学附属中学的钢琴老师。李林从小受到科学和艺术的双重熏陶，她 4 岁时能读书写字，5 岁开始弹钢琴。母亲原本是想把她培养成一位钢琴家，但是由于第二年李林患了肺结核，左手的食指上又生了以疗疮，以致留下了残疾。让孩子成为钢琴家的幻想，在母亲的心中破灭了。

天真活泼的李林非常喜欢跟父亲爬山和野游，在她孩提的记忆中，父亲留给她最大的印象是工作。"他在北京大学任地质系主任时，一次坐在显微镜前已经很晚了，我去叫他吃饭，他从显微镜上抬起头看我站在那儿，就问你是谁家的孩子啊？这么晚还不回家，你妈妈会想你的。我就笑，我是你的孩子啊，请你回家吃饭呢！"父亲一直教育她，要说老实话，做有道德的人，献身祖国的人。父亲对祖国的热爱，对科研工作的执着深深地影响了她。李林从小立志做一名科学家，搞研究，为祖国的发展贡献自己的一分力量。

李林院士

命运弄人，机械系"宝"变物理学家

李林秉承了父亲的聪明和智慧，初中没有上完就考上了高中。1939 年参

加高考，高二时便以同等学力身份考入广西大学机械系。因为全系只有她一个女生，所以大家都叫她"系宝"。1944年，李林大学毕业，到成都航空委员会航空研究院工作。安静的环境让她萌发了继续深造的愿望。当时，英国学者李约瑟夫夫妇正在重庆的英国文化协会办事处招收学生。李林成了幸运儿，获得了这个协会的奖学金，走进父亲李四光曾经留学的伯明翰大学深造。在入学时，本来选了弹性力学专业的她，由于秘书写信时不小心将E错打成了P，她被分配到了物理冶金系，弹性力学变成了塑性力学，命运再次捉弄了她。然而，她却加倍努力，去开辟了另外一条陌生的道路。

1948年，李林获得了英国伯明翰大学金属物理专业硕士学位。之后，她的导师托尔博士介绍她到剑桥大学冶金系去为奥斯汀教授做助手。1949年暑假之后，奥斯汀教授开始辅导她做博士学位论文，1951年又获得剑桥大学博士学位。

许多年后，李林回忆说："我这一辈子许多事情都出于偶然，如果不是因为手坏了，可能去学钢琴；如果不是母亲舍不得，也可能去学医；如果不是秘书打错一个字母，也不可能从事今天的专业。"

中科院院士，佼佼女性登上科学高峰

"哪里需要哪里搬。那个时候，党叫干啥，咱就干啥。"几十年来，李林院士从南到北，从一个单位转到另一个单位，一生经历了多次改变工作，她完全服从于祖国的需要。她每到一处都留下了丰硕的果实。

1951年11月，27岁的李林求学归来，在中国科学院上海冶金所工作。她主要是研究包头铁矿的高氟炉渣腐蚀问题、球墨铸铁等课题，在那里一干就是8年。研究球墨铸铁，她获得1956年中国科学院自然科学三等奖；研究包头铁矿的含氟炉渣对石墨耐火材料的腐蚀，她获得1981年国家自然科学三等奖。她本人还荣获了"上海市三八红旗手"称号。

李林院士在物理研究领域多有建树。她建立了电子显微实验室，是我国早期电子显微镜研究专家之一。1956年，她奔赴东京参加了第一届亚太地区电子显微镜学会。

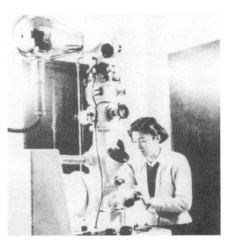

李林院士在工作中

"文革"磨难后终迎来科学春天

由于"文化大革命",李林重新戴上了在"清队"运动时曾被戴过的"特嫌"帽子,被剥夺了科研工作的权利,轮番当起了采购员、绘图员,到工厂参加劳动。1971年4月,父亲李四光与世长辞,几个月后,母亲又身患癌症,又给了李林以重重的打击。为了整理父亲遗留的资料和照顾生病的母亲,李林才调到中国科学院高能物理研究所超导室从事业务工作。

1976年"四人帮"倒台,"科学的春天"即将到来。正当她准备重干一番事业的时候,病魔再一次向她袭来,严重的晕眩使她无法站立,53岁的她必须靠着一条与年龄极不相称的拐杖才能站立行走。但是她坚信,生命在于运动,于是她天天坚持散步,几个月下来,她终于扔掉了拐杖;后来,她爬上了黄山挺拔的天都峰。她立即给中国科学院的领导写信,希望将自己的有生之年献给祖国的科学事业。

1980年年底,中国科学院增补学部委员时,李林成了新当选的283名学部委员中的一员。她的奋斗,她的成就,终于得到了国家和人民的肯定。

同为院士,中国科技界仅此一家

1946年,李林与同在剑桥大学攻读博士学位的中国留学生邹承鲁喜结良缘。邹承鲁也是中国科学院院士,著名生物化学家。毕业于西南联合大学化学系,第八届全国政协常委。邹承鲁院士在长达60年的科学探索历程中,把自己的精力和智慧倾注在化学科学研究上。2001年末,邹承鲁被《南方周末》评选为十大年度人物之一,他是名列其中的唯一一位科学家。邹承鲁倡导反对"科学腐败",因而他被称为"科学道德的守望者"。

李林,这位物理学界的佼佼女性,为超导材料研究做出了重大的贡献。因此,她获得了1991年度中国科学院科技进步奖一等奖、1992年度国家科技进步二等奖、1993年"巾帼英雄"称号。她为国家培养了众多的科研人才,桃李满天下。为表达对她的尊敬和爱戴,所里的人都称她"李先生"。

"李四光是院士,李林是院士,邹承鲁是院士,一家三个人同为院士在中国科技界仅此一家。"第九届全国人大常委会副委员长吴阶平对这个"院士之家"给予了高度的评价。

(文案:整理于《桃李风华》)

在他眼里，祖国利益高于一切

黄智政，男，外交部驻外使馆翻译。1976年，由外交部派遣到泰国，担任中国驻泰国大使馆礼宾和翻译。1980年，回国后被派往外交学会，专门接待各国退休的名人、政要、名流。1986年再次出国，在中国驻纽约总领事馆工作。

黄智政个子不高，是典型的广西人身材，一眼看去没有什么出众之处，然而跟他交谈之后，你很快被他漂亮地道的英语折服，再仔细打量他的穿着：黑呢大衣、小圆帽、格子围巾。言谈举止中透露出来的优雅让你肯定，这不是一个普通的老人。

他的确不是一个普通的老人，1964年从广西大学毕业之后，他作为礼宾、翻译职务的外交人员常年辗转于中国驻外大使馆、领事馆，工作相当出色。退休以前，他有近一半的时间（15年）待在国外，从泰国、美国到加拿大，其中在北美就待了10年，说得一口地道的英语，也就不足为奇了。"我是从语音到语法，一个个攻破的。"为了练好语音，他每天都等到同学们熟睡之后，跑到洗澡房放声朗读，这一练就是一两个小时。当时他们上课没有书，都是一些由老师手刻印刷的单页教材，学习条件很艰苦，"不过，我们老师的水平都很高的"。特别是一个叫陈永祯的老师让黄老记忆深刻，这位老师是从中山大学调来的，在当时同学们的英语水平都普遍较低的情况下，为了提高大家学习英语的兴趣他编了很多简单有趣、朗朗上口的短句，让同学们反复练习。"red tie, red tie, we aim right." 对于自己曾经念过无数遍的句子，黄老师很自然地脱口而出，"当时老师就是用这样的句子鼓励大家学习英语的"。

正是在西大勤奋刻苦练就的过硬的专业本领，使得黄智政顺利地走上了工作岗位，1964年毕业后，他先到北京的中华人民共和国国家旅游局工作。由于表现优秀，1976年由外交部派遣到泰国，担任中国驻泰国大使馆的礼宾和翻译。1980年回国后，他被派往外交学会，担当专门接待各国退休的名人、政要、名流的重任。1986年，他首次踏上了北美的土地，来到中国驻纽约总领事馆工作职责；1995年又被派往加拿大多伦多总领事馆工作。

在国外，黄智政时刻没有忘记自己的祖国和故乡，他时时都想着能为祖国和家乡多做些事情，他经常跟外国朋友谈中国，向外国朋友介绍改革开放后中国发展的情况，尽量为祖国营造更好的国家形象。作为广西人，他也常

青听新语 润物无声
——广西大学学生新媒体文化建设实践与探索

常关心家乡的发展建设情况,有一次,听说广西的糖卖不出去,他很热心地跟美国的朋友推荐:"广西的糖很好!"

"人生本苦短,潇洒益延年",退休在家的黄老过得非常潇洒和惬意,他保持了每天读书看报的习惯。早上6点,他都会准时打开床头的两部收音机,收听一两个小时《美国之音》和中国国际广播电台的英语节目。他还经常阅读《纽约时报》《华盛顿邮报》《洛杉矶时报》,他笑称这是自己多年形成的职业病。除了练习自己喜爱的书法,逗逗小孙女,黄老还有一个特别的爱好,就是喜欢骑自行车,平时只要不是去很远的地方,他都要骑上自行车,潇洒而去,既避免了步行的劳苦,又锻炼了身体。

对于母校的师弟师妹们,黄老以自己的经历和体会,提出了自己的希望和建议,他说,年轻人首先要忠于自己的祖国,勤奋工作。只有真正的爱国,才能做到胸怀宽广,遇到困难时,不至于陷入个人的小天地,只关注个人的利益。作为在校学习的大学生,要踏踏实实地打好专业基础,特别是要学好外语,精通各种语言工具,这并非崇洋媚外,而是应该把它当作一种工具。黄老的普通话说得不好,因此他特别强调广西人要下功夫把普通话练好:"语言不嫌多,应该多掌握几种语言。"此外,他表示年轻人要加强个人的素质,多培养一些兴趣和爱好,成为一个多才多艺、一专多才的人。

团子君有话说:现在我们在强调专业技能的同时,可以多掌握一些外语,可以将其作为提高自我的工具,对个人的发展也是大有益处的。我们要向黄智政校友学习"活到老,学到老"的精神,尤其是利用暑假这个修整的时光,选择自己感兴趣的事情提高自己吧!

(文案:整理于《桃李风华》)

开在西大的"巾帼之花"
——访海洋学院王英辉教授

浅灰色条纹的棉麻布衬衣外搭一件草绿色的开襟针织衫,牛仔裤搭配一双浅棕色高跟短靴。头发干练地束在脑后,画了淡妆的脸上常挂笑容。初见王教授,知性美丽的印象让人眼前一亮。若不是经过这般采访,团子君怎么也无法把她和那些为科研吃苦奋斗的经历联系起来。在无人涉足的岩溶洞穴遭遇几百只蝙蝠迎面而来,在条件艰苦的地方查找污染源时不慎摔伤,经常在办公室工作到晚上 12 点……比这些更拼的事情还有好多好多。

提起这些吃过的苦,她却淡淡地说:"当时也没觉得怎样,苦中作乐嘛,也就这样过来了。平平淡淡是一天,充实忙碌也是一天,那何不专注地做出一些事情来。"

也正是这样苦中作乐的精神磨砺,让她成为一名优秀的环保科研女性。她荣获了 2016 年广西"巾帼标兵"称号、广西"新世纪十百千人才工程"第二层次人选、广西高校优秀人才资助计划人选、第十一届广西青年科技奖、广西科技进步二等奖、广西自然科学优秀论文二等奖、广西区级优秀硕士论文指导教师、中国地质大学优秀博士论文等荣誉称号,主持和承担了科技部"863"重大计划课题、国家自然科学基金等二十多项国家和省部级科研项目,出版了《广西北部湾海岸带环境演变过程与历史研究》《广西北部湾经济区饮用水源水体环境生态安全评估》《广西岩溶含水层持久性有机污染物迁移转化研究》等专著,公开发表学术论文 70 多篇,其中 SCI、EI 收录 42 篇,获得授权专利 8 项。

对待荣誉,她一笑而过,唯独觉得对自己的女儿实在是亏欠了太多。她就是我校海洋学院的王英辉教授。

吃过的苦都是人生宝贵的经历

王英辉教授出生于辽宁省沈阳市。当年选择了在"山水甲天下"的桂林求学,又在广西成了家,如今她自称已经是名副其实的广西人了。提起广西,她满脸自豪,神采奕奕。"我特爱广西,这里的山美水美,让我不想离开这片土地。"

留校工作的王英辉,本来过着平平淡淡的日子。她看着同学们一个个评职称、科研深造,不甘平庸的她也想着要做点什么,于是她选择了攻读博士学位。虽然在 2005 年她顺利地考上了中国地质大学，可是导师却要求她"脱产"，专心攻读学位。"读博那段日子对我来说，是真的挺苦的。"当时，没有了主要的经济来源，她靠着几百块津贴紧巴巴地过日子，爱人和女儿也都不在她的身边。但是，为了节约开支，她还是尽量少回家多在武汉念书。她经常在实验室工作，从早上 7 点开始待到凌晨 1 点。为了在 SCI 上发表论文，她宅在屋里几乎不出门。她的爱人劝她何必那么拼，可是要强的她觉得，若不拼怎么能有成绩。一分耕耘一分收获，当别人都需要念四年博士的时候，她只需要两年半就完成博士论文了。当别人都在忙着写论文的时候，她就可以跟着导师出去考察做研究了，因而她最终获得了中国地质大学优秀博士论文。

她博士毕业后，2008 年，来到西大环境学院成为一名普通老师。初来乍到，一无所有。但她一如既往地埋头苦干，勤恳钻研，"那时候忙到累了，在办公室的沙发上倒头就睡着了。"有时候，连饭都是爱人送到办公室给她。"真的很感谢我的丈夫，为我牺牲了那么多。他慢慢地理解我，支持我。我想，我要是没什么成果都对不起他。"王英辉回忆起往事，感慨道。

为了北部湾经济的可持续发展和环境污染的治理，2009 年广西发布了首批北部湾经济区基础研究重大科研专项的指南。她主动参与并主持了《北部湾经济区海陆环境污染源分布、污染物类型与污染物环境命运及模型建立》项目。2012 年，她在钦州采样时，不慎滑倒导致骨折。养伤期间，她拄着双拐带伤工作。除此之外，在科学考察的路上，对于这位北方的"旱鸭子"来说，王英辉要克服的还有水土不服、晕船等困难。但是，困难没有把她打倒反而让她更加坚强。她主持的研究项目取得重大研究成果，为北部湾经济区环境污染控制研究做出了重大贡献，获得了广西高校优秀人才资助计划入选和广西青年科技奖。她说："当看到其他的学者在研究相关课题时，经常参考引用我们所得出的数据和成果时，挺有成就感的。"

王英辉教授（右一）指导科研课题

心态好才能充满活力

对于女性来说，科研工作的压力是比较大的。可是王英辉教授却能生活得这般乐观、开朗，看起来活力十足。

"牢骚太盛防肠断，风物长宜放眼量。"大概是做环保科研的人都有一种席地幕天的心胸吧。王教授保持活力的最大秘诀就是心态好，凡事不过于计较。她的兴趣爱好也十分广泛。由于爸爸是搞文艺工作的，受家里的影响，她喜欢唱歌，尤其喜欢唱京剧。空闲时也喜欢打球，跑步。从高中开始就坚持长跑的她，每次都跑个十圈才停下来。"要不是坚持锻炼身体底子好，哪受得住科研工作的巨大压力啊。"

率真的王英辉毫不掩饰地说，健康的体魄才是革命的本钱。其实智力大家都差不多，最关键的就是看谁能再多做一点，再坚持一点。

自从担任了海洋学院的副院长，王英辉就没什么时间进行其他活动了。但是她特别爱海洋学院，也特别爱广西大学这个让她事业起飞的地方。海洋学院的工作更苦更累，可是她却觉得更有干劲和激情。海洋学院成了她和同事们的家，为了这个年轻的学院，王英辉和同事们投入了大量的心血。为了让年轻老师们感受到温暖，节假日她也待在办公室与老师们一同度过。而作为一名导师，每一位学生在她的眼里，也都像是她自己的孩子。

努力弥补对女儿的亏欠

在王英辉教授的办公室书柜里，一堆堆证书、奖状的旁边放着两张女儿的艺术照。照片里的女儿，拿着扇子身着旗袍，眉眼间颇有点妈妈的神韵。然而说起自己的女儿，她说的最多的一句话就是自己亏欠女儿的太多了。由于工作太忙，家务事几乎都是丈夫包揽。对女儿的照顾，几乎也都放在了丈夫的身上。对此，王英辉十分地愧疚。在她的办公桌旁，有一张圆形的玻璃小桌，那是她为女儿准备的。因为在加班加点的时候，不放心女儿一个人在家，又怕她不能自律，于是把女儿带到办公室学习。不过女儿还算懂事，为了不让妈妈操心，自己学会了做饭，培养了独立自理的好习惯。

在王英辉教授的朋友圈里，有这样一首诗：

"上帝给我一个任务叫我牵一只蜗牛去散步。
我不能走太快，蜗牛已经尽力爬，
为何每次总是那么一点点？
我催它，我唬它，我责备它，
蜗牛用抱歉的眼光看着我，

青听新语 润物无声——广西大学学生新媒体文化建设实践与探索

仿佛说：人家已经尽力了嘛！
我拉它，我扯它，甚至想踢它，
蜗牛受了伤，它流着汗，喘着气，往前爬
……"
——送给所有正处于忙碌中的爸爸妈妈们。别让孩子成为一只流泪的蜗牛。

在评论里她写了这样的话："我爱你，亲爱的女儿！请原谅妈妈时常对你粗心的催促！"

时间在愉快的交谈中飞逝。采访结束后，王教授继续回到办公桌上工作。她桌子上放了一本年历，每一页都密密麻麻地布满行程，如今都已经排到了6月。做事严谨的她每一件事都会仔细记下来，生怕忘记。在采访前，志忑的团子君本以为采访会因为教授繁忙的工作不能如约进行，结果细心的她还是嘱咐了别的老师临时做了接应。

王英辉教授的坚韧和努力，专注与恒心，灌溉了她这朵开在西大的"巾帼之花"。她的花香四溢，沁人心脾，让人看到那散发于女性身上独特的魅力。"立志欲坚不欲锐，成功在久不在速。"王英辉教授用她的行动证明了，只要肯吃苦，能坚持，谁说女子不如男？（2016年4月6日）

（文案：王笑西；图片：受访者本人提供）

胡老师课堂开课啦！！！

今年，"我心目中的好老师"评比已经画上了圆满的休止符，想必大家对获奖的胡玲老师充满了好奇吧？那现在就和团子君一起去探寻"人气王"胡玲老师的内心世界吧。

胡玲，女，硕士，教师，湖北黄冈人，2004年7月获武汉大学哲学学院科学技术哲学硕士学位。现为广西大学政治学院思想道德修养与法律教研室教师，主要研究方向哲学、伦理学。

原则

上课迟到绝对不能直接走进教室，迟到多久就在讲台上站多久，然后向同学们鞠躬道歉，才能回座位，上课交头接耳、玩手机的通通被赶出教室，这就是胡玲老师的课堂。胡玲老师在校内颇有名气：一部分原因是因为她上课上得非常好；另一部分原因毋庸置疑，在于她对原则的坚持。

对于今年获得"我心目中的好老师"的奖项，胡玲老师坦言："从事教学工作十几年来，获得这个奖项不是第一次了，但这次是最出乎意料的。"这是因为在近年来，她因为这些规矩，"得罪"了不少学生。甚至在去年12月的一次课上，因为学生不遵守她的课堂规则而引发一次学生和老师之间的冲突。

随后，她还就此事发表了一篇博客，并且引起了网友的广泛关注。她收到了来自五湖四海的同行、学生的来信。大部分人都赞同她的做法，但也有一小部分人是批评的。批评的人主要有以下两个观点：一是有同学说："我来西大是交了钱的，我是消费者，无论我迟不迟到，我都是可以上这门课的。"二是有部分人说："你没权利去定这个规则。"

她也常常在纠结、苦恼："我要不要改变自己的性格？我要不要对学生温和一点？我要不要没有原则，迟到了也当没看见一样？"在把同学赶出去的那一刻，她的内心是斗争的，但是她更清楚，如果学生连迟到这种规则都不在乎，那他们出到社会以后，就会漠视、无视法律，对规则的无敬畏感，然而我们这个社会恰恰需要对规则的敬畏感。

所以，她一直坚信自由是一个人生活的前提，民主是大家把权力让渡出来的机制，而法治就是保障。我们要想生活在自由民主的社会里，就需要法治，而法治就需要大家遵守各种各样的规则。

改革

"我们把话语权交给学生，把最后的结论交给学生去生产。我们不应该一味地只是灌输马克思主义是崇高的，而是让他们自己去认识马克思主义，看看这到底是不是科学的，是不是崇高的，是不是我们所向往的。"她的这些理念，让她决定对课堂进行改革。

青听新语 润物无声
——广西大学学生新媒体文化建设实践与探索

课堂上的胡玲老师其实萌萌的

改革从何做起呢?她的方法就是让学生成为知识的生产者。从一人讲、多人听的课堂转变为多元主体的课堂。她提前一节课,把任务具体安排到每一个学生,上课的时候由这些同学作为主体讨论,剩下的同学再围绕着他们的讨论继续讨论。

有学生对她说:"老师,您能不能邀请您的同行一起参与到我们的课堂?因为我觉得我们做得实在是太棒了。"于是,她给她的同事们打电话,邀请他们到课堂上来一起参与讨论。最后,原定的一个小时的讨论,变成了三个小时,这让她感受到了前所未有的成功。把话语权交给学生后,她发现这些"95后"的孩子们的创造力是无穷无尽的,他们让课堂变得丰富多彩起来。这让她认识到:"老师是认真的,那学生绝不会敷衍你。"

成长

大学刚毕业那会儿,胡玲来到西大,校领导直接让她去给研究生上课。她为了上好三节课,准备了整整一个星期。但是,当她站在研究生面前时,她还是忍不住双腿发抖、脸发红,淋漓的大汗把衣服都湿透了。

可能大家都会认为这是因为紧张,但是她告诉我们:"不是,这是因为你还不自信,没有实力,你担当不起这个重任,你清楚自己知识储备不够,所以你紧张、恐惧。"这件事情让她明白,一定要去充实自己,一定要好好学习,才能让自己在以后的教学生涯中不会再出现这么狼狈、尴尬的局面。

人无完人,她承认自己也有很多不好的习惯,但她敢于面对自己的不足,经常去反思、改正。就之前在课上和学生发生冲突而拍桌子一事,她的先生

胡玲老师与她的良师益友刘希岩老师（左）

告诉她："你这是没有修养的表现，一个有修养的人是会控制自己的情绪的。"于是，她不断地反思自己，并且在这个过程中不断地提升自己。

现在她经常很骄傲地说："上了这门课之后，我变得越来越崇高了。"因为这门课，这份事业让她变得善良、有正义感、坚持原则，让她在不断的学习和磨炼中成长。

热爱

什么是好老师？她对于这个问题的定义有两个：热爱你的学生；热爱你的事业。无论这份事业，在别人眼中看来多么的不好，多么的卑微，但是你觉得是幸福的。你愿意把你的精力和热情投入到这项工作中去，哪怕你很疲惫，当站上这个讲台，你就跟打了"鸡血"一样，在这里，你可以找到人生的意义和归属感。

她周围的人经常说她是一个没有什么兴趣爱好的人，她的生活无时无刻不在为她的课程准备着。在菜市场和卖菜阿姨的一次对话，一家三口在饭桌上吃饭聊天，看报刊和电视时的感受，都可能会用到课堂教学上。这十几年来都是如此，这不是强迫自己去做的，而是自觉的，就像是嵌进生命中一样。

而这份事业给她带来的最大的幸福感就在来自学生的一声声的感谢里，她很欣喜，也很骄傲，因为这一小节课，这一点点缘分，能给学生的人生轨迹带来一点点的变化。

胡老师寄语

我们每个人是独一无二的，我们之所以是独一无二的，因为我们是有理

青听新语 润物无声——广西大学学生新媒体文化建设实践与探索

性的动物,所以我们能够通过自己的理性来认识或改变这个世界。上帝只会给你一次你最美好的年华,在这个最美好的年华里,你就不要浪费,年轻真的不是用来享受的。

正青春,勿负时光。
有梦想,就去追寻。
成长,不畏流血和伤痛。

2015 年 10 月 27 日

(文案:刘舒瑜;图片:受访者本人提供)

何以琛算什么?咱西大有犬系优质理工男!

你还处在认为理科生 IQ 很高,但是 EQ 为零的初级阶段吗?
你还处在对何以琛的幻想中,而觉得咱西大没有男神吗?
妹子,怪不得你没有男朋友!!!
错误的认识往往导致好机会的流失。

前方高能,请注意!
这次,团子君将带你认识为几位传说中的犬系理工男哦!

电气学霸——曲洪一

曲洪一是 2011 级电气工程自动化专业的学生,保送到中国科学院电工研究所攻读硕士研究生;参加王巨丰教授的科研项目——灭弧间隙状态监控系统的研究;六次获得优秀奖学金;曾任电气工程学院学生会秘书长、学生党支部第二副书记、电气工程学院篮球队成员等。

虽然西大是一所综合性大学,可团子君还是对法律系何以琛无法自拔。"谁说没有优秀理工男?我们电气工程就有!电气自动化 2011 级的曲洪一,又高又帅,当得了学生会干部,保得了中国科学院!怎么就说没有优秀理工男了?"这么优秀?真是让团子君惊呆了。等什么?马上采访啊!

与曲洪一约好采访时间后,他通过微信询问团子君:"采访是你一个人来,还是来一万个人(某团子微信名是'来一万个人')?"这个幽默风趣的提问,也让团子君对这个理工男的印象分瞬间增加不少。

第一次采访约在晚上七点半。他面带笑容地说:"你有没有吃饭?"团子君回答,吃过了,并礼貌的反问他有没有吃饭。他停顿了一下,说也吃过了。采访结束后,团子君无意中听到他和友人的通话,才知道他其实并没有吃饭,只是为了不耽误采访,给团子君造成麻烦,才说了一个善意的谎言。

"千万别自我欺骗,找借口放松自己"

曲洪一

大四年级的曲洪一现在已经保送到中国科学院电工所攻读硕士研究生。来自山东的他,一入学就决定要考研,考回离家近的地方上学。所以,在读大一、大二的时候,只要一有时间,他就会往图书馆跑。曾六次获得优秀奖学金的他说:"学习最大的体会就是,学习的时候就一定要认真地学,严格按照学习计划进行,千万别自我欺骗,找借口放松自己。"

"维系一个部门,不能用工作,应该用情感"

曾任院学生会秘书处秘书长的曲洪一,对工作十分的认真负责。大三的时候为了考研,他选择放弃竞争学生会常委,但他并没有因此而放松自己手中的工作,一如既往把每一份工作做好。在最后委员竞选时,大家都十分诧异地说:"看不出来啊,还以为你要参加竞选呢。"但是,让他胜任秘书长这个职务的关键,并不仅仅在于他对工作的认真负责,而在于他的工作理念。他说:"维系一个部门,不能用工作,应该用感情。"情感,才是真正维系一个部门的纽带。

他用温暖的心,去靠近身边的人,回报的也是一颗温暖的心;他用拼搏的心,去靠近自己的梦想,回报的也是成功的喜悦。用善良、真诚和热爱去生活,就会拥有明媚的天空。

西大"陈孝正"——虞鸿飞

听说,他为人低调,做事认真。还听说,他偶尔文艺,歌声动人。更听说,他是土木工程学院的,最近刚夺得了一个著名建筑设计大赛的一等奖!更重要的是,他的身高一米八八,颜值颇高哦!简直是西大版"陈孝正"!他就是来自土木工程学院建筑专业111班的虞鸿飞同学!

向人生的高处飞翔

初次见面,长相白皙、身穿格子POLO衫的他,给人一种斯文秀气的感觉,一点都不像传统印象中的理科生模样,聊天时语气随和,声音动听,偶尔透露一点幽默细胞,有些话自带笑点(偶像剧的男生都是这样的)。

他读大一和大二的时候,大多数时间宅在宿舍,算是"宅男代表",但是偶尔在公众面前"露脸"的机会却让他大放异彩。当年迎接新生的晚会上,平时斯文秀气的他化身为穿越题材小品的男主角,开启了性格的另一面;声音好听的人唱歌当然差不到哪里去,大一、大二在院"十大歌手"比赛中他分别获得了"最具潜力新人奖"和"最具人气奖",让团子君有种"听君歌一曲"的冲动;这还不够!他的素描作品曾获得过学院科技文化艺术节一等奖,也曾在一些英语竞赛中夺得许多佳绩……果然是"不鸣则已,一鸣惊人"。

团子君发现,他真的不是传统类型的理科生,却是典型的双子座男生。他的"数理化"在众多学霸面前并不突出,但是对自己喜欢的领域会非

虞鸿飞平时的马克笔练习图

常认真，力求完美。正如他的团队作品《日光·笙宅》一样，获得了建设"阳光与美丽乡村"2015 台达杯国际太阳能建筑设计竞赛黄石赛题一等奖，作品将会建成实体建筑并投入使用呢！团子君听说，这可是西大建筑专业首次拿到这等级别的奖项哦！他回忆说："大年三十晚年夜饭只吃了 15 分钟就马上回去改图，截止日期当天还不放弃修改，追求最佳效果。"

怎么样，各位看官准备好你们的膝盖了吗？

小提琴王子——陈长泽

陈长泽，就读于数学与信息科学学院 2012 级应用数学专业，广西大学艺术团副团长兼管弦乐队队长，从小练习小提琴，已拿到小提琴八级证书。曾经多次作为管弦乐队指挥带队为学校升旗仪式奏乐。

行走于 e 小调之间——玩"乐"男孩陈长泽

小编在没采访前就听到有关于陈长泽同学的词语都是"超级高冷""小提琴王子"。于是我怀着被拒绝的心情给他发了采访邀请的短信,没想到他爽快地答应了。采访当天,他一件短袖衬衫配休闲裤和运动鞋,与普通理工男没有什么区别。那么,普通的他有着哪些不一样的故事呢?

一开始"我是被逼的"

与很多从小学习乐器的同学一样,刚开始的时候,陈长泽并不知道拉小提琴是干吗的,"家长要求我去学就去学"。他很排斥,每天掐着时间练,只练一小时,绝不会多一分钟。但是现在的他说:"小提琴就像一个陪了我十一年的哥们,开心不开心时,都能用音乐表达心情。随着对乐器认识更深入,我更有一种强烈的愿望掌握更多,越练越无知,发现自己有很多不懂的东西,我会一直练下去。"

从"八级能手"到"圆梦使者"

陈长泽从大一开始就加入了西大管弦乐队。为了寻找更多志同道合的伙伴,在大二时,他一手创立了西大管弦乐队的弦乐组。招收新同学时才发现基本半数的人没接触过小提琴,多数人带着"我非常想学小提琴"的想法报了名。为了帮助这些人实现他们的梦想,陈长泽同学特地从海南带来了自己以前换下的小提琴并亲自给学员训练。为了教好学员,他都会在训练前自己反复练习很久。最累的一次手把手带了十个零基础的同学。陈长泽说:"时间长了,有些人陆续放弃,后面坚持到现在的人是真正喜欢小提琴的。现在和这些学员都成了朋友。"

读而思

一路寻访而来,细心的团子君发现,犬系优质理工男们不只是外貌俊秀,最重要的是他们志存高远而且有一颗热爱生活的心。他们博学、多才,他们睿智、勤奋,他们坚毅、担当。站在学院,身为干部,站在西大,就是榜样!

少年,志存高远吧!壮志凌云吧!让我们拥有一个值得一生为之拼搏的高远志向吧!不在攻蓬蒿间低低飞舞,敢上青天与鲲鹏比翼,摈弃燕雀屋檐下的廉价欢悦,勇敢地飞上高空接受风雨雷电的洗礼吧。为理想拼搏,向人生的高空展翅飞翔。(2015年5月19日)

(图片文案:罗雯文、邓玥、赵冬、伍星)

高能"虐狗","学霸"情侣:蔡炜浩与周婧怡

眼前高楼林立,大厦外玻璃反光的表面映射出这个城市忙碌的身影,行色匆匆,片刻不停。在这个承载无数人梦想的北京,每个人都尽力想要在这里留下属于自己的一抹痕迹。蔡炜浩也不例外。

就在刚刚,他终于结束了北京大学的保研考试,让他意想不到的是一个更大的惊喜即将到来。缘分有时就是那么不期而遇,在他梦想的城市,陌生的街道上,他居然与原本应该在南宁复习的女朋友(周婧怡)相遇了。谁说缘分不是妙不可言呢?

相信大家都和团子君一样被这对学霸情侣命中注定的浪漫震惊倒了,更残忍的是,"单身狗"与"学渣"简直受到了1 000吨的伤害!请淡定,接下来团子君还要继续在你们的伤口上撒把盐,亲自为大家揭秘西大最强情侣养成记。

在故事开始之前,大家先来认识一下两位男、女主角吧!

蔡炜浩:西大文学院对外汉语2012级学生,成绩综合排名专业第一,凭借优异成绩先后拿到华东师范大学、北京师范大学和北京大学的拟录取,并最终被北京大学对外汉语教育学院录取。目前,已在厦门大学《海外华文教

育》、广西《企业科技与发展》发表论文数篇。曾作为中方广西大学优秀学生代表前往泰国清迈大学参加第二十一届"中、日、泰三方国际大学生学术论坛",并在论坛进行全英文论文宣读,论文《Analysis of Thai Rice Subsidy Scheme and Proposals》收录于《中、日、泰三方国际大学生学术论坛集》。

周婧怡,西大外国语学院2012级英语专业本科生,现已保送到北京外国语大学。专业技能优秀,特长为英文播音主持,曾任校英文辩论队副队长,为多场英文会议担任交替传译员。在读大二时,作为广西壮族自治区代表参加第十九届"21世纪—可口可乐杯"全国大学生英语演讲比赛并获得总决赛三等奖;曾获得2015年第六届CHINA OPEN国际大学生英文辩论赛三等奖、优秀裁判证书;多次参加中国辩论教育协会华南赛区大学生英文辩论联赛及邀请赛,并获得最佳辩手的称号。

大一：憧憬·迷茫

初进大学校园的蔡炜浩满怀对大学生活的憧憬，不断去尝试新的事物。那时候，他担任班长，加入学生会，同时还参加了羽毛球协会、模特队、音乐协会等社团，忙得不亦乐乎。读大一的时候，他就斩获了"羽毛球协会交流赛"男单冠军，同时也获得了校"优秀模特队队员"的荣誉称号。同时，还凭借着优异的专业成绩拿到了校优秀奖学金，这数额虽不多的奖学金，却激励他在之后的大学生活里，无论再迷惘、再匆忙，也不把学习落下。后来的三年里，蔡炜浩每次成绩都是专业前一二名，六学期的优秀奖学金也一次不落地被他收入囊中。

彼时的周婧怡，从高中到大学的转变带来的不适应让她有点迷茫。为了尽快融入新环境，她加入了校礼仪队、院模特队、西大英文电台、西大英文辩论队。其中加入西大英文辩论队则成了大学生涯里对她影响最大的一段经历，队内的学长学姐们无一不是高质量实力派人生赢家。在他们的帮助下，周婧怡终于找到了自己的节奏，不断尝试着突破自我。

这个时候的男女主角，唯一的交集就是身高183厘米的他和170厘米的她彼此都在学院的模特队待过。

大二（上）：叛逆·英辩

进入大二，蔡炜浩开始思考毕业后的走向，萌发了文学无用的想法，于是他选修金融二专，想着毕业之后赶紧找份工作。然而，因为实在受不了微积分、高数的压迫，学了两个月之后他还是选择了放弃。那时候，他产生了厌学心理，觉得很多课程枯燥无味，于是开始和许多同学一样，选择逃课、沉迷于游戏。"现在回过头看，当时自己的做法比较幼稚，不过也正是这些经历让我的大学生活变得更加完整。"蔡炜浩笑着说。但是，对成绩依然有高要求的他，当时为了弥补自己耽误的课程，在期末考试前比别人多花了一个月的时间去恶补，最终仍然拿到了专业第一的成绩。

与蔡炜浩相比，周婧怡则乖巧许多。"一入辩论深似海"，在英文辩论队里，她被这种与中文辩论赛截然不同的议会制辩论深深吸引了。在大一、大二这段时间里，在一次次的大型英文辩论赛里，她见识到了很多校内外的英语大神，让她有了更加努力学习的动力。与此同时，她先后参加了"中国辩论教育协会华南赛区大学生英文辩论邀请赛""外语教学与教研出版社英文辩论赛和中国英文辩论公开赛"，多次取得"最佳辩手"的荣誉称号。从第一次

青听新语 润物无声——广西大学学生新媒体文化建设实践与探索

作为新手默默"打酱油",到突破重围进入决赛,她在英文辩论中学会了从不同角度看待问题,也提高了自我思考和应变的能力。

在读大二的时候,她参加了第十九届"21世纪全国大学生英语演讲比赛",这个比赛有来自全国18个赛区和港、澳、台、海外的选手,是国内级别最高的英语演讲比赛。有足足一个月的时间,她只要一下课就会到池塘边自己默默练习。努力终归会有回报,最后以广西区代表的身份进入了决赛,并夺得了总决赛三等奖的好成

绩。在决赛中,她见到了她的女神——总理首席翻译张璐,于是要去北京外国语大学深造的愿望从此在她心里扎根。

这个时候,男主角蔡炜浩由于想提高自身的英语水平,因而通过学姐介绍加了周婧怡的微信,两条平行线开始相互交织。

大二(下): 相遇·相知

在大二下学期,蔡炜浩加入英文辩论队后,发现曾经让他引以为傲的英语惨遭"滑铁卢",用他的话来说就是"智商被碾压"。在这样强中自有强中手的环境下,他不得不逼自己去不断提高自己的英语水平和综合能力。

正是在辩论队里,他和他的女朋友周婧怡相知相爱。那个时候,她已经是辩论队的副队长,负责培训和裁判工作。新队员需要接受培训,而蔡炜浩也是其中一员。她说:"一开始只是把他当成一个新队员,了解后发现他是一个很优秀的汉子。"

蔡炜浩第一次参加培训时,面对自己的女神,抑制不住内心的小激动。刚开始他觉得周婧怡对他爱理不理,态度特别高冷,后来聊天时才发现那只是因为彼此间还不够熟悉。最初他参加队里的活动是因为有女神在,但是随着参与次数的增多,他对辩论队的了解越来越多,与小伙伴们的感情也越来越深。辩论队使他感受到了"家"的温暖,也拉近了他与女神的距离。就在初夏的一个晚上,他在辩论队的见证下表白,终于"抱得美人归"。

两个人在一起后,开始相互影响。她开始随身在包里放一本书,空闲的

时候就拿出来看看;她还从一个运动"白痴"变得爱上运动;为了能理解他所学的世界,她开始试着了解布龙菲尔德为代表的结构主义语言学和乔姆斯基转换生成语法理论。而他戒掉了"网游",开始学习德语,并将更多时间花在英文辩论、演讲上,他还在她的帮助下,完成国际论坛英文论文,提高英文思辨和翻译能力。图书馆是他们最常去的地方,但是为了不影响学习效率,他们都会选择在不同的楼层看书学习。

学霸情侣的日常原来是这样!

大三(上):异地·共勉

对蔡炜浩来说,大三年级的经历是简历上非常亮眼的一笔。在大三上学期,作为世界体操锦标赛优秀志愿者代表接受南宁电视台采访;前往泰国素攀孔子学院进行四个月的汉语教学实习,荣获"汉语课堂教案评比活动"二等奖;在国外参加"中、日、泰三方国际大学生论坛",进行3 000字英文论文宣讲;随后又去了香港大学、香港中文大学游学,并在凤凰卫视首席播音员张妙阳老师的陪同下参观了凤凰卫视。虽然只是短暂的游学,但是在这段时间里,他意识到了"山外有山,人外有人"的道理。这些经历,不断地激励着他去提高自己。

蔡炜浩(右)在泰国孔子学院中华文化才艺展上

上个暑假,为了准备"中、日、泰三方国际大学生学术论坛"的英文论文稿,他留在学校图书馆查找了数十万字的英文文献。两个月的暑假时间,在周婧怡的帮助下反反复复地修改,最终完成了全英文论文"Analysis of Thai

Rice Subsidy Scheme and Proposals"并在国际论坛上顺利宣读。目前,这篇论文收录在《中、日、泰三方国际大学生学术论坛集》中。

在今年八月的华东师范大学夏令营中,他的考核成绩是综合排名第一,并取得了华东师大提前录取的资格,但他一直相信,知足者常乐,不知足者常进,而他就属于后者。于是他放弃了华东师大的录取资格,踏踏实实地看了一个暑假的书。正是这段时间的努力,为他日后通过北京大学的推免考核打下了坚实的基础。这期间,周婧怡一直陪伴在他身边,鼓励着他、支持着他。

在大三期间,周婧怡参加了第六届"国际大学生英文辩论中国公开赛"。虽然已经称得上是辩论老手,但还是困难重重。首先是遭遇"瓶颈期",面对全国各高校精锐选手,拿到辩题后仅有 10 分钟的准备时间,屡屡采用熟悉的辩论策略反而受制于人,这让她陷入自我怀疑的低谷。那时蔡炜浩正在泰国进行为期四个月的汉语教学实习,原本天天见面的情侣顿时变成了异国恋人,但是距离上的分别却让他们在心灵上更加靠近彼此。在她失落的时候,远在泰国实习的蔡炜浩给了她很多的安慰,通过电话、视频等方式为她排遣烦恼,给予她鼓励,最终在他的帮助下调整好了心态,获得了全国三等奖的成绩。

在泰国的四个月里,一个小时的时差对于正在热恋中的他们来说不成问题。最浪漫的就是在寒假里周婧怡特地飞往泰国看望蔡炜浩,两个人一起在泰国的一周时间,创造了彼此心里最美好的一段回忆。

异地对于"学霸"来说根本不是距离呀!

大三(下):携手·保研

3 月回国的他,推掉了学生会、社团的所有工作,在西大附中旁的小区租了个小屋,一心一意准备保研。为了提高自己的科研能力,他开始查阅大量的文献,尝试着独立撰写论文,此时的他,已在厦门大学《海外华文教育》、广西《企业科技与发展》等杂志上发表了数篇论文。

在大家都拖着行李箱回家享受暑假的时候,他从图书馆里借了十几本与专业相关的书,在小屋中看书复习。从清晨到深夜,享受着属于自己的学习时光,为了节约时间,他吃饭一般都选择订"外卖",短暂的用餐之后,又继续投入到紧张的复习中。对那时的他来说,看一本与专业无关的书都是一件十分奢侈的事情。

在"国际大学生英文辩论中国公开赛"的裁判工作结束后,周婧怡开始着手准备保研,大三年级结束的暑假她也没有回家,几乎每天都处于紧张的复习状态,满满一书架的复习资料是她付出的见证。那时候,她偶尔会和男友吃饭,打球,互相倾诉复习中遇到的烦恼,分享学习的收获。有蔡炜浩不断地鼓励和鞭策,她的复习计划也有条不紊地进行着。

在保研背后,学霸是多么努力!

未来携梦·相守

飞机延误、附近的旅馆爆满,让凌晨到才到达北京的蔡炜浩只能选择前往24小时营业的麦当劳,整个晚上都在通宵复习,在书籍的陪伴下迎来了北京清晨的第一缕阳光。北京大学面试的前一晚,他待在酒店里专心准备面试,明天这短短数十分钟的面试,将是检验他三年付出的最重要的时刻。在读高中时,他曾经在课桌上写下:我要上北京大学。然而高考失利,让他与梦想失之交臂。而这一次,是他离北京大学,也是他的梦想最近的一次,他将尽他最大的努力,牢牢把握住这一次的机会。

9月26日是北京外国语大学推免生面试的日子,周婧怡是在那之前的四天收到了面试通知,并且临时修改了报考的专业方向。在面试前的最后四天里,她每天熬夜到凌晨三点来复习考试内容。去北京前一个晚上,她突发急性肠胃炎,临上飞机前还在医院打点滴,为了不影响男友的面试,她并没有向他透露自己的病情。

9月28日,蔡炜浩如愿收到北京大学offer,让他着实狂喜了一番,高中同学纷纷感慨:"你只不过是多付出了三年的努力,去实现最初的梦想。"9月30日,他一直陪着周婧怡刷新北京外国语大学官网,焦急地等待结果,当看到女朋友的名字出现在录取名单里时,他激动地将她搂进了怀里。

想起跟两人在一起的时光,他们不禁感慨道:"我们有幸能在彼此最艰难的时候都陪在对方身边,互相鼓励,这些经历或许会让我们一辈子都忘不了。"

"He is my rock."蔡炜浩就像她的支柱一样,一直陪伴、鼓励、影响着她。

"She is my lucky strike."和周婧怡在一起的时间里,是他最幸福的时光。

在外人看来,这对"学霸情侣"的经历充满了戏剧性,简直就是"命中注定"的最佳代言人,恋爱过程秒杀一切"玛丽苏"情节。学霸情侣真的不是因为上辈子拯救了整个宇宙,这辈子才会如此幸运,团子君真的相信了,努力很重要!(2015年12月24日)

(文案:刘舒瑜、陈叶冰;图片:受访者提供)

"话"茧成蝶,她的美丽蜕变

管露是谁?

每逢大型活动,我们总能在现场看到主持人的倩影。与光鲜亮丽的演出人员比起来,主持人优雅的身姿就像是衬托荷花的那一片荷叶,低调内涵而不失光彩。

管露学姐就是我们学校大受欢迎的主持人,身为主持人班班长的她声音甜美,眉目亲切,身材苗条,台上、台下表里如一。可是这样一位"女神"学姐在接受团子君的采访时却说自己刚入学的时候"又黑又丑",你敢相信吗?

跟着团子君,走进她,走进主持人班。

管露,来自新闻传播学院广播电视学专业,广西大学校主持人班现任班长。曾多次主持校园十大歌手比赛、各大校级晚会等大型活动,并多次受邀参加校外商演,主持经验丰富。

是女神，也是女孩

与管露的第一次见面，是在主持人班的办公室。与我们预想中的不同，那天她身着深灰色服装，略显沉闷，一双慢跑鞋，急匆匆"闯"进办公室。在她忙里忙外的时候，我们可以看出管露是主持人班的主心骨。

不戴眼镜，看得出来没化妆，皮肤稍黑，水灵灵的大眼睛颇显神气，一头瀑布般的长发微微凌乱但无伤大雅，平添了几分邻家大女孩的亲切。与一些真人与照片严重不符，以及卸妆后与真容严重不同的伪女神不同，管露经得起卸妆油和近距离无美颜拍摄的考验。

所以，当她拿出手机给我们看她大一时候的照片时，很难令人相信，照片上这个自称"又黑又丑"的女孩就是她。那时的她不会自己化妆，都是上台前化妆师代劳。说到化妆，管露说自己当时连化妆之后要卸妆都不知道，以为只是随便洗洗就可以了。她说："上午化的妆中午洗，中午洗不掉晚上再洗啊。"她把自己容貌气质上的改变归功于主持人班和模特队的磨炼。

除了在主持人班任职以外，管露也是校模特队的一名干部。说起自己当初进入模特队的理由，她觉得自己有点驼背且气场不足，进入模特队完全是为了磨炼自己。

管露热爱主持这门行业，对于从幼儿园开始就接触主持，拥有丰富的上台经验的她来说，走上播音主持的艺考之路，似乎是一件再自然不过的事情。但是最终她没有，家里父母的反对让她只能选择普通的高考之路。她说，自己父母观念比较传统，认为只需要学好文化课就可以了，在读高二的时候她才接触到艺考这种入学方式，可是从零开始已经太晚了。

除了主持，管露也相当喜欢唱歌。"在KTV，谁也撬不动我的嘴。"管露这样说道，似乎与我们对于"爱唱歌"的定义有些不同。管露从小学就开始学习声乐，还是民族唱法，可是后来读初中时嗓子曾经发炎，就再也不能恢复到以前的声音。自身条件的损失，让她丧失了对自己唱歌的技术失去了信心，以至于后来她几乎没有在大众面前展现过自己的歌喉。

进入广西大学中加学院，才是她化茧成蝶的开始。在这里，活泼的学院环境让她放开了自己，主持人班前辈们的照顾更是让她的主持功底越发深厚，再加上一次接一次的晚会，渐渐的，她脱颖而出，成了西大主持人队伍中不可或缺的中流砥柱。

青听新语　润物无声
——广西大学学生新媒体文化建设实践与探索

有缺陷，也在改变

　　有些人做主持人很容易有一股学院风，不求改变，缺少灵气。管露刚开始认识到这一点，是在外出参加一个主持人的大赛时。在赛场上，管露发现自己在其中根本不具备什么优势。很多热爱主持的人来自各行各业，年纪各不相同，甚至南腔北调，但别人的主持风格就很灵活，控场能力很好，具有很强的辨识度。想起自己虽然在学校里混得虽然如鱼得水，但相比起山外有山的那座山，自己还有很远的路要走。

　　举办主持人大赛，很大程度上就是想提高西大主持人的整体素质。我们可以看到，参赛者必须发送自己录制的一段视频到主办方，这是一个很新颖的形式。管露说，现场海选，参赛者可能会成为过眼云烟，容易被遗忘；呈交视频，评委可以反复查看，反复对比，选手的形态、话音、镜头感、台风等会在镜头前被放大，我们可以做出更公正的评判。"在今后的赛程里，我们会采取线上投票，线下由专业老师评选的方式相结合，选出我们最优秀的选手，并且我们还会考虑设置专业组和非专业组确保比赛的公平性。"

　　所以，不难想象为什么她要费尽周折，举全主持人班之力，首开先河，举办西大首届主持人大赛了。在这次比赛的宣传语中，我们看到了这样一段话："她说，声音再好听又能怎样；他说，不管谁主持反正都只是热场和念念台本；他们还说，喜欢不能当饭吃，而你，更非明日之星，可是，连自己喜欢的都不坚持,那不只是一条臭咸鱼!"前三句话,恰好是管露一路走过来别人对她的非议和质疑,而最后一句,是她排除万难,坚持自己的最合适的概括。(2015年5月12日)

(文案:陈乐、孔德杰;图片:由受访者提供)

团员标兵朱济友:我的青春当自强

青春是什么?青春是随意挥霍的时光,是肆无忌惮的探险,还是没心没肺的流浪?每个人都有属于自己的独一无二的青春。

下面,就让我们来倾听获得2015年度"十大团员标兵"之一的朱济友的独家青春吧!

大三年级的朱济友,已经是身兼数职的学生骨干,现任广西大学学生团委副书记,曾兼任林学院学生会主席、校维权委员会副主席、校伙食管理委员会副主席、校史宣讲社常委兼校史讲解员、校园文化大使团团长等职务。在学生工作中如此突出的他,成绩仍能持续保持专业第一,并且斩获过多项奖学金,包括国家奖学金、国家励志奖学金、连续五次优秀奖学金、区三好学生、区优干、区志愿者标兵等60余份荣誉奖项,获奖证书堆起来有十几厘米高。

那么,他的青春闪光点究竟是什么呢?其实,从他的获奖情况就能找到答案。他曾荣获 2014 年度中国大学生自强之星提名奖、2014 年度中国大学生新东方自强奖学金、2014 年广西大学"芙蓉学子榜样力量"自强不息奖等。没错,就是自强不息。

自强不息,点亮青春色彩

俗话说,"穷人的孩子早当家"。朱济友来自广西南宁宾阳县的一个山村,家境并不富裕,父母都是农民。在很小的年纪,他就懂得帮父母分担家务。朱济友说,父亲喜欢在饭桌上对他们兄弟俩传授人生经验,经常教育他们做人要争气,遇事要乐观。即使家里环境再差,父亲仍坚持尽自己最大的努力供他们读书,就像歌曲《父亲》里唱到的"总是竭尽所有把最好的给我"。

然而,生活总会在你认为一切慢慢的好转,回归正轨的时候突然来个"急刹车",让你措手不及。在读大一的时候,朱济友遭遇了人生的低谷——父亲的意外车祸。回忆起当时的情景,这个年轻的大男孩仍旧忍不住红了眼眶,止不住的哽咽,他说:"父亲出事的时候,我感觉很无力,很无助,但是又必须坚强。我不知道怎么帮助家里分担,甚至动过辍学的念头。"他曾无助地面对冷冰冰的现实,也曾遭遇过无数次漠视的眼光,也曾无数次挣扎过,也曾想要过放弃……但是,上大学,不仅仅是他的梦想,更是家人的期望。特别是对于农村的孩子而言,"知识改变命运"这句话,显得更加深刻。所以,面对挫折,他要做的是坚持。最终,父母的坚强与老师细心的开导让他冷静下来,变得更加自强和努力。

"现在回过头来看,其实经历过的都算是风景,幸好我坚持下来了。"一丝感慨的笑容浮现在他小麦色的脸庞上,透露着一种雨过天晴的愉悦。

自强不息,引领青春方向

深知家庭的处境,朱济友为了减轻家里的负担,在高考过后试图通过兼职赚取自己的学费和生活费。第一份兼职是在明知自己晕车的情况下仍然选择做公交车的检票员,第一次感觉赚钱的来之不易。上大学后,他的兼职生涯仍在继续,酒店服务员、电影院检票员等工作他都尝试过;至此,他就再没让父母出过学费。

在学习与工作中,他坚持向更优秀的人学习,把他们当作奋斗的目标。而朋友眼中的他,自信、乐观、真诚、努力。但是他对自己的评价是:"我觉得自己是一名很普通的大学生,并没有大家想象中的那么强大。每个朋友都是我的良师益友，我从他们身上都学习到了很多很多道理。大学生涯，真的想对很多人说感谢。"

自强不息，化为奉献滋润青春

上大学以来，朱济友参加过许多组织与社团，组织开展了各类大、小型实践公益或学习技能培训活动近十次，服务总时数达 1 000 多小时。除此之外，他还在家乡宾阳县创建了一个大学生志愿者联盟，联合与他一样的大学生一起走进山村，开展关爱老人、关注留守儿童的活动。

谈及创建志愿者联盟的初衷，他回忆道，在读大一的时候参加了一个大学生走进贫困山村调查关于留守儿童的生活并慰问老人的活动，让他感触很深。"我一走进那个村子，看到许多年纪很小的孩子在做各种农活，我仿佛看到了当年的自己，让我很受触动。"原来这个山村许多小孩都是留守儿童，一年与父母也见不了几面，特别是一个 8 岁小女孩的情况让他久久不能忘怀。小女孩有 8 年没见过自己的父母了，每次只能通过电话与父母交流，以至于她对父母的印象都已模糊。但是一提起父母二字时，小女孩就忍不住地流下眼泪。

于是，他决定与当地政府一起组建一支大学生志愿者团队。三年来，这个团队已经发展成 100 多人的志愿者联盟，寒、暑假期间通过文艺汇演与募捐的形式为贫困山村的孩子与老人送上一份关爱；组建爱心支教团队帮助孩子们了解外面的世界，帮助他们成长。

在逆境中，他依旧保持乐观。因为他始终相信，生活中，只要以一颗感恩的平常的心去服务大众，即使给他人提供的帮助微乎其微，但只要你肯去做，这个世界一定会变得灿烂而温馨。（2015 年 6 月 7 日）

（文案：赵冬；图片：由受访者提供）

西大造梦者：追逐阳光的人

在华夏先民的传说中，一直以来都流传着"夸父追日"的故事，夸父一刻不停地追逐太阳。千百年之后，就在不久前结束的第二届中国"互联网+大学生创新创业大赛"上，广西大学有一支创业团队就要抓住这无处不在的阳光，让阳光服务我们的生活。

他们就是广西大学智慧光居团队，以优异表现斩获了第二届中国"互联网+大学生创新创业大赛"的铜奖。

团队获得2016年"创青春"创业大赛铜奖、自治区金奖

坚持创新，致力社区

智慧光居团队，通过提供社区光伏直流电网的解决方案，帮助城镇社区利用太阳能光伏发电大幅度降低家庭、物业运营的常规能耗。具体来说，他们将为城镇社区提供量身定制的太阳能离网蓄能产品，并以特色的"新型光伏社区合作模式"，利用智慧光居网络平台进行产品定制与推广。

团队利用在校科研过程中积累的太阳能光电光热专利技术实现"只要有窗口，就能轻松装光伏"。让普通家庭利用起自家房屋中有限而分散的面积安装光伏板、光伏百叶、光伏窗帘等新型光伏材料，所产生的电力供家庭使用。

多余的电力可以共享到社区物业的公共设施系统中,实现社区内的光电共享。整套系统价格亲民,能够极大地提高城镇中太阳能光伏发电的利用率。

队长李琳说道,之所以考虑以"社区光伏直流电网"为基础开创了智慧光居项目。首先,因为"社区光伏直流电网"是自己的科研成果,团队整体的科研方向属于可再生能源、城市与建筑领域,再加上过硬的专业与技术优势让团队对项目更具掌控力;其次,项目指导老师对于团队进行创业项目的鼓励和支持使他们信心倍增。目前,该项目已经注册公司并进入推广阶段。

以太阳能光伏发电为基础的创业项目并不鲜见,在参赛过程中,评委老师曾建议将项目方向调整为更易开发的农村。但是团队成员认为,农村市场虽然是更容易开发,但作为大学生有义务去做其他人不愿意做的、更具创新性的事。团队成员坚持开发城镇市场、帮助城镇社区提高光伏发电利用率,让清洁能源更大范围地推广和应用,让环保不再是情怀。

让团队成员感到欣慰的是,他们的用心与努力,得到了柳州一家电动车生产厂家董事长的青睐,他在看了智慧光居项目之后非常动心并主动与团队谈合作,同时,智慧光居项目还获得了自治区团委白松涛书记的亲自推荐,这都给予了团队极大的鼓舞。

团队工作照

各尽其责,凝聚力量

智慧光居团队里精英荟萃,涵盖了本、硕、博不同学位的同学,丰富的知识储备、优势互补的团队组成使得他们在研究"社区光伏直流电网"项目时碰撞出创新的火花。

团队中的前辈们沉稳远虑，后辈们敢想敢拼，成员各司其职，土木建筑工程学院的同学在统筹、技术、模型等各方面严格把关，商学院的同学为推广与销售提出了建设性意见，这为项目未来的发展提供有利条件。与大部分那些把研究项目当作严肃、甚至有点枯燥的科研工作团队不同，智慧光居团队把整个项目当成了一个有趣的挑战，每一位成员都乐在其中。在他们看来，工作和生活可以是一体的，两者收获的快乐是同等的。工作时，实验室里总是充满着热烈的讨论和爽朗的笑声；而空闲时间，他们会经常一起聚会出游，在活动中交流想法，拉近彼此的关系。

创业不仅是工作的需要，也是兴趣的延伸。团队的刻苦钻研和激烈讨论、精确分工与巧妙合作，都给队员带来了能力上的提高。与此同时，队员们彼此之间也在温馨的氛围中建立了深厚的友谊。

良师益友，助力辉煌

在优秀的团队背后，离不开优秀的指导老师。项目指导老师何江教授，是广西可再生能源领域的专家，在项目研究上给予了团队技术方向的指导和极大的支持。

何江老师对项目、学习要求严谨，为完善项目会定期开讨论会，任何细节都希望做到极致。在项目的理解上，团队和指导老师的观念偶尔也会产生冲突，但是这些从不会影响团队与辅导老师之间的感情。队长李琳和队员骆燕文共同回忆道，有一次团队要同时参加两个项目的比赛，何江老师全程陪伴左右，甚至在他们进行答辩时，老师也难掩激动紧张的情绪。"看他的神情，感觉老师当时都想上台替我们答辩了。"李琳这样回忆道，有这样的老师，大家内心都备受鼓舞和感动。

何江老师也会组织集体出行活动和聚会，使得团队的相处氛围总是充满友爱和欢乐。队员骆燕文对于老师的一句名言——"Enjoy your life"印象深刻。老师总是鼓励她要懂得享受研究生的生活，学习、生活两不误。无论是她还是团队里的其他人，大家总是庆幸自己在这个团队里能够遇到这样一位难得的好老师。

追逐阳光的人，从以前被大家当作不自量力，到现在通过科技造福于民。在这一切的背后，除了有各类科学技术发展所奠定的基础之外，更重要的，还是团队的勇于开拓，不惧艰难的创新精神。

智慧光居，有才华、有创意、有活力，更有着无比坚定的恒心，就像队长李琳在回答比赛评委老师"在推广太阳能应用方面为什么要选择一条曲折的道路"时所说那般——"大学生有义务创新,才能让清洁能源和环保不仅是情怀,更是所有人都能享受的美好生活。"

作为当代大学生,我们应该循着这些优秀团队的脚步,一步一步地、踏实地走出我们自己的创新之路。(2016年11月3日)

（文案：石安琪、钟丽丹；图片：由受访者提供）

保研北大的女学霸黄爽爽

黄爽爽，本科就读于广西大学计算机与信息学院通信工程专业，现已保研到北京大学通信与电子专业。曾获全国大学生数学建模竞赛二等奖、美国大学生数学建模竞赛三等奖、全国大学生"深圳杯"数学建模夏令营优秀论文三等奖、全国大学生英语竞赛三等奖、广西"东方龙正杯"英语翻译大赛一等奖、广西大学校长奖学金、国家励志奖学金、晨光励志奖学金、优秀奖学金等。

哇，这就是传说中的"学霸"。"学霸"，请收下我的膝盖！团子君何其有幸见识到这位传奇人物，那么大家有没有兴趣跟随团子君一起来"窥探"一下学霸的成功秘籍呢！

青听新语 润物无声——广西大学学生新媒体文化建设实践与探索

吸星大法：学人优点以为己用

从刚入学就加入学院的创新班，跟着老师做课题，锻炼自己的动手能力；再到利用课余时间参加各种竞赛以及实践活动，拓宽自己的视野……在她的人生中，似乎永远脱离不了"前进"二字，她所做的所有事情都是为了塑造一个更理想的自己。

在她的世界里，学习不仅仅指课业，学习他人的优点也是一种学习。为了改善自己内向的性格，她在大一时参与了许多学生组织和活动，院学生会、数学建模协会、辩论赛以及演讲比赛都曾留下她的足迹。

在数学建模协会里，她认识了许多优秀的前辈，学习到了许多经验，还结识了之后一起参加数学建模比赛的小伙伴。"每个人身上都有自己的特色，你能从他们身上学习到很多的东西。"对她而言，参加这些组织和活动，最重要的是认识到了许多朋友，并且能相互学习，让自己不断前进。

参加数学建模夏令营

九阴真经："专注"的内功要修

"学霸"的必备技能之一就是不管参加了多少活动，成绩仍然名列前茅。她，也不例外。

相信许多人都和团子君一样对此很好奇吧，这位才女是怎么做到的呢？

她的秘诀只有两个字"专注"。换句话说，她的学习方法就是课堂高度专注，提高课堂效率，课后留足够时间做别的事情，让自己全面发展。她觉得工作是学习的缓和，这两者是良性循环的。"我认为，其实学习与工作并不冲突。"她毫不犹豫地说，"我只是在我工作的时间内做工作的事情，上课的时候就集中注意力上课。"

仙人指路：学艺路上贵人相助

在她求学路上，家人无疑是她最强的后盾。在童年时她的爸爸十分注重学前教育，在她没上学之前就经常从启蒙书上给她讲许多小故事。上学时期，妈妈的信任与鼓励给予她莫大的精神安慰。作为姐姐，她一直想要努力成为弟弟。提及家人时，她的脸上总是洋溢着幸福的笑容。

当说到她的导师张振容时，她更是滔滔不绝："导师带给我的是综合方面的影响。""他把自己的工作安排得非常紧密，哪怕是走在路上也会跟工作伙伴聊工作。""他事业非常成功，而且还很爱家。"

把自己的各个方面都恰如其分地做到位是她最想向导师学习的地方，她最后还充满感激说道："是老师给我们提供非常多的机会跟平台，让我们在自己动手的实践中领悟和收获。"

修炼尚未通关：前进的脚步不曾停歇

"不断地改正自己的不足，一直将自己理想化。"她是这样评价自己的。黄爽爽并不满足于现在的生活，她希望自己能换一个平台，达到另一个高度，这就是她选择读研深造的原因。她总是用心去努力做好每一件事，不断发展、完善自我，永远不停下前进的脚步。哪怕已经拿到了北大的录取通知书，她也没有懈怠，这个暑假她还将奔赴北大的实验室学习。

每一位优秀的人都是在学习中不断前进的。如今黄爽爽学姐要离开生活了四年的母校,向北大未名湖畔进发,让我们一起祝福她未来越来越好!(2015年7月1日)

(文案:陈叶冰;图片:由受访者本人提供)

路遥远,我们一起走
——专访姐妹花杨鳌和王诗艺

王诗艺:新闻传播学院广告专业2013级学生。即将赴香港中文大学攻读硕士研究生。曾获2016年全国大学生广告大赛视频组全国三等奖、2015年China Open英语辩论赛华南赛区一等奖。曾在曼谷参加由联合国计划开发署举办的社会创新论坛,在巴厘岛做过国际志愿者、我国在香港参加创业比赛、在美国学习英语文化、到我国台湾做交换生。

杨鳌:新闻传播学院广告专业2013级学生。即将赴墨尔本大学攻读硕士研究生。曾在日本参加中、日、泰大学生三方论坛、在泰国做孤儿院义工、在印度尼西亚做格林卫海外领队实习、在我国台湾交换学习影视系、在广西山区拍摄格林卫国际志愿者纪录片。

"杨鳌和诗艺,就是一个连体婴儿。"这样的评价应该是大多数认识她们这对姐妹花共同的看法。

她们俩相识于幼儿园。据她们的父母们回忆,第一天来幼儿园的诗艺因为不适应新环境"哭鼻子",比她早到这所幼儿园的杨鳌便奶声奶气地问:"这个小女孩怎么在哭呀?"缘分也就在稚气的问话中降临了。小学时期她们是同班同学,初中和高中因为在不同的学校,所以分开了。幸运的是,她们大学再次相遇了。或许,这就是上天的安排,两个三观一致、方向相同、彼此相知的人,总会在未来有缘再见。

《路遥远 我们一起走》微电影剧本的获奖,正式拉开了她们二人灿烂大学时代的帷幕。她们一起挑战了英文辩论、一起去当志愿者、一起赴我国台湾交换、一起拍广告拿奖、一起考雅思、一起走南闯北。如今她们已经携手共同走过数十个城市以及国家,并且在大三结束前拿到雅思七分好成绩的她们，已经获得了各自梦想学校的 offer。本科结束后，杨曌将前往澳大利亚墨尔本大学学习文化与艺术管理，而王诗艺也将去往香港中文大学继续广告学的研究。

英文辩论社·思辨思维的共享

大学伊始，她们和每一个刚离开高中，初入大学校园的同学们一样，对这个新鲜的环境充满了好奇。在大学校园里，最让人感到好奇、兴奋和憧憬的，莫过于各式各样的学生社团了。面对着学校众多的部门和社团，她们开始了各自的寻觅。

从小学开始就喜欢中文辩论的杨曌，选择加入辩论社，不过，这次她选择了难度更大的英文辩论社。而热情开朗的诗艺则投身于校外联部，充分展示着自己的口才和社交能力。她们各自忙着不同事情，分享着遇到的人和事，两人仿佛是享受着两种人生的"共同体"。

在"大神"众多的英文辩论社里，杨曌碰到了很多"大神"。她时常一脸惊喜地和诗艺分享着，"队里那个'大牛和开挂了一样！'""国赛的选手简直不是人！"……久而久之，诗艺心里也慢慢对英文辩论社产生了兴趣。在读大二的时候，已经能把学习和工作打理得妥妥当当的诗艺突然意识到，自己的生活似乎太过于安逸。于是，她决定走出舒适圈，去挑战一下自己感兴趣的事情，最后，她也选择了英文辩论社。"连体婴儿"就这样在英文辩论社合体了。

在英文辩论队议会制度的辩论里，沉浸在"本院将在基础教育阶段宣扬无神论""本院认为同性恋应当合法化以显示群众的包容度与文明程度""本

越来越喜欢辩论圈的杨曌和诗艺见到了"大神"胡渐彪

院认为应当更大量接收叙利亚难民"等辩论中,感受"大神们"各种"强奸大脑"的神论点的两人,获益匪浅。在私底下,她们会在每场辩论赛结束后,讨论辩论中提出的有意思的观点,并从中得到新的启发,拓展更广阔的思路。她们常一起脑洞大开的讨论同性恋、独身主义等问题,时而观点不一,时而不谋而合。正是在这样思想的交锋和融合中,两人对彼此有了更进一步的了解。

格林卫·自我价值的实现

在读大一时,一次偶然的机会,诗艺在与朋友的聊天中听说了一个词——"格林卫",这个词打开了她探寻世界、感受风土人情的大门,这是一个国际志愿者机构。在深入了解这个机构后,诗艺愈发喜欢它,她持续关注着机构的相关动态,希望以后自己有机会也可以去做志愿者。

终于,她等到了"格林卫"招聘项目经理的信息,激动之余她投出自己的简历,并且成功通过了面试。这份实习机会的到来,让她激动不已,就像小女孩初尝爱情滋味的兴奋与幸福。"这是一份超级棒的实习,里面的'牛人'太多,当你看到康奈尔大学、哥伦比亚大学的同学坐在里面工作时,你会感慨这一切都太奇妙了。"

在"格林卫"实习中找到自我价值的诗艺把这份宝贵的经历和杨鼚一同分享,并且也推荐她加入了这个组织。杨鼚的加入,让工作更添动力和实力。在"格林卫"的工作中,杨鼚负责作图,诗艺负责文案,两人合作制作项目招募书。"我还记得我们制作的尼泊尔项目书在微信公众平台一推出,一分钟内就有60份简历涌来,那一刻感觉超级自豪,好像间接地帮助了他们。"

在"格林卫"大家庭中,她们一起参加了国际文化营。在"格林卫"老房子里,她们遇到了很多想法相似、爱好相同的人,享受着无拘无束谈天说地的感觉。杨鼚形容道:"只要在老房子五六天,就会有跨越世界的感受。""我想和你跨越世界"正是诗艺帮"格林卫"的文化营做得最贴切的宣传语。她们回忆起在"格林卫"工作的经历时,那份满满的自豪和喜悦充斥在我们谈话时的每一寸空气中。能够和好朋友一起为一份彼此都十分热爱的工作而努力,真的是一件十分幸福的事情。

冲击雅思·进击的人生不停歇

尽管大学时光丰富而精彩,却依然无法抹去与梦想大学失之交臂在她们心中留下的遗憾。因此,她们早早地在心中定下冲击更好的大学攻读硕士研究生的目标。

不过话说回来，如果不是亲眼见证她们拿名校 offer，许多朋友还真不太相信她们一早就定下了这样的目标，毕竟在大家眼中，她们就是经常参加社团活动、比赛，甚至是一言不合就出省、出国"浪"（玩）的人。她们坦言，时常会有朋友提问"你学分修完了吗？""你挂科了吗？"等问题，甚至有朋友问"你退学了吗？"。来自朋友们各种各样质疑地发问，她们不得不在自己运营的公众平台"十一和 Tammy"上，专门写一个推送来澄清这些事情。

但是玩归玩，该学习的时候她们也从不懈怠，今日的名校 offer，就是最好的证明。对于成绩优异的学霸们，我们总是带着崇拜的目光。但是，内心最欣赏、最羡慕的，莫过于那些又会玩、又不把学习落下的同学们。不过，世界上没有那么多不劳而获的幸运，所有的成绩，都来自不懈的努力，她们也不例外。只不过这些坚持，或许只有夜晚陪伴她们的奋斗的台灯知晓。用诗艺的话来说："这些因为玩而欠下的债，都是要还的。"

为了毕业时能够拿到名校 offer 继续深造，她们开始了"屠鸭（考雅思）"之路。为了拿到雅思高分申请学校，平日里两个在朋友眼中的"浪（玩）到飞起来"的人，决定压抑住玩心，用三个月的时间全力冲刺雅思。

每一个参加雅思考试的人或许都会有这样的感受，"'屠鸭'之路十分孤独、枯燥和难熬"。但她们十分庆幸有彼此的陪伴。

"确实有些枯燥，但因为是两个人一起，所以在觉得枯燥的时候，我们就会把题目拿出来一起讨论，'你这道题为什么选这个答案呀？''这个答案怎么来的呀？'……这就让复习的过程没有这么枯燥了。"杨曌开心地说道。"我们两个人也会一起练口语，所以一起考试会没有这么孤独！"诗艺兴奋地接过了话。陪伴不仅仅让考试的道路没有这么枯燥，同时也让彼此更有力量。提到"力量"，诗艺十分感慨："我第一次雅思考试只考了 6.5 分，然后我好纠结地问她要不要趁热打铁，毕竟考雅思真的需要把其他事情放到一边。她说'考'，然后她就陪着我再考了一次。其实那个时候她已经拿到 7 分了，分数也够了。幸好我没有辜负自己和她，也考到 7 分了！"

因为是不分你我地共同承担一份孤独、苦涩与艰辛，所以才有了更大的力量跨越一切障碍。

青听新语 润物无声——广西大学学生新媒体文化建设实践与探索

关于未来·心近·天涯若比邻

人生会遇到很多风景和很多人。她们曾一起共享哈尔滨的"冰城"魅力、我国台湾的小幸运情怀、巴厘岛的热带风情、马来西亚的异国美食。挥手告别这些美丽，将其收入回忆，未来会遇见更多的人和事，最后会遇见最好的自己。

如今的她们，各自做着毕业前最后一份实习工作，"连体婴儿"分开了。诗艺在上海社会化媒体数据咨询公司 Kantar Media CIC 实习，白天在工作中汲取知识，晚上也没歇着，为了提前适应研究生生活，她在 Future learn 上选了香港中文大学的企业传播线上课程进行学习。杨墅则在北京国家大剧院剧目制作部实习，因其研究生选的是文化与艺术管理的影视方向，而艺术管理很重要一部分是传统艺术，因此她特地到艺术机构学习。

四个月后，她们告别了大学。杨墅将去澳大利亚感受南半球的异国情怀，沐浴在阳光下，享受海浪的热情。王诗艺则不忘"要嫁港仔"的初心，直奔香港特区。对于分离，难免不舍。尽管平日互相吐槽对方"外表女人，内心男人"，或者恭维彼此"西大高富帅"，但在彼此心中，对方依旧是自己心中 soulmate 最好的诠释。对于未来，王诗艺淡定直言："非常期待未来的日子，毕竟不可能陪着彼此一辈子嘛，初中和高中时我们也差不多半年见一次，都有自己要过好的人生，但是始终是'我在你的航程上，你在我的视线里'。"

确实要分开了，但远的是距离不是心，或许这样的距离，能让她们之间多出更多的空间去盛入更多的经历，能够分享给彼此更多的快乐。

路再远，只要心近，永远都是一起走。

团子君好羡慕如此的友谊，祝愿所有的同学，在人生路上，也能够拥有志同道合的小伙伴，一起努力，一同进步！

（文案：邓玥；图片：由受访者提供）

钟雨欣：没有白走的路，每一步都算数

华特·迪斯尼曾经说过："如果我们有勇气去追求，我们所有的梦想都可以成为现实。"与其说这是一个推免生的故事，不如说这是一个西大追梦人的故事，既然认准了一条路，就不要瞻前顾后，只管全力以赴。

钟雨欣在2013年考入中加国际学院，在完成两年英语专业的学习后，分流至新闻传播学院新闻学专业。由于喜爱语言学习，她还修读了英语作为第二专业。在校期间获得校级三好学生、校优秀共青团干部、校优秀学生干部等荣誉，曾任广西大学团学新媒体中心新闻部副部长。

今年7月，钟雨欣参加了中国传媒大学的优秀大学生夏令营，目前已被中传国际新闻学专业录取。

越努力，越幸运

"我算是比较幸运的，但也不是踩狗屎运，因为自己一直都在朝着这个方向努力。"

钟雨欣的保研之路不是一帆风顺的，她用"过山车"形容自己一路走来的心情。面临毕业，她与很多人一样，走上了考研之路。兼顾课业和考研，高强度的学习让她身体有些吃不消。某一天下午，在评论学课堂上的她突然发起高烧。"上第一节课时还好好的，第二节课开始冒冷汗，到了放学，体温就达到了39摄氏度。"她回忆道，"朋友们还开玩笑地叫我'评论学发烧友'。"

让她感到最孤单的，是暑假留校复习时生病。正在图书馆看书的她，莫名其妙地感到眩晕，一路扶着书架到卫生间，"天旋地转的，一进去就吐了"，整理干净的钟雨欣回到座位上，呆呆地坐了很久，"很想回家，却不知道自己有没有力气走回去"。

在紧张的复习间隙，钟雨欣抱着试一试的心态，参加了中国传媒大学的优秀大学生夏令营。刚到北京，她有点水土不服，再加上紧张的情绪，没有发挥好。但是，这并没有影响她的心情，在中国传媒大学，许多优秀的前辈讲述自己的学习、工作经历，为她打开了新世界的大门。"近距离地看到他们活成了自己梦想的样子，是特别激励人的。"返校以后，她要读研的想法更坚定了。那时，推免资格还没有确定，她就继续准备考研。

钟雨欣是从3月开始复习的，已经准备了半年的她，突然在9月收到了报考院校考试改革的消息，这意味着她要重新学习陌生的知识，参考书目成倍增加，"当时心态都要崩了"。巧合的是，就在同一天，她获得了推免资格。回想起当时的场景，绝处逢生是她最大的感受。

在获得推免资格之后，钟雨欣去了广州，参加暨南大学的推免生考试。考试进行得很顺利，有了夏令营的经历，钟雨欣比之前要大方。笔试结束的那天，疲倦的她回到酒店里，打算小睡一会儿。突然，手机铃声把她吵醒了。在黑暗中，手机屏幕上的来电显示不停闪烁，"北京"二字让她心里一咯噔。接起电话，听到的是温柔的声音："请问是钟雨欣同学吗？""是！"她屏起了呼吸。"这里是中国传媒大学电视学院，现在你已经被录取了，请问你有意向来中国传媒大学读研吗？"在答复之后，钟雨欣放下手机，坐在床上愣了一会儿，忍不住尖叫起来。"当时如果有人经过我的房间，肯定会被我吓一跳吧。"她笑着说。

越努力，越幸运。不久后，暨南大学的拟录取名单公布，钟雨欣成绩不错。在暨南大学和中国传媒大学之间，她选择了后者。"在南方生活了二十多年，总想去北方看看。"

从西大版《好想你》到中国传媒大学

钟雨欣是西大版《好想你》的MV女主角。作为团学新媒体中心一员，她习惯了拍照、写稿的幕后工作。成为校园"网红"，对她来说是个意外。

"小伙伴提出《好想你》这个选题，拍摄时间特别紧，一时找不到能配合时间的演员，我就被推到镜头前了。"

在近一个月的拍摄中，她出现在西大的各标志性地点，拿着尤克里里唱

《好想你》，许多人因此驻足并投去异样的目光，也有不少人好奇和不解。"刚开始特别害羞，但是如果一直拖延，是没办法拍摄出好作品的，只好硬着头皮上了。"由于拍摄需要，每换一个场景都要更换衣服。她常常背着装满衣服的大袋子跑进教室上课，利用所有课余时间，换装、拍摄、换地点，"一个月都没睡午觉"。

正因为这件事，让她变得大胆起来。每次需要应对大场面的时候，她都这样告诉自己："我都在全校各个地方唱过了，还怕什么呢？"

西大版《好想你》的迅速走红，除了欣赏之外，还带来了许多刺耳的声音。本地自媒体转发了视频后，评论区各种难听的话语向她涌来，一时间，她有些无措，但很快释然了。

"我们想通过视频传递什么样的情怀，懂的人自然会懂。"

胆大从容和抗压能力是西大版《好想你》带给钟雨欣独特的礼物，这也给她后来的考试注入了力量。

把握节奏，全力以赴

当被问到给学弟学妹的建议时，钟雨欣一直强调"提早规划"，按照计划来做事会带来事倍功半的效果。不管是保研还是考研，过程都是漫长枯燥的，摸索出适合自己的学习方法尤为重要。"制订合适的学习计划，把握自己的节奏就好了。有的人一天学习13个小时，有的人一天只学习5个小时也能考上。

青听新语 润物无声——广西大学学生新媒体文化建设实践与探索

如果一味地和别人做比较,只会带来更多的焦虑。"

"一定要努力汲取专业知识",只有专业知识充足,才能面对各种各样的考核方式。钟雨欣被录取的国际新闻学专业对英语要求较高,大学英语六级考试成绩需达到520分以上。在前两年英语专业的学习中,她的英语四、六级考试都取得了不错的成绩,并获得了英语专业四级证书。在复习时,她会试着用新闻传播理论分析时事热点,为重点的参考书画思维导图,摘抄论文中有用的观点,搭建自己的答题框架。

"陷入自我否定的时候,就停下来休息一会。"在长时间、高强度的学习过程中,保持好的心态是关键。一路走来,钟雨欣也曾面临许多质疑。"雨欣啊,如果你考不上,又错失了好的工作机会怎么办?"这是她最常听到的话。"在做出选择之前,首先要思考自己能否承担最坏的后果。我真的很喜欢新闻传播,就算风险很大,也一定要试试。"压力太大的时候,她也曾陷入自我肯定、自我怀疑、自我否定的无限循环。"当情绪已经严重影响到学习状态时,要懂得停下来进行自我调节。"她说,"休息一会,吃顿好的,睡个饱觉,第二天又能满血复活啦!"

在学习、生活的过程中,往往会面对很多分岔路,需要做出艰难的抉择。认准了向往的方向,剩下的就是全力以赴。"转专业、准备考研、参加推免考试……我走了不少弯路,但是现在想想,大方向不变,其实都是殊途同归。"

让人惊讶的是,钟雨欣在高三时写在心愿小本子上的专业恰好是国际新闻,当时并没有深入了解,只觉得这个专业"看起来挺酷"。国际新闻学专业主要培养适应对外宣传和涉外新闻报道等方面需要的高层次复合型新闻人才,为了准备考试,她搜集了许多资料,"探索'如何讲好中国故事'是件特别有意义的事,在了解之后,对这个专业的向往又多了一些"。

有的时候,梦想在不经意间向心中播撒了种子,也许无法马上开花结果,会让你吃不少苦,走不少弯路。但是,在为了它不断努力的过程中,沿途会遇到无尽好风光。兜兜转转,年少时青涩的梦想终于成了现实。

这也许就是对"当你真心渴望一件东西的时候,整个宇宙都会联合起来帮你完成它"的最好的诠释吧。(2017年11月14日)

(文案:曾文琪;图片:由受访者提供)

北大直博生戴林辉：人生有无限可能

戴林辉，广西大学数学与信息科学学院2014级信息管理与信息系统专业本科生。在本科学习期间，成绩稳居专业第一，六次获得奖学金，七次参加数模比赛并获奖。今年九月，19岁的她收到了成功保送北京大学直博生的正式通知，研究方向为智能人机交互与机器人技术。12月荣获第十二届"芙蓉学子 榜样力量"优秀大学生自强不息奖。

看了简介，你是否觉得这就是传说中的"别人家的小孩"？

从广西大学本科到北京大学直博，这样的飞跃，难不难？一般人可能会说"很难"，而成功实现如此飞跃的戴林辉却说："我的保研路可以说是非常平淡了，没考虑很多，只申请自己感兴趣并且有可能进的学校。"这看似波澜不惊，实则水到渠成。

想必你已经很好奇了，把"难"变成"不难"的人，到底是怎样炼成的呢？让我们一起去看看吧！

"我是在面试完当晚知道自己被录取了。"戴林辉回忆当初面试的情况，在北京大学微纳电子大厦的大厅里，有两三百个人在等待面试，面试结束后，她感觉自己的表现不是很好，还马上给导师发了微信说：不好意思，老师，我没有表现好，谢谢老师的帮助。"就觉得我可能要去另一所学校了，没有太伤心的感觉。"

但导师马上给她回了电话：你已经被录取了。北京晚上天冷，穿着裙子的戴林辉在等公交车回酒店，接到电话的时候兴奋了一下，也不觉得冷了。

但高兴劲也没有持续太久,"对未来有太多不确定,我也不知道这样的选择对不对,不知道能不能学好"。喜悦是一时的,未来充满无限可能。

"让未来有更多的选择,而不是等着被选择"

戴林辉说:"我的梦想,首先是找到自己热爱并能为之奋斗一生的方向;其次是让自己面对生活有更多选择的权利,让家人过上更好的生活;最后再考虑进入高校或科研院所从事科学研究工作。"因此,在大学里,无论是顺境还是逆境,她都会这样激励自己:"不忘初心,踏实学习,平静面对周围的一切,时间自会给我最好的答案!"

刚读大一时,她听说学校设有特别培养班,但是只有成绩"拔尖"的同学才能进入,她认为这是一个特别好的学习机会。为了能争取到加入特别培训班的名额,她每天在忙碌院学生会、院辩论队的时间之余,还坚持去图书馆学习。"每天晚上我都可以学习到图书馆闭馆,图书馆五楼我感兴趣的书几乎都读完了。"在她的不懈努力下,在大一连续两个学期都取得专业第一的优异成绩,这也使得她如愿以偿进入特别培养班。

为了让自己手上拥有更多的筹码,戴林辉参加了一次又一次数学建模大赛。"数学建模是我大学生活中很重要的一部分,是我保研时最大的'敲门砖'。"在参加 2016 年全国大学生数学建模竞赛时,她和队友碰到了大难题,"我们主要做的是偏管理和经济优化类型的数学建模题,以前都没做过这类型的,非常紧张,这次比赛特别重要,为了保研就必须得拿国家级的奖,就必须把答案算对。"

回忆这段经历,戴林辉还是感叹不已,当时队友把方程式都列出来了,就想绝对不能在她这里"卡住",但是比赛的第二天凌晨她对编程的方法还是毫无头绪。面对巨大的压力,她默默地在阳台哭了一会,然后擦干泪水,给自己加油鼓劲,在和队友们熬了两个通宵,50 多个小时没睡之后,终于找到了解方程式的办法,并在比赛中获得国家一等奖。人生有无限可能,困难逆境总是难免的,就看你能否咬牙坚持,不放弃妥协,拼一把,或许就能迎刃而解,云开月明了。

"学习就是很单纯、很努力"

在读大一的第一个学期得到第一名以后,为了能保持优异成绩,第二个学期里戴林辉仍旧把大部分时间分给了学习。但是,在这个过程中,她发现自己一直在为了名次而学习,心理上背负着沉重的压力。心情低落时,戴林辉的哥哥开导她，不要为了第一名而学习，第一不重要，重要的是你学习的心态，努力的过程。所以保持成绩主要就是要找到自己学习的平衡点，不要有太多的杂念，不要想得太多，专注而安静的学习。一番话让她醍醐灌顶，重新调整自己的状态和步伐。

因为知识的获取是一个需要不断积累的过程，所以她把生活中的大部分时间用来学习，就算放假大家都出去玩，她也会按照自己的计划，在图书馆一坐就是一天，一坐就是一个暑假，安心做自己的事情。

为了能完成好自己的计划，她向来都是一个人去自习。"图书馆真的是一个巨大的宝库。"戴林辉由衷地感叹，"让我和在这里认真学习、努力奋斗的人一起前进，感觉自己并不孤单。"甚至连她自己都想要开个小型图书馆。

在谈到自己的学习习惯时，她轻声说："我出门几乎不带手机，或者就带个老人机。但我会用一个专门的时间来看手机 QQ 消息，方便有急事找我的人和我联系，也能确保自己不被手机绑架，高效学习。"

"但这并不是说我总是独来独往，我和别人交流的时间也有很多。"在晚上回宿舍后，她和宿舍的同学们一起聊天，讨论最近新出的电视剧，八卦……"我把学习和娱乐分得很清楚，学习之余会去做家教，然后睡觉、看电视剧、看书、锻炼。"劳逸结合，有条有理。

"很感谢这一路上他们对我的帮助"

在把"难"变成"不难"的过程中，除了自身的努力，她的身后，还有强大的亲友团，默默地支持着她，不断给她注入继续前行的力量。

青听新语 润物无声——广西大学学生新媒体文化建设实践与探索

"我们家绝对是非常重视知识的力量的，哥哥、姐姐们是很"牛"了。"原来，戴林辉从小就深受家庭环境的熏陶，她大伯家的姐夫在南昌大学任教，二伯家的哥哥是天津大学化工专业毕业的，进入了大型国有企业，姑姑家的姐姐是重庆大学毕业的，目前在美国UCSD做博士后，姐夫目前是重庆大学特聘研究员、教授。每到寒暑假，戴林辉都会背着大书包去他们家修炼。"哥哥、姐姐在我20年的人生路上给了我很大的鼓舞，其实不在于他们能够教会我多少知识，重要的是他们的人生观、价值观、世界观给我带来了很大的影响。"在保研选择学校和是否读博的问题上，戴林辉的哥哥、姐姐都给她提出了诚恳的建议。

来到大学，数学建模的队友们更是成了她在学习上共进退的好伙伴。"我们学院的蔡莎莎和计算机与电子信息学院的杨建国，是我很好的朋友，我们一起参加了六次比赛，熬过很多次通宵。在我需要开导的时候，他们都给予了我很大的帮助。"

在大学的这三年多的时间里，戴林辉的老师们更像灯塔一般，不断引领她前行。金德泉老师在她的保研路上提供了很多帮助；吕跃进老师在竞赛和平时的学习中经常鼓励她；曾雪兰老师作为她的班主任，在日常生活和学习中给了她许多好的建议。有贵人相助，有挚友帮扶，有亲人关爱，戴林辉是幸运的，越努力的人，越幸运。

"重塑自我，探索未知"

在戴林辉的眼里，读博并不意味着人生会被限制在一个框架内，不是简单粗暴地帮助热血青年"圆梦"的过程，而是赋予充足的自由，补足必需的养料，让我们在磨炼和自我反省中认识并尊重自己。毕竟，人生充满了无限可能。

关于自己的研究方向——智能人机交互与智能机器人技术，她坦言自己肯定谈不上从小就感兴趣，读小学时网络根本不发达，小镇上更是没机会接触网络。小时候大家谈论的也都是跳绳和各种偶像剧等。读大学时才真正开始接触计算机与编程。"人生有无限可能，我也没想过会从事智能机器人方面的研究。"人工智能是现在绝对的"热门"专业，美国和中国的大企业都在进行人工智能方面的研究，如美国的谷歌、脸书，中国的百度、腾讯和阿里巴巴公司等。"但里面的水确实很深，我们大家都知道AlphaGo，它把人们对人工智能的关注推到了顶峰，但绝大部分的人工智能相对于人类，还有非常遥远的距离。"

北京大学意味着一个更大的平台，拥有着非常丰富的学术资源，同时竞争力也更加激烈。"以后的生活肯定会比之前的大学生活要更加忙碌,关注学术前沿,阅读论文,潜心研究,发表论文,这些都需要时间和巨大的努力。"在谈到对未来的自己有什么愿景时,她说希望自己能不忘初心,珍惜时间,继续前进。

这个世界上诱惑很多,别忘了自己来时的路。

学霸贴心建议:

考研,是一个很辛苦但同时也是满载收获的过程,对于要考研的同学,戴林辉鼓励道:"一分耕耘一分收获,希望你们能努力,坚持,在最后的冲刺期坚持下去,不要放弃,不要被别人干扰,一心一意地为了一个目标而奋斗。成功属于有准备的人!"

对于将来想要读博的同学们,戴林辉作为学姐建议说:"首先你应该要有个目标,知道自己对什么感兴趣,并且想清楚自己想从事的行业。高效合理的安排专业课学习,进行学术科研和发表论文,翻过'外语'这座大山,并且在学习之余提高自身社会实践等综合能力。"

人生路漫漫,充满无限未知,你永远也不知道前方等待着的是什么,走的每一步,做的每一个选择都决定着你的未来。走好每一步,并且要边走边为下一步做准备。脚踏实地,勤恳认真,保持本心。你若盛开,清风自来,戴林辉何尝不是默默积淀,厚积薄发,才有丰收而归。机会总是留给有准备的人,不懈奋斗的人生,充满无限可能。

不努力一把,怎能知道自己还能这么优秀?(2017年12月22日)

(文案:郑杏、叶斐然;图片:袁昕)

浙大保研生王坤:"兴趣"与"坚持"最重要

相信大家最近都被电视剧《猎场》中下面这位"校友"刷屏了。帅气的"男神"校友只存在于电视剧中,但优秀的"学霸"校友就在我们身边哦!

"我叫王坤,2014年考入广西大学。"王坤,广西大学材料成型及控制工程专业2014级学生,现保送至浙江大学材料物理与化学专业。他曾担任校维权委员会部长、院辩论队指导员和校国旗班成员,主持策划六个学院联合举办的党建交流会。在大三时主持自治区级大创项目并获得三项专利授权,参

青听新语 润物无声
——广西大学学生新媒体文化建设实践与探索

与研究其他自治区级大创项目获得优秀课题,论文被《矿山机械》杂志社收录。在校三年期间,获得广西大学优秀党员、优秀共青团干部、三好学生等荣誉,在全国大学生数学建模竞赛、全国大学生金相技能大赛等赛事活动中取得佳绩。

本以为优秀的"学霸"也许和我们会有些距离感,但王坤一见面就热情地和我们打招呼,打消了我们的顾虑。本以为采访会在一个教室里进行,王坤却带我们到教学楼楼顶的小房子前。

"这个实验室是当初我和小伙伴们自己买建材,搬砖和水泥,亲手搭建起来的。"

面对新奇不已的我们,王坤颇为自豪地介绍道。外表简单的实验室,里面却是非常"高大上",地上铺着干净的蓝色垫子,桌子上摆满了各种各样的仪器和实验材料。学长非常热情地为我们做介绍,里面的每一张桌子,每一把凳子都是他们亲自去置办回来的,言语间洋溢着对科研的无限喜爱之情。学长带我们在实验室里参观了一圈,还让我们亲手尝试一些他们的实验成果后,他招呼我们坐下,开始给我们讲述他的大学经历。

兴趣与坚持

"兴趣是什么,是当你觉得这件事情该做的话,就去做好它,把它培养成你的兴趣。"

他刚进大学时与很多同学一样,不知道自己所学的专业以后能做些什么。但是,既然选择了这个专业,他觉得强迫自己去接受它,不如尝试着去喜欢上它。"我这样想,既然选择了这门专业嘛,就应该把它学好。就像玩游戏一样,通关之后会有一种成就感和刺激感。然后回过头来,发现这个专业其实还是挺有趣的,就业方向也很多,慢慢就学进去了。"兴趣是最好的老师,只有把学习当作一件令自己愉悦的事情,才能够全身心地投入其中。

在王坤看来,"兴趣"和"坚持"两个词语是分不开的。他在学习英语、阅读和夜跑等许多事情上,都能把最初的兴趣渐渐转化为一种习惯,并坚持下来。因为想要不断地提高自己的英语水平,每天早上他会坚持去碧云湖边晨读。在得到保研通知后的他,在没有课的时间里,还给自己制定了一些小目标,例如十天背一本托福单词,每天看几篇 TED 的演讲稿,练习两篇英语写作。在他的坚持下,这些目标都已经一一实现了。王坤喜欢看书,他觉得在看书的过程中,他能汲取到一种能量,那是一种能够给他带来前进动力的能量,渐渐地,看书的兴趣就培养起来了。每当假期来临,别人沉浸在吃、喝、玩、乐带来的轻松愉悦时,王坤则为自己能够拥有大量闲暇时间阅读喜欢的书籍而感到开心。

"坚持做一件事情,不管你做什么,都会对自己有很大的影响。"王坤如是说。

目标与取舍

"很多人问我为什么不去清华大学,但我原定的目标是一定要搞科研。清华大学虽然名气大,但名气这种东西并不是我想要的。何必为了别人的想法而改变自己的初心呢。"

王坤是一个喜欢列计划的人,他会在大学里的每一个时期给自己一个目标,并为之努力。作为理科生,他会给自己一个定量,就是在可控范围内尽量不去打乱自己的一个计划。在一个阶段的目标完成后,他会定量分析自己的优势和劣势。在确定自己想要保研之后,他开始分析保研所需要的东西。例如,好的成绩,发表过论文,有获奖证书,出国访问的经历以及各种附加值。每一样数下来,然后去查漏补缺。他觉得自己需要提高交流能力,就通过参加学生会,辩论队和舞蹈队,去跟各种人进行交流、磨合。

双子座的王坤会习惯性地去反省自己,他知道自己要的是什么,所以他懂得取舍。在选择学校这件事上,王坤也有着自己的独特见解。起初,他有

青听新语 润物无声——广西大学学生新媒体文化建设实践与探索

机会进入清华大学、浙江大学、中国科学技术大学等五所名校,而清华大学的专硕感觉并不符合他接着做科研的追求。他几经斟酌,在旁人不解的目光中放弃了进入清华大学的机会,转而选择了浙江大学,因为那里有自己喜欢的导师和心之所向的国家重点实验室。我们常说的"不忘初心",在王坤身上得到了很好的体现。

困难与收获

尽管王坤在学习和科研项目上看起来如鱼得水,但是细究其过程,也并不是一帆风顺的。

在做具体研究之前,王坤需要阅读大量的英文文献,这对于既不是英语专业学生,母语也不是英语的他来说,可谓是非常难的。不过他依然敢于给自己定下目标,自学专业英语,并在一周内读完了五十多篇文献。在这之后,他已经基本上能够无障碍阅读英文文献了,并且在后面专业英语课程开始时,他也可以申请免修这门课程从而得到更多的时间去做其他感兴趣的事。

同样,在一次实验中,他做出来的材料和预想中的性能差别很大。在查阅大量相关书籍、反复修改实验之后,他历经半年时间,终于得到了自己想要的结果。"相比爱迪生在尝试三千多种材料后才发现可用的一种,我们还算比较幸运啦。"说到这里,王坤眼里浮现出欣慰的神情。在不断克服科研困难的过程中,王坤学会了思考,他认为做科研是要有耐心的,不能急于求成,还要学会享受孤独。

谈及大学期间的最大收获,王坤表示:"第一是成熟了,能够对各种事情应付自如;第二是学到了如何学习的能力;第三是积累了人脉关系;第四是自己在大学里面读了很多书,也是一种知识的宝藏。"

最后,他又补充道:"当时我来广西大学读书,有同学劝我回去复读。但是我拒绝了他,并跟他说我绝不会后悔做出这个选择。现在看来,我觉得事实证明了一切。"

每一次做出选择的背后都有着自己内心的取舍,不管是当初选择了广西大学,还是在众多录取学校之中选择浙江大学,王坤始终懂得什么是自己想要的东西。

每个人生来无法决定周围的环境,但命运却是掌握在自己手中。只有坚定自己的目标,朝着正确的方向去努力,方能在人生的道路上走出理想的轨迹。

(文案:古宇心、黄献慧;图片:由受访者提供)

西大达人秀：惊奇乐队毕业单曲震撼首发！

"大学四年，有的人选择读遍万卷书，起早贪黑和图书馆约会，一日刷千题门门近满分；有的人选择玩遍天下游戏，废寝忘食在网吧"开黑"，一人单三路把把杀超神。而我们，选择在音乐的世界里来一场大冒险……"这是惊奇乐队在乐队 EP 众筹项目中的自我介绍。

两年前，惊奇乐队在校园十大歌手中初露锋芒，一举夺得当年的冠军，开始被同学们熟知，成为西大校园里的"明星"乐队。采访惊奇乐队时，他们刚刚参加了空谷嘉年华晚会和广西医科大学的音乐节，并且马不停蹄地准备参加广西财经学院的音乐节和广西大学的荷花音乐节，更重要的是，他们还在忙着筹备乐队的处女作同名 EP 以及毕业专场演出。舞台下的他们很普通，同样会为找工作、论文答辩、期末考试发愁。但是，他们在决定把自己的课余时间统统都投入到音乐世界时，也注定了他们的不平凡。

"是音协让我们聚在了一起"

故事开始于 25 号办公室。25 号办公室是广西大学音乐协会的办公室，虽然面积不大，堆放着许多乐器，有些杂乱，但这里却是乐队平时开会、排练的地方，也是大家相识的地方。惊奇乐队有七个队员，四女三男，都来自音协：主唱黄诗惠、廖志清，贝斯于陈晓璇，键盘于兼队长吴菁棋，吉他于杨其灯、罗一阳，鼓手李嘉骏。

回忆起初次见面的场景，成员们都抑制不住对彼此的赞美。"初见小璇时，还不知道她是哪个部门的，就见她干各种活""嘉骏超害羞的南普""见廖志清时，觉得这小妹妹真有天赋，一定要拉进音协"，罗一阳一一回忆起与队员们的初次相遇。

廖志清也说起第一次见到罗一阳时的场景:"第一次见到阳哥,觉得这个人好厉害什么歌都会弹。"

提起杨其灯,吴菁棋十分激动:"第一次见灯哥就在想我一定要认识这个人!"罗一阳也表达了自己的崇拜之情:"灯哥读大四时我才读大一,那时候看灯哥的"路演",觉得灯哥就像老大一样!"其他队员纷纷附和,都笑着说:"我也是学灯哥的。"大家口中的"灯哥"就是吉他手之一杨其灯,他是音协的元老级人物,虽然已经毕业,但依旧是乐队里的"主心骨",与吴菁棋一同挑起了原创的大梁。

惊奇乐队的合照

"乐队是为了参加比赛组的"

惊奇乐队的成立,源于2015年学校的十大歌手比赛。

学校的十大歌手比赛是音协成员们的"常驻地",音协的成员在历届的十大歌手中都取得过十分不错的成绩。这年,十大歌手比赛又开始报名了,同为音协成员的吴菁棋和黄诗惠有了一个计划:既然大家在音乐上各有所长,不如强强联合,组队一起报名参加十大歌手比赛。"就在十大歌手比赛报名截止的前一秒,实在想不出名字了,就叫'惊奇'吧!"吴菁棋作为发起人,最后默认成了乐队的队长兼队名,于是便有了当时的"惊奇组合",也就是现在惊奇乐队的雏形。

"我们组织这个乐队就是为了拿十大冠军的。"罗一阳很有自信地说。但是，这次比赛作为惊奇乐队参加的第一个比赛，仍然充满了挑战跟刺激。连环的赛制加上实力强劲的对手让队员们有些紧张。"就像考试一样，要是之前准备了很多就希望能拿个好成绩，所以会紧张。"廖志清说道。

为了准备比赛，队员们每天晚上聚在办公室吃晚饭，然后进行"魔鬼训练"般的排练。罗一阳、吴菁棋都是处女座，处女座的标志就是追求完美。罗一阳特别强调"乐队三大处女座可是顶梁柱一般的存在"（后来加入的贝斯手陈晓璇也是处女座）。作为"处女座的爆炸输出"，一个音符、一句歌词、编曲到和声，乐队对每一个细节都力求完美。

从初赛只有吴菁棋、黄诗惠、廖志清三人组合，到后来罗一阳等人的加入，再到决赛时把音协的"元老"们请来做外援，惊奇乐队步步挺进。"惊奇"这个当初"随便"起的名字，在决赛之夜惊艳了全场，如愿拿下十大冠军，乐队队员的感情和默契程度也通过这次比赛迅速升温。

2015年十大歌手决赛现场

"虽然各奔东西，但音乐还是要玩的"

惊奇乐队最终成型于2015年的广西大学生原创歌曲大赛，乐队新增加了贝斯、架子鼓和电吉他，完成了"组合"到"乐队"的转变。"毕竟做原创歌曲需要的元素比较多。"罗一阳解释道。

"原创"是惊奇乐队的一个重要标签，也是惊奇乐队一直坚持的东西。吴菁棋跟杨其灯是乐队里原创的主力，对于他们来说，写歌是记录生活和心情的一种方式。吴菁棋最开始是在杨其灯的感染下开始了自己的原创之路，她成功创作的第一首歌《等雨停》来自生活里的灵机一动。那天下着大雨，吴菁棋在家里，坐在钢琴前盼着雨快点停下来，于是脑子里开始浮现出旋律跟歌词，最终花了一个下午的时间就把《等雨停》的原型写了出来，后来杨其灯又融入了"下雨天情侣就没办法出门约会"的想法，一起完善了这首歌曲。

"结果一唱这首歌就下雨。"吴菁棋补充了一句。"每次排这首歌就下雨，正式演出的话能连下三天雨""比萧敬腾还灵"……说起《等雨停》这首歌，队员们滔滔不绝。黄诗惠开玩笑地说："我们打算去沙漠开演唱会，为干旱地区做点贡献。"

惊奇乐队的原创之路依然在继续，如今毕业在即，队员们不得不面对分别，借着这个契机，大家有了一个共同的想法——制作一张原创专辑留作纪念。队员们选择了6首比较完善的原创歌曲，准备录制成专辑。但是，专辑制作并非说起来那么简单，从写词曲、编曲、录音、混音、母带处理、设计专辑到刻碟，队员们需要投入大量的精力和金钱："编曲比较困难，怕编出来不好听、没有新意。""录音排练耗费时间很多，我们人多而且都很忙，很难凑齐。""我们一般录音都得录到凌晨两三点。"……与此同时，他们还要忙学业、忙演出，有的还要忙着找工作。

自从乐队成立，队员们的课余生活就被排练跟演出占得满满当当。陈晓璇说："就像修了第二专业一样，音乐就是我们的第二专业。"但是，队员们从不后悔选择这样的生活，大家都认为大学最开心的事情就是有乐队，能跟大家一起玩音乐。吴菁棋作为乐队里的准毕业生之一，感到有点遗憾："现在就要毕业了，还没玩够。"

惊奇乐队专辑里的第一首歌是《未来》。说起惊奇乐队的未来，队员们一直强调"毕业不等于解散"。罗一阳对此十分坚定："虽然各奔东西，但音乐还是要玩的。"他还半开起玩笑:"以后有钱了就开个酒吧,大家有空就一起来演出。"队员们很确定,在未来的某一天,惊奇乐队一定会再聚首,续写他们的下一首歌。

(文案:陈叶冰;图片:由受访者提供)

总有些人放假比你晚

时光飞逝,转眼间又是一个学期过去了。忙碌而又充实的学习生活结束,寒假开始了。飞离家乡的小鸟渴望着回到自己温暖的巢穴,在那里,自己和蔼的父母正盼望着他们的归来,期望着孩子与他们分享这半年来的酸甜苦辣。

团子君想,没有人不盼望着欢乐与美好的寒假到来吧,希望快点结束紧张的考试,希望快点结束繁忙的工作,希望快点回到家,好好休息,释放一年来的疲劳。

然而,总有些人放假比你晚,当大部分人都回到家开始快乐的假期时,他们还留在学校,继续自己的工作、学习。

参加比赛

1月20日,是美国大学生数学建模竞赛开始的日子,参赛者放假了还要留在学校里比赛,有的同学甚至是才结束考试就要开始比赛。佳佳是一名参赛者,为了参赛可能得28日才能回家。她说,要说不辛苦是不可能的,虽然为了数学建模会熬夜,会为找不到数据或者没有思路而抓狂,但是辛苦总是有回报的。每当比赛结束时看到自己与队友合力完成的论文时,心里总会有着浓浓的成就感,不断突破自己,超越自己,是一种乐趣。

假期实习

已经开始实习的大四"学僧"们有一些留在了南宁继续工作,为了方便或是节省资金还住在学校里。黄同学就是其中之一,实习的公司按对正式员工的要求，到除夕当天才正式放假。黄同学的家比较近，所以能够在过年前赶回家中。

他微笑着说，这就是工作啊！但是为了以后的发展，肯定是要有付出的。

考研准备

因为学校的氛围更加适合学习，所以一些同学也选择多留下来几天为下学期学习或考研做准备。小白在进入大学的时候就立志考研，每一步都有规划。这个假期为了弥补上学期所学的不足，也为了保持学习的感觉，所以打算等到26日再回家。对于家的思念，他说他反倒更喜欢沉浸在学习中的感觉。

宿舍阿姨

上午9点，宿舍阿姨坐在宿舍楼门前，目送着一个又一个同学推着行李箱陆陆续续离开。1月24日上午8点，宿舍全部封闭，要留校的学生搬入混合宿舍居住，这之后阿姨的工作才算结束。阿姨站在门边与离开的学生寒暄几句，祝离开的他们新年快乐。

食堂大叔和阿姨

在寒假时，学校的西苑餐厅是继续营业的。食堂的阿姨和大叔们都会为留校的人带来香喷喷的饭菜。其中1月27日（除夕）晚餐会接待留校学生年夜饭，当日不对外营业。而水塔餐厅除了春节七天以外，其余时间都正常营业。感谢食堂阿姨和大叔们的辛劳工作，与团子君一起对他们说声"您辛苦了"！

可爱的老师们

为了放假期间学校各项后勤工作的平稳运行,学校很多老师寒假也要继续工作。从水电保障到校医院值班安排,从环卫绿化到寒假自习室的开放,西大生活的方方面面,都有他们的身影。正是他们无微不至的工作,才能保证大家能在西大安心愉悦地学习生活。

萌萌的团子君

就算是假期,团子君也会为大家带来微信推送哦!

总有人放假比你晚!让我们珍惜当下的悠闲,为还在努力工作、学习的他们送上祝福。

(文案:罗敏、彭文凯;图片:王永芳、网络)

君武"微人物"系列点评

通过一个个真实人物的故事,讲述西大人独特的精神品质。他们有的是历史人物,有的是现实人物,有的是小人物,有的是大人物,但就是每个人的微故事的汇集构成了广西大学厚重的校史,激励着一代又一代的西大人"勤恳朴诚",在追求"复兴中华,发达广西"的道路上实现着自己的人生价值。

青听新语 润物无声——广西大学学生新媒体文化建设实践与探索

微实践·接地气

通过微平台聚焦学生关心的热点,结合学生需求以线上线下结合的方式开展丰富的校内外实践活动,展示实践见闻,分享实践感悟和收获,为大学生践行社会主义核心价值观提供便捷渠道。通过引导学生组织、参与、感悟、分享,以期达到自我锻炼,提升素质的目的。

青春心向党,重走长征路

红军不怕远征难,万水千山只等闲。
五岭逶迤腾细浪,乌蒙磅礴走泥丸。
金沙水拍云崖暖,大渡桥横铁索寒。
更喜岷山千里雪,三军过后尽开颜。

81年前中央红军在湘江上游广西境内的兴安县、全州县、灌阳县,与国民党军苦战五昼夜,最终从全州、兴安之间强渡湘江,突破了国民党军的第四道封锁线,粉碎了蒋介石围歼中央红军于湘江以东的企图。但是,中央红军也为此付出了极为惨重的代价。部队指战员和中央机关人员由长征出发时的8万多人锐减至3万余,史称"湘江战役"。此战役之后,红军也认识到毛泽东思想的正确性,为"遵义会议"的召开奠定了基础。

81年后战争的硝烟已逝,但是居安思危的心不能松懈。7月12日,为纪念长征胜利80周年,"君武学子重走长征路"实践团一行10名队员到达广西兴安、全州两地。两天的时间里,同学们观红色旧址、忆湘江战役、感红军精神,重走广西长征路。

在湘江战役纪念馆内，官兵们通过声、光、电等多媒体技术，以及实物陈列和场景再现，让同学们真切地感受到在这场被称为"最惨烈、最悲壮、最辉煌"的战役中，红军战士突破重围，浴血奋战的战斗场景。

随后，学员模拟当年红军中央纵队，从红军长征突破湘江战役烈士纪念碑园徒步"行军"，先后到达当年红军作战指挥所旧址红军堂，光华铺阻击战战场旧址，瞻仰红军烈士墓。

同学们每天耗时3小时、徒步10千米以上的路程。途中，西大学子偶遇浙江师范大学和桂林理工大学代表队，不约而同模拟出一场"三军会师尽开颜"的景象。

在活动最后，队员唐文娟感叹，作为"90后"的她原本并不特别了解红军长征。通过重走先辈走过的长征路，切身感受到了不畏艰难，不忘初心的长征精神，也给自己未来的学习生活以前进的力量。

苦不苦，想想红军两万五。重走长征路是感悟长征的最好形式之一，希望同学们不忘当年红军长征的艰难，深刻了解长征的历史，继承和发扬长征精神，坚定理想信念，用青春梦托起中国梦。

今年我校以"青春建功十三五·助力脱贫攻坚战"为主题社会实践活动正如火如荼地进行，参与69个团队的近3 000余名本科生、研究生、博士生在暑假奔赴区内外各地开展涉及"政策宣讲、科技支农、关爱服务、文艺下乡、扶贫调研、环保服务"等多方面内容的社会实践，深入基层，了解国情区情、社情民情，磨砺意志，学以致用。

青听新语 润物无声——广西大学学生新媒体文化建设实践与探索

读万卷书行万里路,这个暑假,很多 GXUers 不是在实践目的地就是在去实践的路上,你呢?

(图文:潘荟敏)

我校师生为首任校长马君武扫墓

一代宗师育英才,后辈师生深缅怀。为了深入开展知校爱校荣校教育,3月31日,我校师生代表一行76人赴桂林马君武先生墓园进行祭扫活动,深切缅怀我校首任校长马君武先生。参加活动的有老教授代表、青年教师代表和学生代表。

师生代表在马君武校长墓前举行了祭扫仪式,学生代表向马君武校长敬献了花圈,全体师生肃立墓前为老校长默哀。学生、青年教师和老教授代表分别做了发言。

学生代表李琳同学在发言中表达了莘莘学子对马君武校长的崇高敬意和深切缅怀,表示要牢记老校长"同学要苦读"的教诲,脚踏实地,努力学习;树立"今天我以西大为荣,明天西大为我自豪"的荣辱感和责任感,以实现中华民族伟大复兴的中国梦为引领,积极践行社会主义核心价值观;切实做到勤学、修德、明辨、笃实,让青春在奋斗中闪光。

青年教师代表朱迅成同志在发言中表示要继承老校长遗志,发扬"教授要苦教、职工要苦干"的精神,严守师德,孜孜不倦,教书育人,积极投身学校改革与发展,为培养更多优秀的西大学子、为加快建设高水平区域性特色研究型大学而不懈奋斗。

师生代表们为老校长默哀

清扫墓园

全国模范教师林仲湘教授追忆了马君武先生的博学多识和传奇人生,回忆了老校长建设广西大学的艰苦历程，解读了老校长办学治校的理念和思想，并以此激励大家要牢记"勤恳朴诚、厚学致新"的校训，继承和发扬西大精神，把广西大学建设得更加美好。他教导师生代表要学习马君武先生坚持不懈、教育救国的伟大精神，要敢于面对人生挫折，勇于担当，永远保持积极进取的激情和不懈努力的决心。他希望大家在全面深化改革的关键时期，自觉把个人成长成才与国家发展、民族复兴紧密结合起来，为成就精彩人生而不懈奋斗。

林仲湘教授给学生讲解校史

祭扫仪式最后，师生们唱起原由马君武校长填词的《广西大学校歌》，共同感怀老校长对一代又一代西大人的谆谆教诲和殷殷期望。

师生代表们还对老校长墓园进行了清扫。

祭扫活动结束后，师生代表一行来到广西大学雁山旧址，重走校园路，重温学校发展史，师生们更深刻地感受马君武先生对于教育的执着与奉献，更明白一代代西大人所肩负的"复兴中华，发达广西"的使命与责任。

（图文：祭奠老校长的西大人）

青听新语 润物无声——广西大学学生新媒体文化建设实践与探索

一个月迷失鼓浪屿
——来自西大青旅义工的自白

"一开始我只是想流浪,后来我找到了另一个故乡。"

我叫宋容,广西大学文学院一名普通的学生。

2014年7月27日,我逃离这个燥热的夏天,踏上前往厦门的火车,成为一名青年旅舍义工,开始了我为期一个月的"流浪"。火车声不紧不慢轰隆隆地响,像昭示我这一个月的成长。这或许起于一时兴起的任性,但是那一个月一个人的声嚣,一个人的欢喜,都是一个人的流浪。

现在,我想把这场"流浪"说给你听。

假如我在鼓浪屿青旅遇见你

"我想到了一个目的地。有热烈的花和法式情调的建筑。我在我还没有反应过来的时候已经打开了火车票的搜索引擎和酒店的索引。那就走吧。"

一开始只是想一个人去远方旅行,没有想到输入鼓浪屿后弹出青年旅舍招义工的消息,只需要每日在店里帮小小的忙,就能在这个可爱的岛屿上逗留一个月。为何不可呢?于是在豆瓣上找了最喜欢的青年旅舍,试探着发了简历,店长很快回复了,约好了暑假的时间去帮忙。于是一个人定了路线,一个人订了车票,一个人踏上旅程。

何为青旅?

青旅即青年旅舍的简称。青年旅舍与宿舍一样,备有上、下铺床、床垫和被褥、带锁的个人储藏柜、小桌椅、公共浴室和洗手间,有的还有自助餐厅、公共活动室。青年旅社汇集来自世界各地的朋友,这是一个属于自我的旅馆,你在这里的一切都是自助的,你需要自己做饭、自己找路、自己换床单。一切都由你自己完成,非常的自由。

那么青旅义工又是什么呢?

在许多国家,青年旅舍是非营利的公益组织,可以正规地招收义工。但是在中国,青旅都是自负盈亏的个体经营,所以"义工"这个词其实并不准确,它更像是一种以在青旅打工换食宿来节省旅行费用的方式。这一个月或更久的义工生活,可以让你融入那一地的生活。

做义工并没有多么曲折的故事。每日打扫馆里,接待客人,换床单,喂狗狗,一两个小时,就已经完成任务了。剩下的时间你可以用来看书,用来出走,用来和义工小伙伴说说话。做义工的青旅在厦门鼓浪屿上一个偏僻的角落,安安静静的没有多少人,背后是一片被浅湾留住的海。没有工作的时候总是一个人,在海边漫无目的悠悠地走,吹吹风,发发呆,看着夕阳慢慢沉入海面,任海滩细细的沙漫上脚踝。

义工生活就是这样,平平淡淡悠然自在,它离生活很近,离家很近,离童年很近。

像在窄窄弄堂放飞过的竹蜻蜓,午后嗅到的紫荆花,沿街叫卖的麦芽糖,

青听新语 润物无声
——广西大学学生新媒体文化建设实践与探索

赤脚踏过的青石板。

像低头躲过晾在天线上的衣服,打闹着跑过蜿蜿蜒蜒的走廊,蹲在堂前弹过的弹珠。

像放学归家的巷口遥遥瞥见阿公摇着蒲扇闲闲喝茶的身影,像疯玩得汗津津地跑回家,阿婆端出一盘点心说"快吃"的声音,像每个日落时分母亲在家门迎接贪玩的你的呼唤。

它比起学生会、社团的工作好像毫无意义,可是你会遇上很多人,听到很多故事,一个人的时候你可以细细回想很多事,你的心会慢慢变得平静。在这繁华快节奏的年代,学会放松心态多么重要。

来住青旅的大多是"驴友",他们都健谈而随和。真庆幸因为有了这次义工机会,才可遇上这些可爱率性的人,说走就走的坦荡,让我知道这个勇往直前的世界多么美妙。我一人前行,不带攻略,走到哪一步都不担心,因为一路上遇到的人,刚从那里走来。

一起做义工吧!

暑假就要来了,还在等什么呢?如果想以不一样的方式为这个夏天画上一个句号,想要一份不一样的心境,想要一个人的星辰大海,那就和团子君一起,出发吧!

团子君小贴士

出发前要知道的提示。

(1)主动寻找机会,喜欢哪个青旅就动手找到旅舍的联系方法联系。

(2)做义工前要问清自己是不是对这份工作有了初步的了解呢,是不是真的喜欢这份工作呢?

（3）一定要注意自己的人身安全哦，这是最最重要的！

（图文：宋容）

请听我说，我的西藏故事

那里，有最壮观的山川河流，
那里，有最多彩的民族文化，
那里，有最浓厚的宗教情怀，
那里，有最朴实的藏族人民，
那里，也有西大同学的热情，
那里，就是千山之巅，万水之源——西藏。

我们西大学子也在这片土地上奉献出了自己的力量，让我们一起来看看他们在西藏做志愿者的故事。

第一位讲述者是农学院 2011 级的学生，申威

服务工作单位：西藏自治区拉萨市经济开发区国家税务局

驻村服务地：西藏自治区山南市错那县觉拉乡德吉村

今天，村上、窗外纷纷扬扬的又飘起了雪花，我已经记不起这是我来西藏之后的第几次下雪了。走出门外，看到的又是雪花在天空静静缤纷。可是不一会儿，素白的雪花已经悄然落到头上、身上，开始融化了。放眼向远处望去，大山也早已不是我曾经印象中的层峦叠翠，这里有的只是座座相连的皑皑雪山。在这四月的春天，我也分不清你们说的艳阳里大雪纷飞，寒夜里四季如春的意思了。寒冷还是有些沁人的，然而内心却突然有些炙热起来。回到屋子，坐在电脑前，陷入了回忆，白驹过隙，忽然而已，来西藏已然有九个月的时光了，串起这些时光的是一个个平凡故事中的我们——西部计划西藏志愿服务者。

告别家乡·梦想起航

去年 5 月，经过层层筛选，从广西区内逐级选拔出共 31 名志愿者奔赴西藏，在文化、医疗、教育、农业科技等领域展开志愿服务工作，很荣幸，我成了其中的一员。

那天，2015 年 7 月 23 日，西藏-广西志愿者服务队 31 名成员在广州集

青听新语 润物无声——广西大学学生新媒体文化建设实践与探索

合,整装待发,准备乘火车离开,从一些同学的身上看出了他们的不舍与留恋,然而这次短暂的不舍却让我们离自己的梦想更近了,开启了我们志愿服务的梦想。一路呈现的景色让人美不胜收,尤其是青藏路上沿途的风景,这一路翻越昆仑山、风火山、唐古拉山等高山,跨越大水河、通天河、青海湖等。火车行进在青藏线上,青藏线海拔虽然高,但是高原面系古老的湖盆地貌类型,起伏平缓,看着逶迤的高山,滔滔的河水,会使你对大自然感到无比敬畏,又让彼此感觉到跟大自然融为一体,经过 53 个小时左右的车程,广西志愿者服务队顺利到达。

到达拉萨的第一个行程,就是要在西藏大学开展为期一周的志愿者培训学习。在来到西藏之前,高原反应对于我们大多数人来说只是一个模糊的概念,亲身经历之后,我的总结只有四个字——因人而异。每个人的身体情况都不一样,一般说来,女的比男的情况好。第一次来西藏这种高原地方,坐火车来比飞机来的情况好,让自己有一个循序渐进适应的过程。在我身边的一些志愿者,有的来拉萨就头疼、发烧、呕吐,这个时候就得用一些吸氧器进行吸氧,吃一些消炎药,打点滴等。值得庆幸的是,志愿者们没有一个人打"退堂鼓",经过几天的调整和休息,大家都能慢慢适应并且很快地投入培训学习当中。

2015 年 7 月 28 日下午,2015 年大学生志愿服务西部计划西藏专项出征仪式在拉萨举行。秉承着"奉献、友好、互助、进步"的志愿精神,来自全国各地的 800 多名高校大学生西部计划志愿者奔赴到了西藏各地的工作岗位

开展工作。而我,被组织分配到了拉萨市经济技术开发区国家税务局。整个单位不大,40多人中,有汉族也有藏族同胞。

当晚躺在单位宿舍里,兴奋之情渐渐平复,我开始意识到自己已经不再是一名在校学生了。作为一名来到服务单位工作的志愿者,我必须学会去承担应该担负的责任。对我而言首要面临的便是角色转换的问题,从一个学生转换为一个走上工作岗位的志愿者。在思想的层面上,必须认识到二者的社会角色之间存在着较大的差异。社会实践则意味着继续学习,并将知识应用于实践。在学生时代,我们可以自己选择交往、相处的对象,而社会人则更多地被他人所选择。在接下来的一段时间里,我的税收知识从无到有,能力也慢慢有所提高,抓紧时间学习,逐步掌握了办税程序和流程。通过一段时间的努力,基本能独立完成一些征收工作。

扎根基层·接触平凡中的伟大

时间转眼来到了11月初,西藏国税局每半年一次的驻村帮扶农民工作开始选派人员参加。基层锻炼是成长的必修课,既然都来到了西藏,更应该深入到当地的农村基层锻炼,感受整个西藏人民的生活及工作状态,最后我毅然申请了这次的单位工作人员驻村工作。

11月26日,载着我们驻村队一行20人的中巴车从拉萨出发,向山南市错那县觉拉乡驶去。去往驻村路上已然充满坎坷,400余千米的距离,只有100余千米是柏油路,其余都是沙石路、崎岖山路,刚离开市区、县城和乡镇手机就没有了信号,往往要驱车几十千米才能遇到人烟,历经10多个小时的颠簸后终于到达了目的地。

青听新语 润物无声——广西大学学生新媒体文化建设实践与探索

刚来到村上，还是有些生活上的不适应。例如，住的地方没有自来水，只能用瓶子接水储水用于平时的洗漱以及生活，平时上厕所要跑到屋外远处的茅房等。

在驻村的这段时间，我充分利用驻村时间，走出去、沉下去，到村民小组去，到农民朋友那里去。为了使村民能够了解到对自己的生产生活有益的政策，我们驻村工作队深入德吉村，发放农村优惠政策的相关资料，现场讲解相关扶贫政策，配合相关部门对政策进行宣讲，促使他们能够在未来的工作、生活中充分享受相关政策带来的利益与方便，而我也开始感受到了能够为农村百姓办成一件实事、好事带来的快乐，这种快乐也成了我继续坚持志愿工作的动力源泉。

在驻村帮扶农民的同时，去年12月底，我也开始了在当地扎洞小学的支教工作。学生们在校期间虽然有了党和政府营养餐等各种补助，但是他们的生活条件依然还是有一些欠缺。西藏的气候干燥，冬天寒冷而又漫长，学生们长期住在学校里，冬天的被褥略显单薄。匮乏的水资源，学生喝水的场景往往只有在一日三餐中才能见到，他们的脸上有的更多的是红里夹杂着的黑，手上伴着干裂皱褶的黑，上课看到他们回答问题时嘴巴的干裂，心里的痛不言而喻。

学校安排我负责的是小学五、六年级的英语课程。教室挺宽敞，然而全校六年级只有12个学生，而五年级只有5个学生。语言是孩子们进行学习的最大障碍，从小到大的藏语环境使得他们到了小学才开始学习汉语，而普通话还没有扎实基础，就又要开始学习英语。对他们来说这门课的学习着实是有一些难度，对我来说也是一个极大的挑战。我一直相信多锻炼就会有提高，多努力就会有收获。我也逐渐找到了教学的方式方法，慢慢地有了实实在在当老师教学的感觉。

大多数孩子都是留守儿童，父母的关爱对于他们来说是可望而又不可及，还有很多同龄人所拥有而他们却没有的东西。我下定决心，会尽最大的努力帮助这些可爱的孩子把我的所学知识倾尽教给他们，让孩子们学有所成。

过年前夕，我们相继走访了村委会周边村组，了解村民生产生活状况，到县上衔接扶贫项目进展情况，配合乡政府发放补助金、为贫困老人发放救济物资等。村民的主要收入就是放牧，主要收入除了牧产品，政府的牧场补贴占了很大一块。同时，我们还通过对村情民意进行调研摸底，选准选好帮扶对象，走访了十余户贫困户，与他们交流谈心，了解他们所想、所盼、所需，并送上了我们的慰问心意。工作不论大小、轻重，每一件事我都会用心去学、努力去做、力求做好。

藏历正月初一，早晨鸡叫头遍后，主妇们即起床先到井边背回第一桶净水，作为吉祥之水，再煮好"观颠"送给正在熟睡的全家老幼喝，然后大家

青听新语 润物无声——广西大学学生新媒体文化建设实践与探索

都起床吃"智土"（用麦片做成的粥）、"卡赛"（油炸点心）等食物后，全家穿上节日盛装到"切玛"共同祝贺新年。从藏历正月初二开始，农村家家户户开始走访于亲朋好友之间，我们驻村队也被邀请到他们的聚会当中，跟他们一起欢歌、跳舞，同时还参加了德吉村当地举办的藏历新年庆祝活动，活动文体形式多样，大家都欢聚在这一片幸福当中。2016年的新年，我将毕生难忘。

驻村的时光转眼已经过了四个多月，村中一些伟大而又平凡的身影总是停留在我的脑海里挥之不去。有在村中二十多年兢兢业业、随叫随到的藏医，有日复一日的辛劳工作，用自己柔弱的肩膀扛起一个家庭的农村主妇，有抵抗住城市的浮华扎根在村里为边远地区贡献着自己的青春与汗水的乡村教师……而对我触动最深的就是乡里的干部们了。每一次与他们共事，我不但惊叹于他们超强的适应能力和工作能力，同时被他们的奉献精神深深折服。也正是因为这些伟大的干部愿意扎根基层才能使得社会能够得到蓬勃地发展。

朝花夕拾·在磨炼中沉淀

驻村工作是平凡的，但是当一个个笑容出现在村民脸上，一声声谢谢来自百姓口中，一次次肯定拉近了自己和村民的距离，这份平凡却让我感动、让我留恋，让我的人生从此有了一份宝贵的财富。驻村的锻炼，带走了我的一份浮华，却送给我了一份踏实，让我在实践中提高能力，在磨炼中增长才干。又到了一年毕业季，又会有多少的有志君武青年正在毕业的分岔路中抉择。回首我过去的这段时间，西部计划西藏志愿服务或许可以成为一个过渡期，在此之中，或许我们可以用更多的时间去完善自己，酿造自己接下来的人生规划。选择到西藏，到基层志愿服务，不是一时冲动，更不是心血来潮，我们应该把这份理想、这份信念坚持住，并且在实践中不断地坚定和升华，用自己的实际行动来诠释"奉献、友爱、互助、进步"的志愿精神。让我们的青春之花绽放在祖国最需要的地方，在实现中国梦的伟大实践中书写别样精彩的人生。

（图文：申威）

在中、日、泰交流会上遇见新世界

Nice to meet you

The new friends

Nice to meet you

A new world

"中、日、泰三方大学生国际论坛"（Tri-U）是由中国江苏大学、日本三重大学和泰国清迈大学于1993年创办的，每年举行一届。论坛邀请到亚洲不同国家的高等学府的学者和学生参加，主要围绕亚洲人口、能源、环境、粮食、生物技术和可持续发展等问题进行研讨，其目的在于增强各国之间学者和学生的文化交流，培养亚洲的新一代，以加强亚洲各国的合作，共同应对机遇和挑战。我校自2000年开始参加该论坛活动，2017年"中、日、泰三方大学生国际论坛"将在日本举行。

我校师生参加第23届中、日、泰三方大学生国际论坛

可以做些什么？

在到达目的地的第一天晚上便会举行破冰晚会，所有与会的学校及学生代表都会进行有趣而别致的自我介绍或者精彩的表演和互动节目。

论文演讲及海报展示论坛的最重要环节，准备了长达三个月的论文不仅要通过简单易懂的海报表现出来，还要通过演示文稿演讲的形式展示出来。

小组作业及展示的环节是最有趣也是最值得期待的一个环节，来自不同国家，不同学校的学生随机组合成一个新的团队去共同完成一项任务或解决一个问题，然后进行展示和评比。

同学们还将体验当地独有的文化习俗，会有学习当地舞蹈，制作手工艺品，品尝当地美食等活动。在最后一天晚上，不同国家的各个学校的同学们都会拿出精心准备的节目来为这一次论坛画上一个圆满的句号。

听听他们怎么说

"中、日、泰三方大学生国际论坛"是我二十多年来参加过最丰富多彩的活动。不同观点在多元文化背景下互相碰撞，跨洋友谊在融洽相处中迅速升温,来自世界各地的我们共同经历的美妙的一周,真的很难忘也很宝贵!

——欧阳夏菲(曾参加过第二十三届中、日、泰三方大学生国际论坛,在印度尼西亚举行)

从大二开始就一直期待能够参加中、日、泰三方大学生国际论坛,去年在江苏大学完成了心愿。在论坛上认识了许多来自泰国、日本、印度尼西亚和俄罗斯优秀的同学。出发前学的几句泰语和日语,在交换名片相互介绍的时候派上了用场。在研讨会中我学到了如何像印度尼西亚同学一样解决问题提出很多创意的想法。中日泰论坛是我在大学中参加的最难忘、最丰富多彩的活动。

——李千叶(曾参加过第二十二届中、日、泰三方大学生国际论坛,在江苏举行)

三方论坛在我大学生涯里是一段非常特别的经历。那是我第一次参加国际论坛,面对来自各个国家的大神,每天都会从他们身上学到很多东西。现在回忆起来,都觉得心里暖暖的。想到我们一起在巴士上唱《My heart will go on》,想到我们熬夜做研讨会,想到我们疯狂的自拍,想到最后一夜的举杯夜谈,想到之后全世界日本、印尼、中国的重逢。Tri-U 像一把钥匙,让我看到我一直渴望的那个大大的世界。

——王诗艺(曾参加过第二十一届中、日、泰三方大学生国际论坛,在泰国举行)

我觉得三方大学生国际论坛是用短短的五天时间完成许多的不可能。每天都在头脑风暴、每天都在接触新的观点、每天都会惊讶于不同的文化、和身边的朋友感情也飞速上升!就算离开了会议也不会觉得彼此的距离变遥远,因为会一直保持联系,某年某月再相遇也会亲切又感激!超级神奇的 Tri-U 情。

——杨曌(曾参加过第二十届中、日、泰三方大学生国际论坛,在日本举行)

(图文、视频:蒋佳璇、受访者)

走进吉林边防,点燃青春梦想

宇宙不爆炸,团子不放假

青听新语 润物无声
——广西大学学生新媒体文化建设实践与探索

> 头伏刚过，炎热的夏季步步紧逼
> 假期进行中，GXUers 也分布在各个地方
> 可能在和小伙伴做社会实践
> 或许正在兼职体验生活
> 也许会在家里吹着空调吃西瓜
> 在这燥热的假期
> 九个团子君开始了属于他们的远行

为纪念中国人民解放军建军 90 周年，贯彻党中央关于军民融合发展战略部署，促进军政军民团结，广西大学团学新媒体中心文艺志愿者积极响应团中央学校部联合吉林省边防总队的号召，经过了 57 个小时的长途跋涉远赴三千多公里外的吉林参加"印象长白山·筑梦十三五——大学生文艺志愿者走边关"2017 大学生暑期实践专项活动。

历经艰辛，不远千里终于抵达目的地

社会实践活动是大学生将学校所学理论知识运用到社会实践的一门必修课，我们利用假期时间从西南到东北，从广西到吉林边防开展社会实践活动，发挥自己的专业特长，通过实践收获更多未曾经历过的东西。

"纸上得来终觉浅，绝知此事要躬行。"走进军营生活，与部队官兵同吃同住，亲身体验社会基层一线的环境，才能深入了解部队的艰辛。

除了靠个人切身体验之外，我们还在教官的带领下学习和了解到更多关于他们的日常，与官兵的交流互动更高程度地加强了军民融合，促进了军民团结。

团子君在教官的介绍下认真观看部队宣传视频,用心去感受部队官兵的奉献

参与此次社会实践活动的有包括广西大学在内的多所高校。我们与同在集安片区的高校小伙伴们开展交流互动,拉近了彼此的距离,相信我们在接下来的学习和训练中会更加深学校之间的联系,增强彼此的友谊。

7月13日下午,在通化边防支队训练基地举办了"大学生文艺志愿者走边关"社会实践活动启动仪式。

"大学生文艺志愿者走边关"社会实践活动启动仪式

记得团委老师对我们即将开始的社会实践活动提出的要求:一是要勇于吃苦,接受考验,传承吃苦耐劳的优良品格。二是要善于学习,增长才干,树立乐于奉献的家国情怀。三是要严守纪律、慎于安全,确保社会实践的圆满完成。

只有走进军营,贴近官兵,感受生活,才能更加深切地了解和理解社会的发展进程,才能不断加强责任感和使命感。这必将是人生一次难忘的经历,也许实践过程会苦会累,但我们都会在部队大熔炉里接受锻炼,经受考验,展现风采,奉献智慧。

　　团子君充满期待、渴望并积极走进火热的社会实践队伍中,唱响青春之歌,放飞理想风帆。我们会刻苦磨炼意志品格,切实承载起我们激情与活力的脚步,相信团子君会在此次社会实践中收获颇丰,满载而归。

(图文:认真实践的团子君)

军训总结大会:不辛苦是假的,舍不得是真的

哨声吹了一遍又一遍,歌拉了一夜又一夜,
日历翻过十二页,我们终于来到了这一天。
是你骂醒沉睡冬日里的我,是你教我用心一定会赢,
最后一天,让我再偷偷地看着你,来不及说的谢谢,就这么珍藏心底。

　　1月20日,广西大学为期12天的军训终于要结束了!广西大学全体2016级GXUers在西体田径场,接受来自学校领导、部队军官、国防生教官、老师家长以及关心广西大学军训工作的社会各界人士的检阅,进行了军训汇报演出大会。现场掌声雷动,欢呼声此起彼伏,这份喜悦不止是为了庆祝军训圆满结束,更是为了终于到来的假期。

　　终于可以自我放飞了。想到军训之后就是寒假,同学们的干劲就更足了,

快看看他们在现场有怎样精彩的表现吧!

大会对优秀连队进行了嘉奖,并表彰了优秀教官与军训优秀学员,希望同学们能再接再厉,将军训期间学到的吃苦耐劳的精神与不畏寒冷的坚强毅力运用到今后的学习生活实践中。听吧!新征程号角已吹响,少年们开始学会担当。

青听新语 润物无声——广西大学学生新媒体文化建设实践与探索

　　由今天的我们，想到昨天的我们，你我之间都和教官有一些账，一次踢错的正步或两次转错的方向，教官的脸色有时并不那么好看，但现在想起竟感到有些温暖。谢谢各位小伙伴，这12天有你们陪伴在彼此身旁，相互支撑，相互给予力量。

　　回想起军训第一天，大家都为自己立下了小小的旗帜，鼓励我们在这多雨清冷的冬天勇敢接受考验，军训结束了，大家的小目标都实现了吗？

"那时我们给彼此笑容"

"那时我们都成了别人的风景"

"那时我们唱着最动听的歌　学会在疲惫中做快乐的梦"

《强军战歌》来年还是会响起,只是唱的人不再是我们。即使聚散有时,我仍相信我会想念,不愿与你说再见。(图文:全体西大团学小微军训记者)

君武"微实践"系列点评

通过讲述广西大学的实践故事,无论是去基层参与志愿服务,还是去海外参与学术论坛,抑或是参加新生军训,都在告诉我们不仅要学好课本上的有字之书,还有学好社会实践这本无字之书。古人有云:读万卷书,行万里路。相信每一个西大学子,都敢于在实践中检验自己、磨砺自己,都勇于在实践中增长见识、提高本领,将来以更好的姿态投身中国特色社会主义事业的建设中去。

青听新语 润物无声——广西大学学生新媒体文化建设实践与探索

微服务·有温度

以服务学生成长成才为基本出发点和落脚点,围绕同学们学习、生活等方面做好信息传递、联系沟通、排忧解惑的各类服务,做广大同学们的小贴心,做学校职能部门的小助手。

数读图书馆:谁是2015借书王?

阳光透过窗户,照在浅绿色的桌子上,一阵阵翻动书页的声音,一位身着白衬衫的少年坐在椅子上低头思索,长而细的睫毛颤动着……这个场景你会联想到什么?青春校园偶像剧?恭喜你答对了一半,答案是**图书馆**。

西大图书馆可谓是同学们学习的好伙伴,但了解它的小伙伴们不多。莫怕!今天团子君让你一次读懂2015年的图书馆。

腹有诗书气自华——文献资源

不说不知道,一说吓一跳。2015年图书馆电子书375万册,纸质书有365.3万册原来图书馆藏书量惊人呀!新增的小鲜肉已入住书架,小伙伴们不妨去看看。

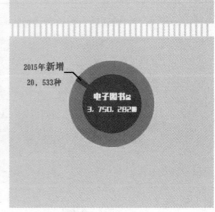

你不知道的"百万大军"——"纸上谈兵"

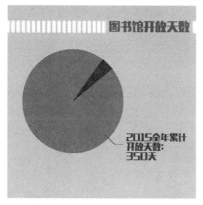 

想你的 365 天,你都在图书馆里冬眠。
其实我用 11 个月养精蓄锐,最后一个月厚积薄发(走开,明明是要去冬眠)。

 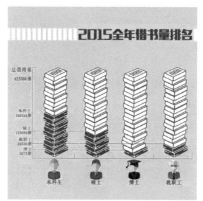

百万大军过书海啊!硕士、博士、教职工说:本科"小鲜肉"人多势众!宝宝不服!

谁说理工科都在实验室的？你的学院上榜了吗？

如果你觉得上面的馆藏数据抽象，那么跟这些近在眼前的学霸和老师们来一场偶遇如何？

个人借书量 TOP 5：

（1）苏小安（教工）334 册次；

（2）丁伟 256 册次；

（3）龙思澄 248 册次；

（4）王超群 243 册次；

（5）严伟林（教工）228 册次。

看着 2015 年借阅榜上学霸们，你是不是跟团子君一样，默默地把计划表上空余的时间都写上了"去图书馆"？

你是我的眼，带我阅读浩瀚的书海——手不释卷

跟着团子君一起背："经济基础决定上层建筑，政治、文化对经济具有反作用……"

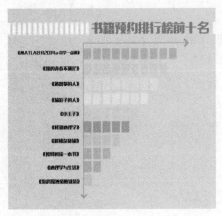

一本本图书像一把把打开新世界大门的钥匙，不同类型的书籍讲述着不同的故事，哪类故事是你的最爱？

下面是西大图书馆网站的数据，大家可以感受一下图书馆网站的热度：

（1）2015 广西大学图书馆网站总浏览量：1 479 723 人次；

（2）图书馆预约系统启用以来使用人数统计：1 947 人次；

（3）2015 图书馆网站中文数据库、外文数据库、期刊浏览量（81 130 498 人次和 1 710 045 人次）；另外，移动图书馆网站也越来越受同学欢迎：4 599 人已注册，总点击量达 34 776 248 次。

你来，或不来，我都在这里——锦上添花

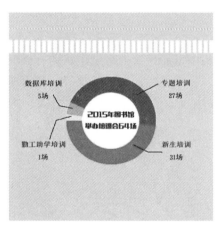

为了推广阅读，让同学们提高个人素养，图书馆每月以一个主题举办读书活动，感兴趣的同学们可以关注展板通知了解。别把周末荒废在被窝里，不如邂逅一场培训会吧！

如果说图书馆是一道风景，文山书海为背景，那么辛勤耕耘的同学们是一笔笔画上的油墨重彩，快快来为图书馆的风景添色吧！

（文案：朱逸琪、王雨禾、罗钦文；制图：李智璐、李晓希、曹欣桐）

冬天来了，有些关于肺结核病的知识你不得不知道

随着天气降温，南宁终于迎来了属于它的冬天，由于同学们缺乏锻炼，加上不正常的作息和规律，抵抗力会降低，感冒、发烧、咳嗽等一系列病状

会随着而来,往往不及时得到治疗处理严重的话还可能会引发肺结核。

肺结核是什么?它有哪些传播途径?你了解吗?困子君今天给大家普及一下。

肺结核是什么?

肺结核俗称"肺痨",是由结核分枝杆菌引起的一种慢性呼吸道传染病。结核分枝杆菌可能侵入人体全身各种器官,但主要侵犯肺脏,称为肺结核病。结核菌侵犯什么脏器叫什么脏器的结核,如侵犯脑膜叫脑膜结核,侵犯骨骼叫骨结核,侵犯肾叫肾结核等。肺结核病占各种类型结核病的80%以上,并且肺结核是结核病传染的主要类型。

肺结核常见症状有哪些?

肺结核主要常见症状有咳嗽咳痰,痰中带血,其他常见症状还有低烧、夜间盗汗、午后发热、胸痛、疲乏无力、体重减轻、呼吸困难等。若出现咳嗽、咳痰或痰中带血两周以上的肺结核可疑症状,应及时到医院就诊。

肺结核病的传播途径有哪些?

空气传播。肺结核病人咳嗽、打喷嚏或大声说话将结核病菌传播在空气当中,健康人吸入含有结核菌的飞沫易被感染。

食物传播。肺结核病人食用过的食物或用过的餐具,如未经消毒,则可能成为传染源。

尘埃传播。肺结核病人的痰干燥后附在尘埃上,随风传播。

除上述三种传播途径之外，还可能通过母婴传播、皮肤或黏膜的伤口感染传播。但是，由于结核杆菌不能穿透皮肤，这两种传染方式很少见。

应该如何预防肺结核呢？

（1）搞好环境卫生，经常开窗通风，保持室内和周围环境清洁。

（2）养成良好的个人卫生习惯，不要随地吐痰，勤洗手。

（3）保持良好的生活习惯，多喝水、不吸烟、不酗酒。

（4）保证充足的睡眠，合理膳食，加强体育锻炼，提高抵御疾病的能力。

（5）要根据天气变化适时增减衣服，避免着凉。

（6）如果有发热、咳嗽等症状，应及时到医院检查治疗。

（7）当发生传染病时，应主动与健康人隔离，尽量不要去公共场所，防止传染他人。

（8）不要自行购买和服用某些药品，不要滥用抗生素。

（9）少去人口密集处，尽量不要与患有传染性肺结核的患者接触，接触时记得戴口罩防护。

身边有人得了肺结核该怎么办？

如果与肺结核患者密切接触，在病人未确诊之前，都有被传染的可能，应当到当地结核病防治所做结核菌素检查，观察是否被感染。最好再做胸部X射线透视或拍片，检查肺部是否有病变，做到无病防病，有病早治。

如果身边有肺结核患者，应注意消毒隔离。在肺结核传染期，餐具绝对要分开。病人与家人接触时应戴口罩，防止飞沫传染给家人。

房间内要定期开门窗流通空气，不要随地吐痰，咳出痰要放一纸杯内，及时烧掉或深埋。病人服用抗结核药物后需定期查痰，如痰菌从阳性变为阴性，表示不再有传染性，可以一起进餐，但最好分食，饭后餐具煮沸消毒。

研究证明，只有痰液中含有结核菌的肺结核病人才有传染性，医学上称为排菌病人，也就是说并不是所有肺结核病人都具有传染性。健康人即使受到结核菌感染也不一定会发生肺结核病，是否感染取决于两个因素：一是感染结核病菌毒力的大小；二是自身身体抵抗力高低。因此，增强自身抵抗力很重要的。

得了肺结核，该怎么办？

随着医疗的发展，通常情况下只要早发现、早诊断、早接受规范化治疗，绝大多数的肺结核病患者均可治愈，也不会复发。往往身体机能越年轻、营养状况越好、发生并发症越少的患者，治愈率就越高。

（1）早发现，早治疗。当发现自己有疑似肺结核病的症状时，就要到医院进行相关的检查，不要心存侥幸或是害怕麻烦。肺结核病早发现，及时治疗，不仅能快速杀死和抑制病菌的生长繁殖，阻止了病灶的过大传播和伤害，并且在治疗时间和花费上都节省了不少。

（2）到正规防治机构规范治疗。肺结核病防治专业机构是国家设立的诊断、治疗和管理肺结核病的专业机构，医务人员具有专业知识和技能，并且经过专业培训，技术操作严格遵循国家规范。通过专业性的诊断和治疗，可以保证疾病的治愈效果，千万不要自己听信各种偏方，延误病情。

（3）科学乐观的对待生活。肺结核病可防、可治，若得了肺结核病也不要害怕。正常情况下，初发的肺结核病早发现早治疗，坚持按疗程规律用药，大概半年就可治愈。因此，学会乐观面对疾病。在治疗期间可以自己找些兴趣爱好，愉悦身心。可以看看书听听音乐，适当进行一些体育锻炼，当传染性消失后可以出去散散步等。良好的心态会促进疾病的恢复。

生病吃不香，睡不好，大家应该有所体会，所以团子君建议大家做好日常防范措施，注意劳逸结合，不熬夜保证充足的睡眠时间，积极锻炼身体，提高自身免疫力，这样多数病菌包括肺结核杆菌就不容易攻破我们的免疫系统而入侵到我们身体。

（文案整理：来源于共青团中央、肺结核病健康促进平台；
图片：来源于网络）

人嘛，谁没个难过的时候

无论走到哪里，生活从来都不是一片坦途。挥别高中，迈入大学，我们要重新梳理自己的内心，调整自己的人际关系，规划自己的未来。这期间多少会掺杂着苦涩、失望和不甘。我们为此收集了六个关于"难过"的故事，里面或许有大家过去或现在的影子，但是并不代表我们认为大学生活就是黑暗苦涩的。在经历过了成长的阵痛后，我们相信，迎接你的将是一个更优秀更强大的自己。

毕竟，人嘛，谁没个难过的时候。

我很孤独

@桃花：

　　一次跟着室友一起出去玩，到寝室楼下刷门卡的时候，宿管阿姨看到我背了个电脑包，让我在出入记录本上签字，我就走到一边签字去了，我名字的最后一个字还没落下。阿姨略带嘲笑的声音就在我耳边响起了："你室友她们都走了，怎么也不等等你。"

　　匆匆写完最后一笔，我略有些狼狈地追了出去。签个名字不过半分钟，我却看到她们走在了我前面好远好远的地方，远的我一点都不想加快脚步，去追上她们。

@云云云：

　　记得大一我刚来的时候，宿舍六个人，我住上铺。那天下午，我睡得迷迷糊糊的，醒来准备出门上课时，发现门从外面被锁住了。翻开手机，竟没有一个他们的联系电话，只好一个人坐在椅子上心酸又紧张，不知道要被锁多久。那一刻真的感觉又难过又心酸，感觉在大学自己真的好孤独。六个人的宿舍，居然没有一个人发现我还躺着床上，而大家是那么的陌生，陌生到走出这个宿舍就联系不到了。而老朋友们呢，因为来到异地上学，与他们像是一盘撒向全国各地的沙一般，天南地北，难聚易散。

　　所幸，后来一个室友回来开了门，现在想想那时候难过的不是被锁在了宿舍，而是一个人的孤独。

青听新语 润物无声——广西大学学生新媒体文化建设实践与探索

我很心酸

@老妪：

某天从图书馆出来，过马路时听到一个女孩子带着哭腔在打电话。她冲电话那头吼道："为什么？早上不是还好好的吗？你以为你是在拍电视剧还是怎样？"那声音里有愤怒、指责、不甘，还有些歇斯底里。

我突然很心酸，虽然我不知道她是被朋友舍弃了，还是被恋人抛弃了，还是遇到了什么麻烦。但是那一刻，她孤零零地站在那里对着一个看不到她表情的人吼，束手无策。

我不敢站得太久，走了很远回头看时她还在那里，拿着手机似乎试图去挽回些什么。

@村花：

学校正在施工，宿舍周围来了很多建筑工人，天气很热，太阳很晒。

中午，建筑工人都在树荫底下，躺在纸皮上就这样睡着了，太阳还能透过树荫照到他们脸上。在他们当中，有中年妇女，有中年男人，无一例外，身上都很脏，水泥、石灰、灰尘全都沾在他们的脸上和衣服上。

不知道在远方打工的爸爸妈妈，是不是也是这样的呢？

我很自卑

@简单：

大学第一年，别人都还在浪的时候，我却每天坚持学英语，每天坚持去跑步，看书，我以为自己终会蜕变，我以为自己终会成功。然而在英语四级考试时，却发现已经很久不学英语的室友四级高分过了，自己却才刚刚过线；不看书的另一个室友写论文时文笔特别出众，而自己的文字却始终干巴巴。后来得知她们一个在初中就是上的国际教育学校；一个在高中时就已经是校文学社的社长，突然就有了一种无论怎么努力也追不上别人的无力感。

你是否也有过这样"难过"的时刻？

其实，每个人都会有过这样的黯淡时刻。黄霑曾为谱曲六易其稿，最终才塑造了影视金曲《沧海一声笑》。李连杰当年也曾在空荡荡的教室里苦苦练功，终成影史佳作《少林寺》。就连最近打败了李连杰的"功夫巨星"马云，年轻时估计也为买一套杭州的房子抓掉过不少头发。

回顾我们在微信平台上推送的优秀学生代表,这样的成长经历更是数不胜数。

我们知道,你孤独过,也曾心酸、自卑过,但我们更知道,当经历过这些后,你终将擦干泪水,以更强大的姿态,继续前行。

(文案:来源于团子君的朋友们;图片:来源于插画师乔邦彦)

西大秃头调查:你的头发还好吗?

四季轮转,前不久的一场雨让南宁也变得干燥而又萧瑟。一面是"怕热星人"的欢呼,但另一面是"脱发星人"犯了愁。

早晨起床梳头,梳子上是头发;中午沉迷学习埋头难题时,挠头后手上是头发;晚上洗头时,盆子里有头发。"本来头发就少了,还掉这么多头发。好难过!""不是我的发际线在后退,而是我在不断前进。"

朋友圈里呼啸而过的脱发、秃头飓风经过时,团子君默默摸了下自己的头皮,点赞的同时悄悄流下瀑布泪。

我们向校内投放了一份"你的头发还好吗!——秃头问卷",了解西大学子秃头的现状以及导致秃头的罪魁祸首。请大家跟着团子君的脚步,走进这个悲伤的世界。

西大学子的头发状况

西大学子中,有806人参与了调查,有效问卷共806份。

因参与调查的女生较多,长发及胸的同学有47.95%,位居第二的发型为清爽短发,季军发型是齐耳中发。长发齐臀的同学只占1.99%,仅有16人。

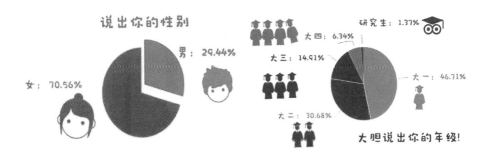

准秃头分子可能是

在 806 人当中受到脱发困扰的有 349 人,占 43.35%,看来被脱发困扰的为数不少;而饱受秃头折磨苦苦寻觅良方的同学有 6.71%。还有多数来拉仇恨的同学选择了"头发浓密"这一选项,好吧,小团子再去厕所里捋直头发哭一哭。

那么关于秃头你知道啥?

脱发是秃头的必经之路,如果不是主动和理发师傅表示:"剃个光头,谢谢!"那么,每个人都要经过脱发才能获得秃头皮肤。如此说来,秃头、脱发会不会和父母基因有关系呢?回想一下是否受到基因影响,从小便是"天命·脱发星人"?

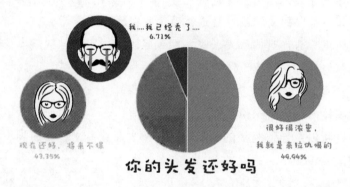

在父母毛发基因完美的情况下,比较多的人觉得自己头发不保,而部分同学表示跟随基因,头发浓密。369 位同学选择了没有明显秃头倾向,为头发堪忧。而父母早已"聪明绝顶"的同学,他们的头发更是坎坷。

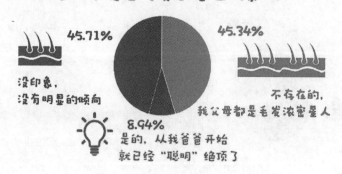

到底是什么抢走了我们原本"黑长直"的头发

团子君据此问卷总结出了几点原因:睡眠不足、营养跟不上、心理压力大、经常烫染头发,以及多糖、多油、多盐的饮食习惯都会诱导脱发。不健康的生活习惯导致了我们头发离我们远去,并不断抬高我们的发际线,让我们竞相往"光明顶"涌去。

调查数据显示在各类诱导脱发的原因中,不合理的习惯占比情况如下。

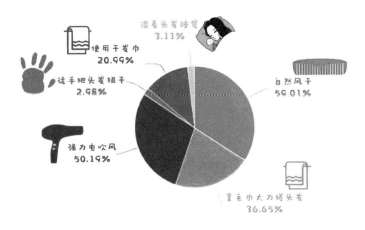

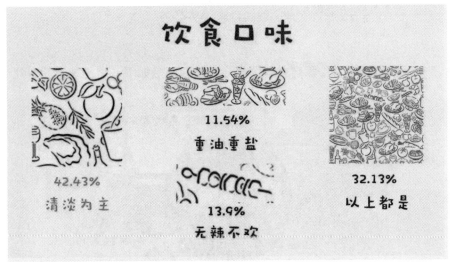

如果说这些都是外在的原因,那么接下来,团子君再带你们深入虎穴揭开脱发之谜。

青听新语 润物无声——广西大学学生新媒体文化建设实践与探索

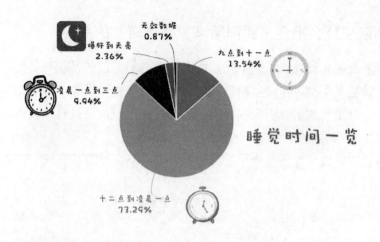

在西大学子心目中稳居前排脱发专业的宝座是如下（容易掉发的专业）：

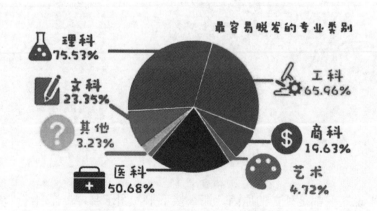

"好的,道理我们都懂,可是我们能怎么办呢?"

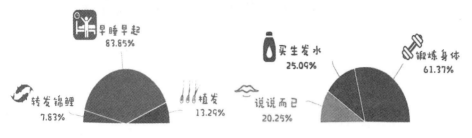

对于秃头,团子君真是每日求助各路大神,并且日常转发锦鲤,然而效果不大。不过这几天团子君为了屏幕前秃头的你们,再次鼓足信心踏上求方征途,发现了几个良方。

(1)调养作息早睡、早起,每一天健康生活。
(2)清淡膳食拒绝垃圾食品,健身达人从你做起。
(3)吹、拉、染、烫别着急,黑亮、顺直才最酷。
(4)生姜水洗头、霸王洗发液、生发剂……种草须谨慎。

请问,你愿意陪我一起变成"多毛·团子·萌"吗?

头发生长原本就有一个生长与衰老的周期,自然生理性的脱发其实每天都在发生。正常人每日可脱落 70~100 根头发,同时也有等量的头发再生,所以大家也不要太过于紧张。与其干坐着害怕脱发变秃,不如尝试一下上面团子君整理的经验之谈。

治秃的道路很漫长,我们一定要有耐心。

秃头并不可怕,我们要有一颗积(顽)极(强)的心,及时找出我们的病灶,**调整作息以及生活方式,做出适时的补救。拯救颜值,美丽青春!秃头团子和你一起努力,养成健康的生活习惯和科学的生活观,消灭"秃头"!**

最后,如果大家有什么防秃的小妙招,欢迎大家在评论区里留言哦!

(数据收集:黄淇;文案:陈滢滟、陈思萌;图片:段成、赵梦琪、刘泳君、胡宇靖、周冰洁、白雪桦)

青听新语 润物无声——广西大学学生新媒体文化建设实践与探索

大学生，你是传销组织的下一个猎物吗？

近日微博热搜，一名年轻女孩被两名传销组织成员跟踪，庆幸遇到三个暂时停靠在路边修车的摩托车骑行爱好者，女孩抓住机会冲上前去求助，并得到警觉的车队队长正义护救，才侥幸逃过一劫。

我们在赞叹这英勇护美的当代真"骑士"的同时，也不免为这个年轻少女而捏一把汗，如果没有那么多的刚好，没有那么多的正义"骑士"，那稚嫩的花朵可能就再也看不到光明，要在传销组织里枯萎凋零了……

这层出不穷的惨痛案例，这猖狂的传销组织，疯狂的行径，让人心惊。传销组织仍是当今社会的一大毒瘤，或许它们的下一个猎物，就是你……

传销你到底了解多少？
你是否也会失足于传销的泥潭呢？
团子君首先向西大校园里的同学们递出了话筒……

同学，你了解传销吗？

了解传销程度是十分的话，我大概有一分。初中的时候问过爸爸，传销洗脑是不是吃很多神奇的药，后来才知道其实是一种意识形态的洗脑。还是觉得很神奇，也不太能理解。

——大二外国语学院陈同学

略知一二，传销大概就是一种心理犯罪。以前我还认为传销是一种现代化的创业手段，常常想着如何进入传销组织去赚钱，之后才认识到传销是一种抓住人们贪婪心理的洗脑型意识传销。

——大二体育学院赵同学

对传销过程有一点了解，通过洗脑让你对短期赚大钱充满信心并每天通过各种手段强化你的这个信心，心甘情愿为传销组织送钱卖命做事。挺好奇的，想看看随着社会各界打击力度加大，传销组织还有些什么新奇的骗局，了解更多可以防患于未然。

——大一新闻学院叶同学

通过采访才知道原来身边很多人都接近过传销组织，出乎团子君意料。认真学习的团子君马上拿起手机问"度娘"，找到了传销的准确定义。

传销是指组织者或经营者为了牟取非法利益，对被发展人员以及其直接或间接发展的人员所发展人员的数量或者销售业绩为依据计算和给付报酬，或要求被发展人员交纳一定费用取得加入资格的扰乱经济秩序，影响社会稳定的行为。

可是关于传销团子君心里还有一百个疑问，为了揭开传销组织的面纱，我们找到了在广西大学教授心理学的胡老师、教授经济学的郭老师、教授法学的林老师，从专业角度解答传销的问题，让我们学会如何防范传销的方法。同学们快搬好小板凳，来老师的跟前听课吧！

受访老师：心理学胡老师

Q：传销洗脑的力量似乎很可怕，为什么传销能够洗脑？它从哪几个方面控制了人们的思想？

因为它抓住了人都想"发大财""暴富"的心理，所以易于开展传销洗脑术。

第一，利益驱动，控制人的思想。骗术语：在短期内可以爆发，改善自己及家人的生活。

第二，利用从众心理。起初走近传销圈，带你的人会安排见他的亲朋好友，周围的人都认可，自然会影响你从众的思想；再加上传销组织会通过一些活动或讲座营造氛围，会使人顺从。

第三，打感情牌。你所接触的人都非常热情，开始会带你吃好、喝好、玩好，并谈心，会让人感觉到非常亲切和温暖，体验集体归属感，使人情不自禁地融入传销群体中去。

第四,听课控制思想。他们会扭曲现实,吹捧他们那套投资少赚钱快的"项目"。

Q:您认为大学生是什么心理去相信传销呢?那心理变化过程是怎么样的呢?

参与传销组织的大学生都是因为"贪财",开始阶段试探性的接触传销组织。接着被传销组织的各种活动和授课洗脑,动摇思想,信任传销可以发财。当然一部分人加入后一段时间因拿不到钱而产生懊悔、怨恨情绪的,但是因已投进去很多钱而拿不回,表示不甘心,就会坑蒙拐骗自己身边亲人和朋友。另外,往往参与传销组织的大学生大多来自农村,性格内向,见识少,欠缺洞察能力、分析判断能力、应变能力差,容易相信他人,总想一夜暴富来减轻家人的负担。

Q:若被迫卷入传销组织,我们应该如何从心理上抗衡?以避免类似于李文星惨案发生?

假设卷入传销组织,首先,要保持冷静,表面上顺从,保障自身安全,心里一定要不停地默念提醒自己"不相信、不加入,天上没有掉馅饼的好事",千万不能与传销组织对抗,否则会出现危险。

其次,心理战术周旋,找机会找理由脱逃或求救。例如:半夜趁你旁边的人熟睡逃脱;假装联系你好朋友也来考察传销项目说一些暗示求救的话;假装生病找机会向社会人士发出求救信号(以上三点都有朋友用过的方法)。

最后,自我调解不良情绪。当有不良思想的时候,采取思维阻断法马上终止不良想法。通过自我暗示、运动调解法、音乐调解法改善情绪状态。

受访老师：商学院经济学系副教授　郭老师

Q：我们发现，在学生们眼里传销好像很复杂，能跟我们简单说一下传销的本质是什么？它的一些特殊性质是什么呢？

传销原本是一种营销模式，但是由于不规范的发展，演变成了一种非法谋财的手段，我国于2005年制定了《禁止传销条例》，明确规定了传销行为是一种非法行为。

传销从本质上来看是打着营销旗号，非法牟利的骗局，可以算是庞氏骗局的衍生物，即用后加入者的钱支付先加入者的收益。组织者以高利润诱惑人们进入实际上无利可图或根本就没有的商品（或项目）的营销骗局中，再利用人套人的规则诱使代理人去诱骗其他人，最终受益者则是传销组织者。

它与合法营销比较，特殊的特征在于：一是以普通商品（甚至劣质商品）或虚构项目作为道具，给予高额回报的诱惑；二是要求发展下线成员，形成上、下线金字塔型层级关系；三是要求下线成员上交费用（或认购商品等变相交纳费用）；四是成员的报酬以其滚动发展的下线成员数量或销售业绩为依据给付，而销售业绩主要来源于成员自身及下线各层次成员的商品认购数量；五是牟取非法利益。

Q：从经济学的角度，传销的利益链条是怎么样运转的呢？它的盈利模式是什么样的呢？

传销的利益链条是一条金字塔形的层级结构，简单来看就是，上级发展下级，下级又进一步发展下一级，一级一级发展，形成金字塔形的层级关系，每一级成员都要认购相当金额的商品或者交纳入门费。在整个利益链条中，每个成员的报酬都和其发展的下线成员数量密切挂钩，通常传销成员的报酬是根据其直接或间接滚动发展的下线成员交纳的费用或认购商品的金额按比例提成。某个成员所发展的下线成员,以及下线成员发展的下线成员都属于该成员的队伍,这些下线成员所认购的商品或交纳的费用都属于该成员的销售业绩。因此,传销层级越多,队伍越庞大,处于金字塔上层的成员的利益就越大,而金字塔顶层的组织者则牟取了最大的利益。

各成员获利模式。从所认购商品的销售中获利是很有限的,有些劣质商品根本卖不出去,还有些虚构的项目更加无法获利。要想获得高额回报,就只有不断发展下线成员,把下线成员认购商品的金额或交纳的费用作为他们的业绩,从中提成。处于金字塔底层的成员是无法获利的,因此,这将迫使传销人员去复制发展下线成员的模式,以求获利。

从经济学角度来看,一个经济单位必须要提供相应的商品或服务,才有可能实现盈利。因此,除非有真正好的商品,这些商品能卖给真正的终端消费者,从而使各成员能从商品的经营中获利;否则他们的利益来源就只能是传销组织内部的认购和交费,这是不可持续的模式;当无法再发展下线时,这个组织终将崩塌。因此,传销组织者为了最大化其非法利益,采取控制人身自由、洗脑、强迫拉人等手段,带来了极大危害。

Q:近几年,越来越多大学生做微商,这和网络传销的区别是什么呢,如何辨别和防范非法传销呢?

微商是以微信等互联网平台开展商务活动的经营者。目前,许多大学生及个体经营者做的是微信营销,正规微商和传销有本质的区别。

(1)**目的**。正规微商营销是一个合法的企业利用微信等互联网平台建立起的一套销售体系,连接的是商品和最终消费者。传销则是为了非法牟利。

(2)**销售的商品**。正规微商销售是真正把商品销售给最终消费者,并有良好配套的售前、售中、售后服务。传销则并不以销售商品作为真正目的，商品只是用于开展传销的幌子，有的甚至没有商品。

（3）**加入条件**。正规微商营销相对低门槛或零门槛，经销商的代理费很低或者为零。传销则必须缴纳一定入门费或认购一定数额的产品。

（4）**分配模式**。正规微商营销是按照真实产品的销售业绩获得收益，可以激励微商更好地销售商品。而传销分配模式则是以发展的下线人数为计算依据，根据他们交纳的入门费或认购商品金额来分配的，导致大家不断想办法拉下线。

目前，有些传销组织者打着微商旗号搞传销，这需要大家警惕。其实我们可以从上面的区别辨别是正规微商还是传销。

Q：新型传销需要新的警惕，您有什么想告诫西大学子呢？

目前传销案件频发，并且传销形式多种多样，除了传统的传销外，还出现了以资本运作、消费返利、养老保险返利、投资原始股等形式的新型传销形式，以及一些打着微商旗号的传销行为。这类传销，同样都是要加入者交钱投资、交钱入会、消费、买所谓的养老保险，并且要求会员发展新成员。另外，现在国家鼓励大学生们创业，一不小心，可能就会陷入传销当中，所以大学生们一定要擦亮眼睛。

第一，大学生们要清楚认识到暴利背后的陷阱。天下没有免费的午餐，以很小投资就能赚取暴利是不可能的，暴利背后必然有陷阱。

第二，大学生在求职或找实习单位时，要认真考察所应聘单位。要善于利用互联网，多多考察，对所应聘单位的主要业务、业务的开展、该单位的信誉等要有基本的了解。结合传销的特征，一旦意识到不对，马上要离开。

第三，不要轻信他人邀请入会等宣传，很有可能就是在做传销。

第四，要加强对法律知识的学习，要能够辨识非法经营行为。

受访者：法学院副教授　林老师

Q：我国法律对传销是怎么定罪的，会触及什么法律、法规呢？尤其广西是非法传销活动重灾区，您可以从法律角度谈一下传销的危险性吗？

传销触犯的法律、法规主要有《中华人民共和国刑法》《最高人民法院、最高人民检察院、公安部关于办理组织领导传销活动刑事案件适用法律若干问题的意见》《禁止传销条例》，可予以追究刑事责任或行政责任。

（1）刑事。组织、领导传销活动罪。《中华人民共和国刑法》第二百二十四条的规定：组织、领导以推销商品、提供服务等经营活动为名，要求参加者以缴纳费用或者购买商品、服务等方式获得加入资格，并按照一定顺序组成层级，直接或者间接以发展人员的数量作为计酬或者返利依据，引诱、胁迫参加者继续发展他人参加，骗取财物，扰乱经济社会秩序的传销活动的，处五年以下有期徒刑或者拘役，并处罚金；情节严重的，处五年以上有期徒刑，并处罚金。

本罪主体是一般主体，凡达到法定刑事责任年龄、具有刑事责任能力的自然人均能构成本罪。本罪追究的主要是传销的组织策划者，多次介绍、诱骗、胁迫他人加入传销组织的积极参与者。一般认为组织、领导者包括五类：一是传销活动的发起人；二是传销活动的决策人；三是传销活动的策划、指挥、布置、协调人；四是在传销活动中担负重要职责的人；五是在传销活动的实施中起到关键作用的人。具体而言，组织、领导需具备两个条件：一是传销活动人数在三十人以上；二是层级在三级以上。

（2）行政。对于一般参加者，则不予追究刑事责任。但是，依其情节轻重可予以行政处罚，如参加传销的一般传销分子，由工商行政管理部门按照

《禁止传销条例》责令停止违法行为，可以处2 000元以下的罚款。构成违反治安管理行为的，由公安机关依照治安管理的法律和行政法规规定处罚。

传销的危险性主要表现在参加人员往往从被害者变为施骗者，传销组织发展的人员越来越多，传销人员把申报的同事、朋友、家人发展为线下人员。当同事、朋友、家人知道该组织为传销组织和被骗后，婚姻家庭等各种关系破裂，家破人亡，甚至衍生出其他的犯罪，对家庭对社会的稳定性都会造成影响。

Q：如果刚开始卷入传销活动，传销人员有哪些模糊性的说法（钻法律漏洞，实质为犯法的行为），我们可以运用基础的法律知识来辨别和拆穿骗局？

传销人员模糊性的说法如下。

（1）直销是合法的，而传销是非法的。传销人员对外往往宣传其模式为直销，当刚被卷入传销活动的人员要求出示有关合法证件时，这些传销人员往往说正在办理之中，实际上子虚乌有。传销人员"满嘴跑火车"，参加者每一个问题都会被他们用各种借口隐瞒过去。例如，"目前国家尚在制定相关法规所以我们有空子可钻，就像闯黄灯一样并不违法""善意的谎言不叫骗""我们跟着你是为了保护你，毕竟是陌生城市""电视上的传销节目是为了保持生态平衡，不能让所有人都赚钱，所以他们故意反着说"等。

（2）在工商局、公安部门、打击传销办公室没有充分的证据证明某组织或者某公司是传销组织或者传销模式时，刚被卷入传销活动的人员向这些部门咨询时，这些部门可能不给他们明确的答案。

（3）传销组织和传销人员往往歪曲和夸大国家政策，以暴利为诱，"秒变土豪"为故事情节，以上课培训等方式轮流洗脑，使参加者相信所述投资稳赚不赔，深陷其中。

（4）部分传销模式存在有实体商品，虽然微不足道不能改变其传销本质，但极具迷惑性。

Q：对即将步入社会的大四学生，您认为他们应该如何增强法律意识，如何用法律手段规范自己的行为，用合法的手段维护自己的权利呢？

（1）应聘要核实用人单位合法资质，以免受骗上当，可以熟知一些常见的传销惯用语加以甄别：北部湾建设、资本运作、1040工程、消费返利、连锁销售、爱心互助、消费养老、境外基金、原始股投资、电子币买卖等。

（2）不要相信一夜暴富、要懂得识别非正常的员工培训，如是否限制自由、是否过分隐蔽、是否涉及了公司的实体产品或具体服务等。

（3）多收听、收看"普法"节目，具备扎实的防备传销的法律知识和脱身技巧，无法辨别时答案在嘴边，多问、多听。

（4）遇到传销时要运用法律武器保护好自己，不要与传销人员硬碰硬，找机会寻求公安、工商局、母校以及亲朋好友寻求帮助。

Q：如今校内的传销案件屡屡发生，您有什么想对西大学生们说的呢？

在校学生要以学业为重，虽然学校也鼓励学生勤工俭学、创新创业，但是前提必须是不影响学业，学好知识才是对自己未来最大的投资。

而在兼职打工或创业过程中，我们的孩子已经半只脚踏入了社会，务必要和已毕业工作的毕业生一样做到：运用法律、法规知识仔细甄别用人单位的合法资质；甄别用人单位是否有具体产品或者具体服务，并且以后的经营模式不能脱离该产品以及服务；不参与如青秀山、五象广场等区域的不明聚集人群活动，演讲者往往以宣传西部大开发、北部湾发展等借口诱人上当；疑惑时多问问家长、老师和同学，以免落入传销陷阱。

认真听完了老师的教诲，团子君陷入了深思，大学生成为传销组织的"围猎"对象不是没有原因的。我们涉世未深，仿佛一直待在"象牙塔"里学习生活，我们知道世界有真、善、美，却还未走进社会中去生活，很少碰见社会中的假、恶、丑现象。

在传销盛行的当下，了解传销的相关知识，学会防范传销组织的陷阱，这是一堂不可或缺的必修课。老师们从各个角度解答了我们的疑惑，一层层揭开了传销组织的面纱，团子君可是认认真真做了笔记。你呢？

（文案：郑杏、井斐然）

你玩手机的样子真的很丑！

匆忙赶到教室，拿出课本后，
习惯性解锁手机，打开朋友圈开始浏览各种动态。
听老师的话翻到第几页，正要做笔记，
又下意识地拿起手机，看看朋友圈、QQ 空间，
给好友点个赞，在评论里发张搞笑的表情包。
群里有人在说话，又点进去闲聊了几句。
就这样不知不觉地，一节课就过去了。
这是你上节课的状态，也几乎是一整天的状态。

你知不知道，
你玩手机的样子真的很丑！

你知道手机里的人儿　或婀娜多姿　或雄壮魁梧
　却不知道　你的脊梁早已弯成了一座桥
　你知道　哪条朋友圈是几点发的
　却不知道　老师的作业是何时留的

你知道　如今热播的电视剧里的男主很帅
　却不知道　老师已经悄悄走近你身旁
　你知道　嬉笑打闹的综艺让你捧腹大笑
　却不知道　老师的字语珠玑更让你回味无穷

你知道　"大乔"是如何把你送回城的
　却不知道　期末你将会被老师来个"五杀"
　你知道　哪个技能该点哪里
　却不知道　你写的字早已不复往日清秀

你知道　敌方的军队还有几秒到达战场
　却不知道　上课的钟声就要敲响
　你知道　在王者峡谷里永远不会迷路

青听新语 润物无声——广西大学学生新媒体文化建设实践与探索

却不知道　川流不息的车流　次次与你擦肩而过

你知道　那个心心念念的博主又更新了微博
却不知道　心心念念你的人　一直等着你一个抬头
你知道　手机里的世界很精彩
却不知道　你与世界沟通的窗口　很无奈

数不清一天中多少次拿起手机
不知道刷新了多少次空间和朋友圈
不知道看了多少篇新闻
不知道玩了多少局游戏
睡觉前终于放下手机的那一刻
你发觉自己好像什么也没记住

什么时候，我们可以学会放下手机
给自己多一些独处的时间
可以有更多的时间去操场跑步、打球
可以有更多的时间阅读书籍
可以有更多的时间欣赏一下远方的风景

（文案：黄淇、李京霜、吴萧禹、钟坤燕）

大学生谈恋爱着急吗？

情人节，成双成对。
单身狗，默默流泪。

　　大学里恋爱就像是一门选修课，你可以选择上这门课，也可以选择不上这门课，当然，就像抢课一样，是否能选得上也是关键。
　　在大学生活中，大家身边或多或少都会有"沉迷恋爱无法自拔"的朋友，也有散发着"单身狗"清香的旁观者。每个人的选择不同，生活方式也不同。有的人向往着大学的恋爱，有的人却对大学的恋爱保持疏离。团子君一直很疑惑，大学生谈恋爱到底是不是一件着急的事？

为了解惑，团子君和身边的三位朋友分享了他们对大学生谈恋爱的看法，让我们一起看看他们怎么说吧。

01

性别：女

年级：大二

状态：不想谈恋爱

为什么还处于单身状态啊？因为我喜欢一个人呀。虽说大学生谈恋爱是很正常的事，但是对于我来说，专业课程太多了，作业太多了，根本就没有时间分给另一个人，单身状态可以让我能够自由地支配自己少得可怜的闲暇时间。另外作为一名学生，我还是比较重视自己的学业的，我并不认为自己能够很好地处理好恋爱与学业之间的关系，这样还不如一个人呢。而且爱情这东西，很难讲清楚，就随遇而安吧！目前，还是先好好地和作业谈恋爱，毕竟作业虐我千百遍，我待作业为初恋。

02

性别：男

年级：大二

状态：渴望谈恋爱

在我看来，人生无事话春风，何为乐呢？那当然是谈恋爱了！二人世界，朝朝暮暮，偶尔还秀恩爱，美滋滋！爱情可以使恋爱的双方变得更加自信和快乐！一句小小的晚安，带给对方的却是整个身心的愉悦，喜欢并且想念着。在恋爱中：男生会变得更加有担当、懂得责任和呵护；女生则会更加体贴、温柔。恋爱中的双方会因为彼此而努力使自己变得更加优秀，也因为更优秀所以更喜欢！泰戈尔说沉默是一种美德，但我觉得在喜欢的人面前，沉默便是懦弱。所以说，花开堪折直须折，喜欢就要勇敢追求啊！不然就只能此情可待成追忆，只是当时已惘然咯！相逢，不是恨晚，便是恨早。追求和渴望，才有快乐，也有沮丧和失望。经过了沮丧和失望，我们才学会珍惜。人生最大的幸福，难道不是发现自己爱的人正好也爱着自己？

青听新语 润物无声——广西大学学生新媒体文化建设实践与探索

03

性别：女

年级：大二

状态：恋爱一年半

总听别人说要在大学谈一场轰轰烈烈的恋爱才算没白过，而作为一个有对象的小团子，我觉得这句话的可信度有待考察。作为宿舍"脱单"稀有物种的一员，每天醒来第一件事和睡觉前最后一件事都是和对象聊天，恋爱给我的日常生活带来许多色彩，很庆幸身边有一个能分享生活能督促你学习的人。恋爱不仅是甜蜜的，更是两个人磨合和相处的过程。我和我的对象在相处的磨合期隔几天就吵架，不仅使得我那段时间的情绪非常低落，还影响了我的学习。还记得有天晚上因为吵架使我无心学习，连第二天要交的作业都没写，结果期末的时候发现那一科的平时分特别低，所以且吵且珍重啊！如果遇到了感觉对的人，那就恋爱吧；但是如果为了恋爱而恋爱，那不如加入团子大家族和团子君一起玩耍。

在知乎话题"大学生的恋爱观"中，对一个高赞回答深表赞同。

"不是微信聊一天，从早安到晚安，手机不离手；不是带我打游戏，遇到危险的时候被挡在身后；不是在情人节七夕送给我口红、香水、包包，或者寄一箱零食到宿舍收获大家的羡慕；不是翻手机看异性的踪迹，质问为什么那么晚了你还在跟别人聊天。"

"是我看完了一本好看的书，寄给你看，顺便寄一双暖和的袜子；是我督促你做作业，你提醒我背单词，上课的时候互不打扰，晚上睡觉前视频聊聊今天的生活；是手牵手去旅行，看看这个世界的美好；是我们都会一天天成为更好的自己，不管今后在不在一起。"

在大学里，有的人会因为寂寞而将就选择恋爱，但最后却以分手告终。有的人却与合适的人在一起互相督促，共同努力，携手相伴。有的人在一段恋情中习惯依赖。有的人却在恋爱中成长。有的人想让自己变得更好后再开始一段恋爱，有的人却在一段恋爱中变得更好。

（文案：黄淇、李京霜、吴萧禹、钟坤燕）

毕业季：以梦为马，故称"猛犸"

梦是什么？
是白色的泡沫，
带着我们在这个世界里闪电般奔跑。
不知从何时起，
汪峰老师的"你的梦想是什么"上了微博热搜，
"以梦为马，越骑越傻"成了网友调侃的"毒鸡汤"。
刚入大学的我们，开始唯唯诺诺；
即将毕业的我们，也开始犹豫不决。
既不想辜负父母的期望，又不想放弃自己的梦想，
是回到家乡安稳过日，慰藉自己平凡难能可贵，
还是留在大城市继续漂泊，告诉自己理想就在眼前，
或许是理想不够纯粹，或许是现实不够彻底。
当时浪费了太阳也不感到悲伤的我们，
现在却失去了与现实单打独斗的勇气。

"猛犸"后海"大鲨鱼"——心要野，
反正，
做梦想路上的行动派吧！
以梦为马，无畏前行！
与这世界死磕到底，直到现实缴械投降！
以梦为马，故称"猛犸"！
所以，
你心中那头"猛犸"是什么？
下面我们来聆听他们的故事吧。

青听新语 润物无声——广西大学学生新媒体文化建设实践与探索

以梦为马,不负初心。专业分流在即,希望在余下的大学时光可以好好学习专业知识,能用知识帮助到有所需要的人,回报社会回报家人,不辜负所爱。

也愿即将毕业的学长学姐工作顺利,可以尽快融入社会的大家庭。

——小可爱

虽然是一枚土木的小鲜肉,离毕业还有三年之久,但是我一直怀揣着梦想砥砺前行。我的梦想就是以后的成绩都能过85,三年后考研考上985!现在多多巩固自己的专业知识,关注其他学校的专业信息,同时学习学长、学姐的更多经验,当然最重要的还是要坚持,坚持梦想,坚持初心。继续加油,以最骄傲的姿态迎接三年后的涅槃。

祝亲爱的学长、学姐在追寻梦想的道路上一帆风顺,不畏前行。

——不愿意透露姓名的学弟

作为一枚才刚踏入"象牙塔"的"小鲜肉",虽然离毕业还有三年之久,但是现在已经开始规划以后的人生咯。希望毕业后能进入银行成为一名金融民工,得到各种"含金量"高的证书!还要变得技能最高!当上"大佬"赢取年终奖走向人生巅峰。为了我伟大的革命理想,绩点什么的,当然是刷刷刷呀!集齐四年的绩点就能解锁新的世界啦!希望我们能一起加油,越变越好!

祝即将毕业的学长学姐们前程似锦,成为他们最想成为的人。

——西乡塘塘主

梦想虽然是有钱,但是我也很向往平淡。漫漫人生路,要经历的何其多,大学目标就是学好专业课,考教师资格证当个老师。所以这四年要一步一步走好,不能荒废青春。不久后又是毕业季,非常好奇自己以后会变成什么样子呢?

嘻嘻祝福这次毕业的学长学姐能够找到好工作!拉高西大的就业率!

——五杀小公举

大学是一个充满奇迹的地方,你能做对的事,遇到对的人,成为理想中的自己。大四的学长学姐准备离开这里迎接自己的人生了,而我恍惚这时候离军训没过多久。愿毕业后的自己能得到各种一级或二级建造师证书,在土建大军中摇旗指挥,以后太遥远,只争朝夕。

祝愿即将毕业的学长学姐们能在社会这个新的学校学到更多,收获精彩的人生!

——农院路一枝花

作为一个入学差不多一年的"大一狗",已经不能再把自己作为一个新生来看待了。希望四年过后可以拿着我喜欢的大学研究生录取通知书再深造两年,成为一个优秀的学前教师。大学必须努力打好各种基本功,拿到各种证书来证明自己的实力,开发各种新技能。大学之后不会因回顾青春碌碌无为而抱憾,也不因荒废青春而痛苦。

希望即将毕业的学长学姐们在未来的职业道路或者在深造的道路上都能找到自己想要得到的,听从内心的选择,去做自己想做的,给自己的人生画上绚丽的一笔。加油!

——猫哥

总以为,我们可以任意放浪啊,反正有大把时光。殊不知一眨眼,大一就要过去了。看着在各种招聘会中匆忙来回的学长学姐,才恍然发觉,不知不觉间我早已经迷失在这座梦幻的"象牙塔"中,淡忘了曾经的豪情壮志。可曾记得立志毕业后要继续考研?可曾记得说过要坚持学习自己喜欢的学科?忘了?那就从头开始,一点一点学习积累。从来就没有什么最迟的时候,只看你愿不愿迈出那一步。而我的答案是,愿意!

——霉子

白杨黄了又绿,樱花落了又开。光阴飞速向前;而我还记得,刚走进大学时的踌躇满志——在未来设计出炫酷的手机。花开正盛的日子不应彷徨,当不忘初心、珍惜当下,我要努力学习,并在各样活动与大赛中锻炼自己的综合能力,以梦为马,怀揣野心,不断地接近梦想,终将有一天,毕业梦想会成为现在完成时!

——乘浪

高考那年的梦想就是考取广州贸易职业技术学院,但是没想到,从万里觅封侯到关河梦断,现实生活太残酷了,残酷到可以收去所有的壮志凌云,心有不甘,却无奈妥协。但是生活说,没有残酷就没有勇气。所以从踏入大学一开始,我就给自己立下目标,一定要好好学习猛刷绩点为四年后的考研做准备!我的毕业梦想就是高考梦想,梦想不变,初心也不变。相信注定要走的路不会绕太远,知道这世界一定不会辜负以梦为马的前进者,希望自己始终以梦为马,不负韶华,在考研中涅槃重生,拥有战士胜仗归来的荣光。心中那头沉默的"猛犸"嚎叫之时,就是我夙愿得偿之日。

致毕业生:尚未佩妥剑,转眼便江湖。愿历尽千帆,归来仍少年。

——沙里瓦三

马鞍未置,仰首已是大道。

青听新语 润物无声
——广西大学学生新媒体文化建设实践与探索

宝剑未出，环顾已是江湖。
我们尚在"象牙塔"里以梦为马随处可栖，
他们即将迈入社会大学继续追逐梦想。
接下来，
让我们来听听大四学长学姐的肺腑之言吧！

　　大学四年，光阴荏苒，又到了说再见的时候。曾想变成一个擅长乐器且落落大方的姑娘，最后变成了一个半途而废却在求学途中遇上了一大堆志同道合的朋友的纯爷们。"不是在最美的时光遇见你们，而是遇见你们都是最美的时光。"在大学期间，我们有过迷茫和泪水，但更多的是收获。希望毕业后的我们能以最美好的眼光去看待每一样事物，也以最好的心态去面对未来。梦想不大，未来很长，我们在世界精彩处相见。

——骆梨

　　作为一名即将毕业的"老腊肉"，真的想感慨一下时间过得飞快。我上大学就是圆一个审计梦，自从接触了专业课和 ACCA，我对会计有了一种莫名的执着。我打算在毕业之后选择出国在财会领域继续深造，希望在回国之后能找到一份理想的工作。祝福自己，也祝福即将毕业的所有人，愿付出甘之如饴，所得归于欢喜。

——旧城里的人

　　即将离开学校了，有遗憾和舍不得，还有点小欣慰。遗憾的是没能让自己变得更优秀，欣慰的是自己成了一个独立自主的成年人。初入大学时的梦想是做自己喜欢的事情，现在算是实现了吧，尝试过自己感兴趣的事情，收获了一群有趣的小伙伴和宝贵的经验，还丰富了人生阅历。对于毕业生来说，最现实的毕业梦想就是找一份好工作，现在也遂我愿了。我期望将来在社会上，学该学的东西做该做的事情，先稳定自己的生活再寻求突破。相信梦想道路上的磕磕碰碰，挺一挺，就会成为日后骄傲的资本。

——Finn

也许未来的道路还不确定，也许他人对我们的梦想嗤之以鼻，
但我们还是要热爱自己的梦想，坚持那份独一无二的倔强！
最渺小的我们，
都怀揣着卑微的梦想和大大的野心，
在浩瀚的宇宙里奋力追逐那一点微茫的星光，
希望有一天能找到宇宙之外那一片璀璨的星空。
送给即将毕业的学长学姐们，

带着梦想，出发吧！

祝福你们：

一切的努力都有回报，

所有的梦想都能盛开！

（文案：曹羚彬、陈能昕）

在大学当班干部是一种什么样的体验？

光阴似箭　岁月如梭

从当上班干部的那一刻

已不知在这个职位上经历了多少个日日夜夜

别人看到的

是你帮助同学　协助老师的身影

却没有人问你　心中所想

所以这一次

团子君想问问你

做班干部是一种什么样的体验？

搬砖累死宝宝了，你是想把我气死然后继承我的蚂蚁花呗！冷静，我要冷静。学习时间少了嘤嘤嘤。那个不参加活动的，你已经引起了我的注意啊！我问你，你的良心在哪里啊？啊，这是我组织的节目啊。骄傲综合测试分美滋滋。我变成了同学们的小天使。没错，我就是你们说的全能型好学生。快借职务去撩男神！

24 小时不打烊队

班　长

作为一个做事风风火火的班长，一收到各种通知就立马转发到班级通知群，需要做什么工作基本上很快就会解决掉。所以遇到做事拖拉的同学就会非常的生气，对普通同学可以继续好言好语的提醒，对班委们就……毫不客气地批评啦，共事的班委们应该都深有体会。所幸的是，大家都是虚心和包容的人，有工作会一起分担，一起想办法解决。对于一个优秀的班集体来说，班委之间的合作与协调是非常重要的。班长想要稳定有序地做好班级的日常管理工作,就要对各个班委分工明确,责任到人。同时班委之间互帮互助,积极主动处理班级的事务,营造优秀的班级风气。

总之,能够遇到并带领优秀的班委团队是一件非常开心的事情啦。

——桥桥桥豆麻袋

团支书

首先,当团支书是要短时间和同学们打成一片,从陌生同学开始打交道,交际和沟通的能力是得到锻炼的。而开展班级活动,更锻炼了我统筹大局、队伍合作的能力。其次,我担任班干的心态就是为同学们服务,慢慢学会了真正地把自己的姿态放低,站在各种各样的同学角度,学会如何做一个讨人喜欢、受人支持的人,这对我的性格更是一种完善。所以担任班干部对于我个人而言是非常有意义的。

——你呆

学习委员

学习委员在我们班相当于半个"班长"。班级因为工作的原因有男女两个学习委员,在很多人眼里,学习委员就是学习成绩好,然后发发学习类的通知。实际上我们的工作会很多,收作业、登成绩、统计综测、联系老师、买书……最累的时候就是收作业,感觉自己像卖菜的一样,从收的开始时间到结束时间,一直在班群里各种通知刷屏"吆喝"。不管通知发得再详细,都还是会有人发错作业的格式或者不断地私聊继续问一些比较基础的问题。但是,每次班级作业在我们的带领下第一个完成的时候就会感到特别开心,如果下次还能竞选学习委员……我想要当班长,哈哈哈……

——温柔帅气的美丽仙女韬

纪检委员

就从我为什么会当纪检委员说起。开学选班干部,纪检一栏空空荡荡。我头脑一热就上去竞选,一直工作到现在。

接下来让我来说一说纪检委员的日常——在冬日清晨……"亲爱的我想请个假,你点名的时候罩我一下呗。""你咋了?""我头晕恶心想吐感冒发烧还摔断了腿。""是不是还浑身发冷感觉自己被床封印?""对,没错,就是这样。""你给我起床上课!!!"

——来自一根抱着请假条的竹筒

12 小时营业队

宣传委员

想当初自己竞选宣传委员时还在班上鼓起勇气一展歌喉，现在想起来真是羞羞羞。印象最深的是在排练新生晚会节目时与同学一起经历的那段时光。虽然在之前挑选节目时很麻烦很烦躁（毕竟要综合各方意见），但是当节目表演出来时我感受到了满满的成就感。以后我还要继续当宣传委员，因为能和大家相遇，感到很开心。

——你猜我猜你猜不猜

体育委员

体育委员主要负责班级或集体的课外活动和运动会的举办，也要协助体育老师开展各项活动。每逢运动会、篮球赛、排球赛等体育活动，就是我们最忙的时候啦。要到处找同学参加比赛，如果本班同学凑不齐，还要去寻找联队班级。虽然有点辛苦烦琐，不过能在体育赛事中能获得很大的成就感，看到同学们为了共同的目标而努力的时候，内心感到甚是欣慰呀！体育比赛是最能加强同学们凝聚力的活动，作为体育委员，我会尽可能地陪伴队员们每一场比赛。

——当过各种班干的小可爱

生活委员

关于做生活委员的体验，可以说是痛并快乐着。痛是因为每周都要督促同学们打扫卫生迎接舍检，还有每次班级聚会的时候都要负责策划、执行等一系列工作。特别是当你想要组织一次班聚的时候，班里总有一些同学用各种各样的借口推脱这件事情，每当这个时候，心理就有非常大的挫败感，特别想甩手不干。但是，每当班聚时班里的大家围在一起玩耍、打闹，就会觉得自己整个心都被填满了，就会想着能将这个大家庭如此联系起来的我，真的很不错！

——白白白白クマ

文娱委员

大学做了一学期文娱委员，写得了剧本，演得了小品，组织得了大合唱，教得了舞。简单来说就是一个让大家唱唱跳跳的职位，非常的锻炼人。能够激发同学们的能动性，参与各种文艺活动；充分调动气氛，加紧排练各类节目；深入了解同学们的内心，通过和他们交流让他们感受到将自己表现出来的快乐；让那些缺乏自信心的和胆小的人勇于接受自己，并看到自己独特的一面，鼓励他们敢于在班级这个小舞台上迈出第一步；这些都是最让我感到自豪而开心的事情。

——没有恋爱消息

日常看似掉线队

心理委员

作为一名名义上"划水"的心理委员，实际上需要我们的地方还是很多的，最近我们班有一个妹子因为失恋然后情绪不稳定，临近考试，我们害怕她丧失学习动力，就决定一起找她聊聊天吃吃饭，委婉地问她需不需要心理咨询，心理委员每一个人都是"持证上岗"，需要经过培训和团体辅导以及考试才可以担任的，职位即责任嘛。

——夜宵使我快乐

信息委员

这看似是个"划水"的职务，甚至很多同学都不知道这个是干吗的，其实我们是在担负"暗中观察"的责任。信息委员主要是负责上、下信息的沟通，关注任课老师，身边同学，校园中外来人员等等有没有"传教"或是宣传一些不好的思想，如果有就要及时上报。为了能做好这个职务，我们需要不断加强自身的思想水平，学习习大大的讲话，深入学习社会主义核心价值观都是我们的日常。只有自身端正了，才能更好地监督他人，才能为和谐校园奉献上自己的一分力量。

——Sweety girl

大学的班干部与高中的班干部相比工作更加繁复独立。在大学里，我们要比高中时考虑得更多、更周全。虽然这些对我们来说是个挑战，但是正因为如此，我们才要勇敢去面对。毕竟，只有经历过磨砺的我们，才能够变成那个更好的自己。

（文案：负责的西大学生干部们）

君武"微服务"系列点评

借助微信公众平台的应用,除了为同学们提供最前沿的信息外,还开发了不同功能的小程序,这不仅契合当代青年大学生的兴趣特点,而且体现了网络思想政治工作的与时俱进。"微"服务是高校服务青年的新形式,只有不断地掌握新方法,时时与青年接轨才能更好地服务青年、引领青年、赢得青年。

下篇 广西大学学生新媒体文化建设总结与探索

以"新"声传"青"音

——广西大学团学新媒体中心建设纪实

2017年6月，正值招生季，校团委官方微信公众号"西大团学小微"发布了一篇文章《学霸告诉你为什么来广西大学》，推文以榜样学子讲述就读西大感受的角度，引起了西大学子的共鸣，也获得了许多高考生和家长们的转发、关注，阅读量将近1万次。

这只是我校团学新媒体中心（以下简称团媒中心）传递校园文化的一个缩影。

2016年9月，教育部部长陈宝生到广西大学视察，并专门听取了团媒中心的工作汇报后，指出："由学生用自己的表达方式建设自己的新媒体，自己成为自己思想的引领者，很有特色，这条路子可以继续探索下去，走出一条高校思想政治工作的新路子来。"正如陈宝生部长所言，运用新媒体平台，用青年的语言讲述青春故事，这是团媒中心的团子君们一直在努力做的事情。

成立于2015年的团媒中心转眼间走过了将近三年的风雨历程。这里汇集了一群充满青春热情的同学，他们因新媒体相聚，一同为传递校园声音而努力，他们被西大师生亲切称为团子君。将近三年的时光里，在面临不断的机遇与挑战中，团媒中心坚持以"新"声传"青"音，积极运用新媒体手段和青年新视角，努力讲好西大故事，发出西大学子的心声，逐渐走向成熟，并坚定地迈向未来。

上下求索，从迷茫到曙光初现

"不忘初心，方得始终"，团媒中心从艰辛初建到初有成效，一路风雨兼程。回望来时路，不仅为了顾盼未来，更为了铭记初心。

时光退回到2014年，随着新媒体的快速发展，网络世界进入"微时代"，学校也开始了运用新媒体平台开展大学生思想政治教育工作的有益探索和实践，校团委的微博和微信公众号相继注册成立。在成立之初，由于学校内还没有结构完备的新媒体运营组织，校团委官方微信和微博分别由校学生会和学生社团联合总会管理。

2015年，这是令团媒人难忘的一年。这一年，广西大学诞生了一个新成员——团学新媒体中心。2015年1月9日，学校召开了团学组织新媒体工作推进暨新媒体联盟成立大会。揭牌仪式上红布被掀起的那一刻，团学组织新

青听新语 润物无声——广西大学学生新媒体文化建设实践与探索

媒体联盟露出了它年轻新鲜的面孔。2015年5月，新媒体联盟的执行机构团学新媒体中心也正式成立，负责校团委官方微博"广西大学共青团"和微信公众号"西大团学小微"管理与运营。

忆往昔，峥嵘岁月稠。团媒中心刚成立时，只是一个小规模的学生组织，仅有的十余名成员组成了团媒中心的第一届团子君，负责管理团媒中心的所有事务。人员和办公设备的缺乏使微信平台的运营管理陷入困境，当时令第一届团子君最头疼的事情莫过于制作原创微信，人力、物力、财力的缺乏，一篇花时长，内容精的原创推送非常"难产"，在一段时间里，"西大团学小微"主要以转载文章为主。

"改变"，这是团子君们一直在思索的事情。他们深知，对一个处在起步阶段的新媒体组织来说，做出有自己特色的原创作品才是最重要的。与更新时效快的微博相比，"每日仅限一推"的微信原创性更突出，第一届团子君在校团委老师的指导下开始在原创微信的探索和制作上下功夫。

2015年1月12日，电影《匆匆那年》的热潮还未散去，团子君们便结合电影中的青春主题，在公众号"西大团学小微"上推出一篇名为《【珍西·时光】匆匆那年，我在西大遇见你》的文章。该推文以原创图文和H5页面相结合的形式，传递西大情怀，勾起了学生们的青春记忆，访问量首次突破2 000人次。而这个数字对于当时也只有几千的后台关注数来说，已经是一个很大的鼓励。

原创推文的发布让团子君逐渐尝到了"甜头"。此后，他们尝试着在推文中加入更多校园元素，以不同的主题、形式呈现西大的美景、风物。在团子君们的努力下，"西大团学小微"推出原创文章的频率越来越高，从原来的一周一两篇到每周至少四篇，再到后来每日更新，每日打满。这些贴近校园生活的原创推文为"西大团学小微"增添了有趣性，受到许多学生的关注与喜爱，也让公众号的粉丝量和阅读量逐渐增加。

经过第一届团子君的长期摸索，"西大团学小微"的推送风格初见雏形，"美图+美文"成为当时"团学小微"推文中的常见内容。在对微博"广西大学共青团"的管理上，团子君们也借鉴了一些高校的微博，每天采用以固定话题引导的形式，在不同的时段发布不同的微博内容，这样的尝试也初有成效。

挑战永远在前方。当团子君们都在为平台运营的进步感到欣喜的同时，一个运营"技术"难关又接踵而至。2015年12月，演员邓超来到学校举行青春分享会，这让整个校园都沸腾起来。校团委将开展线上抢票活动的任务交给团媒中心，对于团子君们来说，这又是一个新的尝试。

"当时还真的不知道怎么办，因为什么都不懂，我们只能摸索着做。"参与了抢票链接制作的元老级团子君韦芦芝印象尤为深刻。在制作抢票推送的那几天里，她和其他几位团子君一下课就往办公室跑。她们守在计算机前，在摸索中完成了第三方平台的注册和抢票链接的制作。2015年12月8日，"西大团学小微"推出抢票通知，一时间整个西大都开启了疯狂抢票模式，"西大团学小微"的知名度和粉丝量快速上升，这让团子君们感到之前的努力没有白费。

迷茫之后，曙光初现。2015年6月，"西大团学小微"在全国高校团组织微信号影响力排名中位列第八，同期微博"广西大学共青团"排名第十八。"功夫不负有心人"，看着这些成绩，团子君们品尝到了收获的喜悦。回忆起最初那些艰辛探索的日子，第一届团媒中心主任兰月感慨道："刚开始的时候，全靠我们自己一点一点摸索，后来终于有了一点进步，这一路走来，真的很不容易。"

求实创新，打造青年互动平台

在团媒中心办公室的墙壁上，"来自君武青年的声音"9个大字十分醒目。比起刚成立时狭小的办公环境，如今的团媒中心有着面积将近一百平方米的办公室，宽敞温馨的工作环境为团媒中心平台的建设和发展带来了有利的条件。

从成立至今，每一届团子君都保持着"讲好西大故事，传递青年之声"的初衷。"这两年多来，我们一直在做着'传递'的事情，传递西大声音，传递校园文化。"第三届团媒中心秘书长韦方然说，"但'传递'是单方面的，要想真正地吸引更多的同学，还需要跟大家进行互动和对话。"随着团媒中心的线上影响力逐渐扩大，团子君们也开始利用两大平台的热度适时拓宽宣传的渠道和方式，与同学们更多地交流和互动。

互动服务贴近师生。团媒中心刚成立时，团子君们看到了微博的强互动性和高影响力，他们通过校团委微博的更新管理积攒了较高的粉丝基础。此后，团子君在日常更新微博时，对特定时段内同学们喜爱的话题进行了分析与调查。根据不同时间内的发博热度制定了微博话题表，在不同的时间段里，发布不同话题的微博，微博内容涉及同学们学习生活等各个方面。在"广西大学共青团"发布的微博中，一些贴近同学们生活的固定话题获得了很高的参与互动量，如"晚间唱片行""深夜食堂"等。团子君还在微博中加入了"团

青听新语　润物无声——广西大学学生新媒体文化建设实践与探索

子帮帮忙"话题，帮助同学们寻找丢失物件。在评论区下方，团子君常常出没，为同学们排忧解难，也拉近了和粉丝之间的距离。实时发布校园通知公告的"你我西大天"话题，帮助同学们及时获取校园内的重要消息。

团子君对微信平台的菜单栏也进行了更新设置，使其更好地为同学们服务。目前，"西大团学小微"主界面的菜单栏内设置有"信息查询""团员注册""关于我们"等板块，子菜单下还设置有"查自习室""查成绩""查校历"等功能，方便同学们查询相关信息。

线下活动丰富多彩。团子君们一直努力创新，把握合适的时机推出线下活动，与同学们进行面对面的互动与交流。2016年10月15日，"西大团学小微"上发布了一篇特别的推文《西大首次校园直播|嗨，这是你的菜!》，团子君和校饮食管理中心合作，在推送中通过线上抽奖的方式送出学校食堂餐券，吸引了不少同学对这次直播的关注。一周后，团子君们在西苑餐厅开展了直播活动，两位主播在直播镜头前接连品尝多道"明星菜"，引得许多粉丝直呼"流口水"，还有同学点赞留言："以后要天天去食堂吃饭!"直播链接在校团委微博"广西大学共青团"发布后，观看人数突破一万。

2017年9月，教师节来临之际，团媒中心推出了"教师节留言送蛋糕福利"的活动，同学们纷纷在校团委微博和微信上留言，表达对老师的感激与祝福。教师节当日，团子君们化身为"蛋糕使者"，帮助同学们为老师送上载满祝福的蛋糕。

除此之外，临近英语四、六级考试时，团媒中心还组织开展了考前公益辅导，为同学们的复习备考提供帮助；在学生组织招新时，团子君们策划和开展了"拍照送明信片"的活动，丰富了同学们的校园生活。

凝心聚力，组建活力"团子军团"

在西大学子的心目中，团子君是一支年轻、有活力的队伍，他们活泼可爱，敢想敢做，"每天都有不一样的点子"，好像有着无限的创意和活力。从团媒中心成立至今，团子君们已陪伴学校师生走过了近三年的时光，历届团子君真诚友爱，团结合作，突破创新，用汗水浇灌团媒中心的成长，用热情带给学校师生温暖与快乐。

2015年4月6日，随着招新推送《【团子招新】就在明天下午！这一次，我们想来点新的》在微信公众号"西大团学小微"上推出，团子君的第一次招募开始了。几天后，团媒中心迎来了第一批成功招募的团子君，仅十余人的他们组成了团媒中心初步发展的主力军。

从那以后，每年一次的招新活动为团子君队伍注入了不少新鲜的血液，越来越多的同学加入团子君队伍中。从成立之初时3个人的团子君到50人的团子君小队，再到如今约150人的庞大的"团子军团"，团子君队伍不断发展壮大。

一个团队的壮大不仅有益于它的发展，还有助于其完善职能体系。在团子君逐渐增多的同时，团媒中心的内部结构也由单层转向多层。比起刚成立时仅有微博组和微信组两个简单的小组单位，如今团媒中心下设秘书处、运营部、新闻部、宣传部四个部门，各部门分工明确，共同努力，相互协作，形成了较成熟、完善的组织结构。

在整个"团子军团"中，秘书处充当着"幕后工作者"和"触手"的角色，主要负责活动策划、会议安排，提供有效的网络舆情分析，同时也肩负起团媒中心与各学院、各校内外其他组织交流沟通的重任，在整个团媒中心中起着重要的导航作用。运营部的团子君们是校团委的两大新媒体平台的守护者，也是连接团媒中心和西大学子的桥梁，负责新媒体后台的运营和管理，致力于发布即时校园动态，为西大人留存美好，珍藏回忆。新闻部的团子君常常活跃于校内外文艺晚会、活动赛事、会议论坛等大小活动现场，报道最新校园事件，用镜头记录多彩的校园生活，用文字传递青春正能量。宣传部汇聚了一群极富创造力的团子君，主要负责视听设计、影像处理和各类美工作品的制作，他们用深厚的设计和制作功力为团媒中心增添色彩与活力。四个部门的团子君们各怀技能，团结合作，满怀信心与热情，组成了活力高效的"团子军团"。可以说，团媒中心获得的每一项荣誉，都离不开"团子军团"的共同努力，离不开每一位团子君的辛勤付出。

他山之石，可以攻玉。团子君们一直保持着谦逊学习的心态，积极开展和参与丰富的学习交流活动，不仅提升了自身的业务水平，也完善了团队的建设。2015年，在校团委老师的带领下，团媒中心的主要干部团队先后到福州大学、福建师范大学、中山大学和华南理工大学学习和交流新媒体工作经验。从此，团媒中心越来越多地"走出去"。2016年12月，团媒中心作为会员媒体参加了广西高校传媒联盟年会，与区内各高校媒体沟通交流，了解并借鉴其他高校开展新媒体工作的有效方法。2017年5月，"融合正当时 校媒再出发"中国高校校园媒体发展论坛在西南交通大学召开，两位参加论坛的团子君认真倾听其他高校媒体人的发言，吸取了许多宝贵的经验。她们从论坛中带回的先进高效的运营管理模式和新的媒体手段，为团媒中心的发展注入了新活力。

密切来往的交流活动也为团子君们提供了更多学习和进步的机会。北京理工大学、西南大学、广西民族大学、桂林理工大学、桂林电子科技大学等高校的师生代表先后到访团媒中心办公室，团子君们热情地接待了他们，并同他们交流和学习开展新媒体工作的经验。

团媒中心还有着独特的"家文化"。"家有家规"，《广西大学团学新媒体中心工作制度》是团子君们的"家规"，奖惩分明的"家规"激励了"团子军团"的责任意识和工作热情，也得到了团子君们的自觉维护与遵守。在工作之余，团子君们也有着属于自己的节日和活动。每年一度的"团媒狂欢夜"是团子君的专属晚会，通常在每年的 5 月份举行。每到这一天晚上，团子君们都聚在一起欢唱、舞蹈，一同玩耍、游戏，晚会现场气氛热烈欢快。"'狂欢夜'就是我们的一个大联欢，通过这样的一个晚会形式，让忙碌了一年的大家身心都得到愉悦和放松，也增进了部门之间的交流。"第三届团媒中心主任梁耀文这样说道。此外，团媒中心内部每一年都会举办新老团子君见面大会、年度表彰大会、户外团队素质拓展、团媒中心学习培训会和部门联谊、聚会等活动，这些活动形式有趣，气氛活跃融洽，参与其中的团子君们有如身处一个大家庭之感，增强了"团子军团"的凝聚力。

2016 年 5 月 29 日，在团媒中心第二届干部换届大会上，团媒中心的吉祥物"荷团子"正式亮相。"荷团子"是一个以荷花花苞为原型的卡通形象，它头戴的红色头饰是荷花花瓣，身穿的绿色衣服是荷叶。"荷团子"阳光活泼的形象，展现了西大学子蓬勃向上的精神风貌。从此，团子君的大家庭里又多了一位可爱的新成员。

拓展思路，精品迭出引高关注

"加入我们，搞个大新闻！"这是团媒中心第二次招新活动的口号。从团媒中心成立以来，有着多元创意的团子君们推出了不少"大新闻"，多次成为同学们关注的焦点。

2015 年，"西大团学小微"延续着"美图+美文"的风格，推出了一系列广受欢迎的原创文章。2015 年 6 月 22 日，正当高考生填报志愿之际，"西大团学小微"推出了一篇招生宣传文章——《广西大学，这是你的大学》。其中，团子君用精美的图片和生动的语言将西大直观地呈现在读者眼前，吸引了许多家长和同学的关注，甚至连已经毕业的同学都直呼："好想再回西大读书！"这篇独特的招生宣传一经推出，阅读量迅速攀升，一天内突破 7 万，这让团子君们既惊喜又激动。2015 年下半年，校园青春电影《我的少女时代》的热映让团子君们有了新"点子",11月24日,"西大团学小微"推出《假如我的少女时代在西大》。这篇结合电影情节的图文微信受到了许多同学的喜爱,阅读量达到1.6万次。一时间,"少女时代""青春"成为同学们热议的话题。

每一篇精品微信的背后,是一个团队的汗水与付出。"西大团学小微"的每一篇推送都是由团子君们合作完成的,其中的分工包括图片的拍摄,文案的编写,后期制作以及排版编辑等。第三届团媒中心副主任甘雅丹说:"在开始准备每篇推送之前,我们首先会制定好详细的计划,我们每个月都会提前从每个部门征集选题,在干部例会上大家一起对征集到的选题讨论,除了协调各个选题的时间外,还一起讨论如何让选题内容更充实、更有趣,最后筛选和确定好下一个月的选题内容,并确定每个选题对应的主要负责部门和负责人。在实施选题计划时,部门之间也会常沟通、合作,不断地完善内容,最后呈现出来的推送基本都是经过我们多次审核和修改的。"

团子君们十分享受团队合作的快乐,他们也善于从后台的留言反馈中发现问题,并对问题认真分析和改进。当一系列的美图和美文在"西大团学小微"上推出时,团子君们在后台发现了一些"不满"的声音,有人对推送的内容提出了质疑:"为什么总是这些内容?"更有人直言不讳:"能不能推一些有意义的内容?"

"所谓'新媒体',就在于新。我们推了很多美图和美文,这些内容已经不新了,大家也都看腻了,我们该想想如何拓展思路,做些其他内容,做些更有意义的内容。"第一届团媒中心主任兰月在一次干部例会中提出了自己的看法。

于是,团子君们想到了:要做出一些更"接地气"的、对同学们更有帮助的内容。2015年年底,学校菜鸟驿站的管理在校园里刮起了一阵"舆论风潮"。面对同学们对学校菜鸟驿站管理方式的不满和抱怨,团子君第一时间走进菜鸟驿站,采访相关负责人,推送了一篇报道《菜鸟驿站可不可以不"菜鸟"》,一夜之间收获了六千多的阅读量,也引起了学校相关管理部门对同学们反映问题的重视。

这样一种"反映校园声音"的报道推送后来还被延续到了"体测成绩风波""学费收缴风波"等校园热点事件中,新闻性增强的"西大团学小微"受到了越来越多同学的关注。

除了增强内容的"新闻性",团子君还从加强内容的"思想深度""榜样影响"等方面做出改变,尝试推出不同风格的内容。在团子君的努力下,团媒中心推出内容逐渐多元化,初步形成了"四微"体系,后来在此基础上,拓展形成"微思想，亮光芒""微热点，集众议""微文化，齐分享""微人物，立标杆""微服务，益师生""微活动，展风采""微实践，接地气"的"7+N"内容格局。

多元内容体系下，热门的精品推送不断涌现。2015年12月24日，正值考研前夕，"西大团学小微"推出《高能"虐狗" 西大"学霸"情侣：蔡炜浩和周婧怡》，推送中学霸情侣的故事引起了同学们的热烈反响。这篇文章推出后8小时内阅读量迅速破万，《南国早报》以头版图片予以刊登，并受到了网易新闻、腾讯新闻、今日头条等媒体的报道。2016年3月28日，《西大版好想你》上线，这个时长为3分48秒的MV视频涵盖了西大的87道风景，是团子君们拍摄了23天的用心之作。视频推出后阅读量突破3万，许多已经毕业的校友看完后感动地留言："西大，我好想你！"而这篇有着突出影响力的视频推送非即兴所成，在此之前，团子君们已在《西大版南山南》《西大姑娘》《西大版大学东路的日子》等歌曲改编中积累了经验，他们开始尝试拍摄视频，将西大的特色更直观地呈现出来。时隔一年，2017年3月，"西大团学小微"再次推出歌曲改编的视频推送《西大版告白气球》，这个音乐视频由改词、演唱到拍摄制作全都由西大人完成，推出后阅读量达到1万。这样全面的歌曲改编对于团子君来说是首次挑战，也是一次初有成效的尝试。

铿锵前行，闪耀荣光照亮征程

走进团媒中心的办公室，可以看到储物柜里摆放着几座奖杯，洁白的墙壁上还挂着多位领导前来视察时和团子君的合照及历届团子君的"全家福"，这一切都记录着团媒中心的发展足迹。

从2015年成立到现在，团媒中心坚持以"新"声传"青"音，收获了累累硕果。截至2017年10月，团媒中心负责运营的校团委微信公众号"西大团学小微""粉丝"达6.5万人，共发布逾660期共1 500篇原创推文，总阅读量达到520万人次；新浪微博"广西大学共青团""粉丝"数达1.4万人，发表博文超过7 400条，总阅读量突破3 000万人次。自2015年，"西大团学小微"的公众号影响力多次在各类排行榜中取得好成绩，曾在共青团中央与中国青年报联合推出的"全国基层团组织微信影响力排行榜"中荣登榜首，在团中央学校部"全国高校团委微信公众号影响力排行榜"中多次跻身前十名，与北京大学、清华大学、浙江大学等"985"重点高校同列。团媒中心的出色表现获得了各方领导和师生的关注与赞扬，也引起了校内外诸多媒体的广泛关注和报道。

快速发展的团媒中心同样吸引了一批又一批的领导前来访问。短短三年来，团媒中心迎来了自治区党委常委、宣传部部长黄道伟，自治区党委书记、人大常委会主任彭清华、自治区党委副书记侯建国、教育部部长陈宝生等领导。他们先后来到团媒中心办公室，看望工作中的团子君们。在了解了团媒中心的发展历程和工作方向后，他们都对团子君的工作表示赞扬与肯定，并鼓励团子君们发挥新媒体的作用，宣传报道校园正能量，用大学生的语言引领和服务青年。在领导们的关切与鼓励下，团子君们工作热情高涨，努力将团媒中心建设得更好，为西大师生呈现出更多优秀的内容。

成绩只属于过去，成就在于未来。2017年6月9日，团媒中心第二届换届大会召开，责任的接力棒传到了第三届团子君的手中。"我们团媒人将全面提升自己，不辜负学校和同学们对我们的信任，将'君武青年'的声音传播得更远，向成为一个具有'团媒'风格，体现时代精神的校园新媒体网络平台而奋斗！"这是第三届团媒中心主任梁耀文在换届大会演讲中代表所有团子君发出的倡议，更是对团媒中心的美好祝愿。

闪耀的荣光照亮前行的道路。在未来的日子里，总结经验，改进不足，完善新媒体矩阵，更好地传递校园文化，传播青春正能量，团子君们仍在为之不懈努力。相信，团媒中心会愈加蓬勃发展，在新的征程中踏出更加铿锵有力的足音。

结语：团媒中心成立近三年，犹如一朵含苞待放的花蕾，离不开各级领导、学校师生的真诚呵护，离不开每一位团子君的热情浇灌。回首过去的建设时光，团媒中心不忘初心，积极运用新媒体平台，努力讲好西大故事，传递同学们的声音，呈现出一副活力四射的新面貌。"栉风沐雨，砥砺前行"展望未来，团媒中心将会继续开拓创新，以"新"声传"青"音，带着信心与热情茁壮成长，迎着温暖的阳光，盛开出缤纷灿烂的花朵！（黄飒飒）

广西大学团学新媒体中心 2017—2018学年工作总结

广西大学团学新媒体中心第三届全体成员在校党委的正确领导，校团委的具体指导和各学院、各相关单位的大力支持下，在全体团子君的共同努力下，围绕学校中心工作和建设发展大局，以青年人的话语体系和传播形式，在加强校园网络宣传和舆论引导，做好思想政治引领、爱校荣校教育、校园

青听新语 润物无声——广西大学学生新媒体文化建设实践与探索

文化建设、服务青年师生等方面努力作为，为弘扬社会主旋律，传播校园正能量贡献了一分力量。

在老团子们留下的深厚积淀和良好基础上，我们不断地尝试改革与创新，进一步把思政与生活、新闻与创意、信息与服务有机结合在一起，形成具有"广西大学团学新媒体"特色的校园新媒体宣传平台，让团子君更好地陪伴西大青年学生共同成长。我们通过将团媒形象进行"人格化"表达，使所创作的新媒体内容处于"新闻+创意"的新常态中，始终致力于做师生们都喜闻乐见的微信推送，做同学与学校各职能部门间的沟通桥梁，做同学们了解学校建设和发展的青年专属窗口。截至 2018 年 5 月 2 日，我们的微博平台共推送博文 9 950 多条，阅读数量近 4 000 万人次，转发 70 000 多次；微信平台共推送 970 余期共 1 900 余篇原创好文，阅读数量有 620 万次，点赞 100 000 多次。经过不断的探索、发展和壮大，"西大团学小微"的团学公众号影响力屡次在各类排行榜中取得较好成绩。

一、不断完善中心制度，加强组织建设

目前，团学新媒体中心干部队伍共有主要干部 13 人，干事长 36 人，干事 48 人。一个组织的发展离不开完善和健全的制度，离不开全体成员的同心勠力。为了进一步规范组织运作，使各部门的团子君们各司其职，积极努力，互相配合，团结协作，我们开展了大量卓有成效的工作。

（1）激励机制逐步建立。为了激发同学们的积极性，在精简机构的同时，轻装上阵，以"有责必究，有奖有惩，奖惩分明，奖惩有度"为基本原则，制定了相关激励制度，坚持精神奖励和物质奖励相结合，以精神奖励为主，提高成员的责任意识及工作热情。2017 年下半年至 2018 年年初共进行了四次奖励，对成员进行肯定鼓励、评优表彰，对提高团媒中心成员工作积极性起到了良好作用。

（2）值班制度日趋成熟。为了让团子君们更加熟悉团媒中心业务，加强联系沟通，及时处理工作，团媒中心实行了值班制度。大家值班时可交流工作心得、增开培训，也可完成学业任务自我提升等，若老师有临时工作任务交代可及时安排落实到位。各部门在本部门值班日下午召开主题会议，促进部门间成员交流。

（3）推送制度不断改进。为了保障微信微博推送（更新）有序进行，我们制定了选题、推送、审核制度。微信推送实行日更，以周为单位，每周安排七位主要干部担任审核工作，提前将推送内容告诉责编，提醒责编按时完

成并进行推送前的最终审核。为了更好地改善微博方面的建设，我们进行了微博整改和更新，主要集中在微博话题的变更，新话题如固定话题："厉害了我的西大""你我西大天""晚间唱片行""深夜思堂"等；非固定话题："这题我会做""君武思学"等。在细化了微博话题、抓住重点发展方向后，我们的微博建设相较于去年取得了不错的效果，"粉丝"上涨，更是增加了与同学们互动的机会，大大提高了微博"粉丝"的黏度和交互程度。除了发布校内实事情况，还会发布社会热点新闻，及一些校园服务类的信息，同时会通过后台互动的方式贴近师生生活，拉近了与"粉丝"的距离。

（4）加强团队组织建设。为加强中心成员团队合作意识，提升工作默契程度和组织纪律性，激发学生干部潜能，进一步加深成员对组织的归属感，同时也缓解学习工作生活压力。2017年，团媒中心共开展了三次内部团建活动，促进组织成员的交流，增进成员间的友谊，提升团队凝聚力与向心力。

二、做好官方微信公众号和微博账号运营

2017年，"西大团学小微"微信公众号和"广西大学共青团"微博立足于"四微"体系，从思想政治、社会热点、校园文化、典型榜样、实践活动、服务生活等角度出发，创新形式，向广大师生推送多元化信息。

（一）微思想，亮光芒

继续用接地气的宣传形式，以青年人的话语体系，开辟"微思想"课堂，把"大道理"变为"微话语"，让"有意义"展现"有意思"。校领导在微平台上与学生互动，微信上推出的《学习十九大　刘正东书记为我校师生作十九大精神专题报告会》《两会声音|我校赵跃宇校长谈"广西自信"与高校人才建设》《"青年的楷模，学习的榜样"　西大青年团干组织学习〈习近平的七年知青岁月〉》以及《十九大学习天天见》专题系列推送等都得到了师生的热烈反馈，用亲近青年的方式引导思想方向。为了迎接即将到来的学校90周年校庆，我们设置了"校庆90周年"的特别专题，定期推出校庆主题的推文，如回顾学校发展历史的《西大回廊》系列推送、回顾学院发展历史的《你知道她们的故事吗？》系列推送以及校友返校日视频推送等，在全校范围内引起了广泛讨论，同时也为即将到来的校庆营造了良好氛围。

（二）微人物，立标杆

我们通过定期推出的"校园名师"系列、"杰出校友"系列推文，以专访、写真合集或祝福视频等形式，去展现他们身上优秀的品质和闪光点，为同学们树立身边的榜样励志前行。同时推出"西大男神女神""区优秀毕业生""保研学霸""创业先锋"等人物专访系列推文，挖掘青年大学生身边的优秀人物和事迹，发挥"微人物"的朋辈影响。

（三）微服务，有温度

完善服务功能，使校园声音听得见；关注校园生活，校园资讯就在手边。我们致力于搭建学生与学校职能部门之间沟通桥梁，与保卫处、后勤处、财务处以及饮食管理中心合作，先后推出了《团子支招　寒假后遗症怎么破》《你不能不知道的广西大学2017的十件大事》《"狗洞"，未来可期》等文章。本学期还与校饮食管理中心进行合作，即将重磅推出校园食堂宣传片，全方位立体化展示学校食堂一饭一菜的制作过程以及先进的无水化管理模式。

（四）微实践，接地气

整合线上、线下的各种资源，引导和鼓励学生利用新媒体开展"微"实践。这一年我们曾推出《桂台联合实践　在台湾的11天我们在做什么》《鸭绿江边团子行|走进吉林边防，点燃青春梦想》《校团委赴那坡县开展"践行十九大，青年大学习"实践调研》等微实践推文，通过宣传、投稿和展示，引导更多的大学生在基层体验和服务中领悟了社会主义核心价值观的深刻内涵。

此外，在"四微"体系基础上，我们还新增了"周末电台"板块，与校主持人班合作，用温暖的声音传递正能量与新资讯，充分利用新媒体平台，打造"多视听化"的团学新媒体平台。

三、拓宽新媒体形式，制作团子君文化周边

为了更新文化产品和迎接两周年，更好地宣传团媒，同时也让新生更好地融入大学新生活，团媒设计并制作了一批新的文化周边产品，其中包括"荷团子"系列记事本、书签、卡套、便利贴、手机支架、KT版手信袋等。拍摄制作了系列的微视频"我的青春在西大""校庆祝福""学生组织创意拜年"等。

四、开展业务培训,提升队伍素质

为了使中心适应新媒体环境的发展变化及技术变革,提高管理质量,满足中心干部的自我成长需要,中心举办了九次全体见习干事培训,各部门内部至少四次以上培训。此外,部门与部门之间也进行了联合培训,提升中心干部的整体素质与工作能力。例如,与宣传部合作制图培训和软件培训,秘书处与宣传部联合 H5 培训等。2018 年 4 月,团学新媒体中心组织开展了面向全校各学院、各学生组织新媒体平台运营干部的新媒体训练营,邀请《南国早报》新媒体中心、腾讯广西、校新闻中心等校内外单位相关领域的专家进行授课,从平台运营、舆情引导、新闻采写、平面设计、视频处理等方面为同学们提供了系统的培训。在全方位提升新媒体学生干部的业务能力的同时,也发挥了团学新媒体联盟矩阵的作用,整合了学校与各学院的新媒体人才资源。

2017 年,"西大团学小微"共推送 702 篇推文,微博发布 3 000 余条。其中,头条阅读量 3 000~5 000 人次的推送共计 87 篇,5 000~8 000 的推送共计 26 篇,阅读量超过 8 000 人次的推送共计 13 篇。例如,《西大版〈致我们单纯的小美好〉》(阅读量 13 380 人次)、保研生专访系列推送(阅读量超过 40 000+人次)等获得了师生们来自师生们的大量关注与好评;《西大医学院大揭秘》《西大专业壁纸》等推送文章被广泛转发,既营造了浓厚的爱校荣校文化氛围,又在广大师生中产生了积极影响引发共鸣。在团中央学校部和《中国青年报》发布的高校团委、全国基层团组织微信公众号综合影响力排行榜中,"西大团学小微"稳居排名前 30,其中在 2018 年 2.12~2.18 的排行榜中排名 12。

五、反思与不足

成绩属于过去。反观这一年的工作,由于主观和客观方面的诸多原因,我们依然存在着问题和不足,比如组织内部干部年级阶梯性不明显、工作强度较大且形势比较单一,成员容易进入"疲倦期"、新媒体业务能力尚有欠缺、校院二级联动不够、用户交互活动不足以及新媒体本身尤其是微信对公众凝聚力下降等问题。面对这些问题,我们并没有退缩,正在深刻反思,努力寻求解决之道。

一年来,团媒人不断思考、勇于执行、努力拼搏,取得了一定的成绩,但我们也深知离自身的要求和学校的期望还有很大距离,许多工作还有待改进。今天第三届团学干部即将卸任，新一届干部将继续接过这个"接力棒"，奔上新媒体建设的新征程。我们相信团子君们定会在全国上下深入学习习近平新时代中国特色社会主义思想的潮流中奋勇向前，在学校正在深化综合改革，积极筹备学校90周年校庆，全校师生同心勠力投入"双一流"建设的大局中，勇往直前，不断创新，加强组织建设，拓展传播形式，深化思想内涵，把新媒体工作做细做实做新，实实在在为学校、为老师、为同学做好宣传和服务，为学校网络思政做出自己的贡献！

广西大学团学新媒体中心
2016—2017学年工作总结

建好平台，网聚青春力量
助力我校建设"双一流"综合性研究型大学

在"微时代"的大背景下，在校党委领导和校团委的具体指导下，广西大学团学新媒体中心（简称团媒中心）已经成立两年有余。首届新媒体中心的同学们用智慧、创意与辛勤努力创下了中心的优秀成绩和良好基础。责任的接力棒在一批批学生干部中传递。这一年来，团媒人不断适应新媒体带来的挑战，加强自身建设，丰富平台内容，把线上教育与线下活动结合，点对点传播转向点对面连线，致力于传播青年声音，解决青年问题，引领青年思想，服务青年成长，发挥好团学新媒体联盟的作用，网聚青春能量，为学校建设贡献一份薄力。

一、凝心聚力，加强组织建设

经过一年的不断磨合与实践，团媒中心根据新媒体工作特点和实际情况，完善管理体制框架，健全并实施较为有效的工作制度。

（一）完善健全各项规章制度

为了进一步规范组织运作，激励同学们工作，团媒中心吸收以往的教训和经验，以"有章必究，有奖有惩，奖惩分明，奖惩有度"为基本原则，进一步建立健全团媒体中心联系沟通、学习培训、考核激励等制度，加强团媒中心及部门内部人事管理，提高中心同学的责任意识及工作热情。目前，除了团媒中心有《广西大学团学新媒体中心工作制度》外，各部门也分别制定了符合部门实际的相关制度，努力使团媒中心各成员做到负责任，明确责任，落实责任，使每个成员都全心全意为团媒中心工作。

（二）逐步提高团队综合素质

为了更好地运用新媒体手段开展思想教育、舆论引导，更好地运营新媒体平台，我们组织各类学习与培训。从2016年下半年至今，组织开展相关业务学习与培训多场，让同学们在思想上、业务上都有一定提升。加强与校内外学生组织尤其是校园媒体的联系沟通，派出代表参加了"融合正当时·校媒再出发"中国高校校园媒体发展论坛、广西高校传媒联盟年会等交流活动，学习先进高效的运营管理模式和时下最新的媒体手段。先后与北京理工大学、西南大学、广西民族大学、桂林理工大学等高校新媒体同学交流沟通，互通有无。不断提升团队综合素质和业务能力。

（三）加强校内外有效交流

积极与各校级组织、各学院新媒体负责人等展开交流，加深与校学生会、校研究生会、社团联合总会等组织的合作，从单一助力宣传精品活动到活动全程跟踪报道，全方位整合学校团学资源，推广学校团学文化，更好地将团学工作与新媒体的结合推向更高的层次。为了使得校院新媒体工作联动深入结合，团媒中心不仅定期组织召开各学院新媒体负责人例会，加强与各学院在新媒体平台上的互动，还增加了线下相互学习交流的活动。深入分析校园网络舆情，查漏补缺，凝聚共同智慧，提升整体团学工作影响力。

二、求实创新，加强平台建设

这一年来，我们努力创新，在实现线上宣传的同时，逐步拓宽渠道和方式，加强团媒中心及新媒体平台建设。

（一）开展线下活动

除了线下活动线上宣传外，尝试利用新媒体平台举行高参与度、强互动性的活动。本学期与校饮食管理中心进行合作，进行了校园首次直播——(《西大首次校园直播　嗨，这是你的菜！》)，引起了校园内师生的热烈关注和回应，临近英语四、六级考试，我们还组织开展了一次考前公益辅导，提升了中心的线下影响力，也为我们新媒体的建设开辟了新的渠道。

（二）加强互动交流

更加注重加强互动，全方位契合校园生活，打造独特品牌形象。利用"转发抽奖""留言获赞""回复参与活动"等形式加强了"粉丝"的存在感、参与感和亲近感。以其权威、温和、活泼的形象，成为西大形象文化景观里一道靓丽的风景线。

（三）扩展服务功能

在微信平台上，我们不断开发和完善微信公众号的菜单服务功能，帮助师生排忧解惑。与团学的其他品牌工作紧密结合，加强与"君武青年网站""青年之声互动平台"的互补、互通，形成团学的宣传与服务大阵地。我们目前的菜单栏设置了"青年之声""通知公告""西大新闻""课表成绩""四六级查询"等，并尝试开发应用小程序，为师生带来更多便利服务。

三、深化提升，丰富内容体系

"西大团学小微"公众号和@广西大学共青团微博是中心的两大载体，在广大师生中有了一定的影响力。我们在原有的"四微体系"上不断创新拓展，从思想政治、社会热点、校园文化、典型榜样、实践活动、服务生活等出发，创新形式，以"7+N"的方向推送多元化信息，开展思想政治教育。

（一）微思想，亮光芒

继续在两微平台上开设"微思想"课堂，把"大道理"变为"微话语"，让"有意义"展现"有意思"。推出了如《习总书记五四讲话精神学习座谈会 青年学子，"五四"课堂开讲啦!》《五四，西大青年说 一起聆听他们的声音》等"两会""习大大说""两学一做"专题，"论"思想，"晒"体会，掀起全校上万名大学生学习习总书记讲话，争做"立志做大事"的当代好青年的热潮。微信上推出的《扬帆起航，上好大学"必修课" 刘正东书记与学生餐叙》《你应该知道的"明天的西大"》等都得到了师生的热烈反馈，用亲近青年的方式引导思想方向。

（二）微热点，集众议

新媒体传播速度快，影响力大，交互性强，使传统校园文化不再是神秘的象牙塔文化，校内外的信息互动交流成为常态。团媒中心主动适应这种复杂的舆论场，紧跟社会热点，积极发出正面声音，引导同学们的思想言论，传播青春正能量。在里约奥运会期间的"不唯金牌论",我们适时适当地推出了《君武青年说　中国男篮:这次我们不想谈胜负》;NBA 赛季之时,我们原创了《青音　我的 NBA 记忆》,大学毕业季则推出了《毕业季　以梦为马,故称"猛犸"》等文章,从大学生的角度去看待问题分析问题,发出属于青年大学生的心声。

(三)微文化,齐分享

我们通过线上推送助力校园文化传播,通过发布《团子君带你了解西大历史的沉淀》《与西大的数字情缘》等坚持传承西大精神,传递百年厚重历史和人文情怀;《表白校花特辑》等展现荷花魅力;"壮族三月三"系列通过趣味科普传播民族文化等,将君武文化、荷花文化、东盟文化、民族文化等在新媒体平台上用同学们喜闻乐见的方式予以展现。

(四)微人物,立标杆

看西大人物,讲西大故事。我们通过定期推出的"领导老师"系列、"校友"系列文章,如《我校梁恩维和沈培康教授分别获全国、广西五一劳动奖章荣誉称号》《专访　立德树人·优秀辅导员陈霄老师》等,展现老师们高尚的道德情操,具有正面的示范效应。"男神女神""区优秀毕业生""保研""创业者"专题等,如《路遥遥　我们一起走——专访姐妹花杨塈和王诗艺》挖掘青年大学生身边的优秀人物和事迹,发挥"微人物"的同辈影响,通过榜样的力量影响和带动青年大学生,引导他们见贤思齐,向学、向上、向善和树立正确的人生观。

(五)微服务,益师生

完善服务功能,使校园声音听得见。如《你一定要知道的办公地点(一)(二)》,与保卫处、后勤处、财务处以及饮食管理中心合作,先后报道了《进化吧!菜鸟驿站!》《手机里的"后勤阿姨"最懂你》《你没听错,图书馆马上有 WIFI 了》等文章,全方位立体化展示学校食堂一饭一菜的制作过程,还报道了食堂大宗食品招标会,让同学们了解饭一菜从采购到制作的流程,对食堂饮食安全与卫生做到心里有数。

(六)微活动,展风采

线下活动线上宣传。对于校园活动来说新媒体搭建了一个更具吸引力的平台。我们通过对校园各种各样的活动进行宣传和报道，如《民族运动会　这场民俗大餐你"吃"了吗？》《壮剧进校园：这几位国家级的演员你认识吗？》《福利　广西大学学生会85周年系列活动来啦》，再现了线上活动的风采与魅力，也扩大了线下活动的影响力。

（七）微实践，接地气

整合线上、线下的各种资源，引导和鼓励学生利用新媒体开展"微"实践。《视频　在中、泰、日交流会上遇见新世界》《公益荧光跑　热爱就要燃并暖!》《公益行　不一样的六一》微实践活动，通过宣传、投稿和展示，让更多地大学生在基层体验和服务中领悟了核心价值观的深刻内涵。团媒中心和其他组织联合举办的"公益跑"活动，西大学子通过燃光跑的方式，为贫困山区的孩子们争取福利，送去冬日里的温暖。

一年来，团媒人在新媒体建设的路上摸索前行。截至2017年6月，团媒中心负责运营的校团委微信公众号"西大团学小微""粉丝"数65 961人，新浪微博广西大学共青团"粉丝"14 567人。团媒中心的内容一直坚持创新创意，微信平台共推出801期共计1 641篇文章，阅读量5 030 618次，点赞量80 011次，转发量288 615次。微博平台发布微博数逾8 377条，总阅读量逾357万人次，转发量20 060次，评论数达26 046人次。2017年一年，无论是从粉丝数还是互动量来看，较去年都有较大增长，特别是微博阅读量显现出成倍增长趋势。2016年9月，教育部部长、党组书记陈宝生，时任广西壮族自治区党委副书记，现任国家质量监督检验检疫总局党组书记侯建国等领导到学校视察团媒中心时，给予了我们肯定和鼓励。陈宝生部长鼓励我们：由学生自己举办自己的新媒体，自己成为自己思想的引领者。这条路可以继续探索走下去。学生有自己的语言，有他们自己关心的问题，有他们自己的表达方式，用他们愿意听的话，喜欢说的话来解答与他们相关的问题，表达他们的喜怒哀乐，很有特色。"

四、反思自身不足

总结经验看到成绩的同时我们也深刻反思，这一年中团媒中心的发展存在的一些问题。

（一）组织内部建设不足

团媒中心内部管理制度和模式有待进一步优化，同学们的工作积极性和对新媒体发展的敏感性有待提高。由于成立时间不长，还没有形成较为成熟的组织文化，干部队伍的梯队建设尚未形成，同一年级或低年级同学较多，中心成员的整体业务素质有待进一步提高。

（二）工作创新与拓展不足

团媒中心主要的载体是微信和微博平台，微信平台的日常管理与运营所需时间较多，由于外部创意的缺乏和技术力量的薄弱，在平台建设方面的创新性不够。今年虽然进行了线上直播的尝试，但与受众的互动性依然较少，用户黏性不高；在文化创意产品开发、推动校园微文化等方面还有很大进步空间。

（三）外部沟通联系不足

团媒中心作为广西大学团学新媒体联盟的执行机构，在加强联盟成员之间的联系与交流方面有待加强，与各二级学院的团学新媒体组织联系不够，二级学院参与团媒中心发展、内容素材投稿等积极性不高，因此各级团组织的新媒体平台联动性不够强。

总之，这一年来团媒人取得了一定的成绩，但离学校、同学们的要求和需求还有距离，许多工作还不够扎实。在今后的工作中，我们将进一步围绕学校团学中心工作，努力改进工作中的不足，把团队工作做细做实，以更好更新的方式实实在在引领同学思想，服务学习生活，做同学们贴心的"团子君"。

广西大学团学新媒体中心
2015—2016学年工作总结

弘扬校园主旋律　传播青春正能量
为我校建设高水平区域特色研究型大学添砖加瓦

回首一年，砥砺奋进写华章

在全国各级团组织积极响应团中央号召，积极运用新媒体手段开展团学

青听新语 润物无声——广西大学学生新媒体文化建设实践与探索

工作之际,在校党委的领导与校团委的具体指导下,广西大学团学新媒体中心(简称团媒中心)于2015年5月正式成立。团媒中心主要负责校团委微信微博平台的日常管理与运营,利用新媒体手段和平台开展网络宣传工作,在新媒体平台上展开正面的舆论导向,弘扬社会主旋律,传播校园正能量,推动形成培育社会主义核心价值观的良好网络环境和浓厚舆论氛围。

一年来,团媒中心始终围绕学校中心工作,在思想政治引领、爱校荣校教育、校园文化建设、服务青年师生等方面开展了一系列富有成效的工作。团媒中心从艰辛初建到初有成效,一路风雨兼程,积累了一些适应新时代青年特点,利用新媒体开展团学工作的经验。

一、团队建设初有成效

在建立之初,团媒中心根据新媒体工作特点和实际情况,摸索着形成了大致的管理体制框架,不断建立健全较为有效的工作制度。

(一)合理设置组织机构,建立有效工作制度

经过一年工作模式的探索,团媒中心结合新媒体工作特点,形成了一套满足实际工作需要与适应组织发展的工作制度和模式。团媒中心下设秘书处、运营部、新闻部、宣传部四个部门,各部门各司其职,通力合作,并结合本部门实际情况形成激励机制和一系列工作制度,充分调动部门内部人员积极性,提高部门凝聚力,为新媒体平台的有效运营提供保障。

(二)大力推进团队建设,提升队伍综合素质

团媒中心队伍建设直接关系到团媒中心在师生中的形象,直接影响团媒中心微博微信平台的运营管理。团媒中心成立之初,为借鉴区外高校新媒体工作情况,更好地开展自身平台建设,在校团委老师的带领下,团媒中心主要干部团队先后到福州大学、福建师范大学、中山大学和华南理工大学学习交流,积极学习先进高效的运营管理模式与方法,完善自身团队建设。同时,为提高队伍思想素质与业务水平,团媒中心组织内部成员到昆仑关开展红色教育学习活动,进一步提高历史认知与思想意识;定期针对微信微博平台运营业务开展了一系列培训,并不断完善和增强业务培训的系统性,组建和培养了一支能够适应新媒体特点、政治素质过硬、业务水平较高、综合能力较强的核心队伍。

（三）切实加强组织交流，实现校内外有效联动

团媒中心注重加强与各校级组织、各学院新媒体负责人等学生组织的交流与合作，积极与校学生会、校研究生会、社团联合总会等校级组织合作，助力宣传校级精品活动，整合"西大团学"资源，将新媒体宣传工作推上一个新台阶。为实现校院新媒体工作的有效联动，团媒中心定期组织召开各学院新媒体负责人例会，深入分析校园网络舆情，充分交流新媒体工作的有效方法，查缺补漏，共谋发展，凝聚共同智慧，提升整体宣传工作的影响力。此外，还积极与区内高校互通有无，曾与广西民族大学、广西科技大学、广西教育学院等高校开展交流工作。

二、内容建设逐成体系

团媒中心结合新媒体手段的特点，丰富宣传方式与内容，逐步形成"四微"体系，讲好西大故事。一年来在引领青年思想、把握舆论导向、传递校园资讯、爱校荣校教育、繁荣校园文化等方面发挥重要作用。

（一）微思想，亮光芒

一年来，团媒中心负责运营的新媒体平台改变刻意古板的宣传形式，开辟"微思想"课堂，把"大道理"变为"微话语"，让"有意义"展现"有意思"。在微信和微博上推出的"微思想课堂之习大大五四讲话精神专题"，将"勤学、修德、明辨、笃实"转为微话语引发讨论；推出"四进四信"活动专栏、"信仰的力量"专题讨论等。通过同学的心得体会形式"晒"出来，使得全校上万名大学生学习习总书记讲话精神，参与热议核心价值观等。校党委书记刘正东、校长赵艳林在微平台上与学生互动，微信上推出的《东哥有约：我们正青春》《高教均衡发展，咱校长这么说》等都引起了师生的巨大反响。同时，团媒中心在繁荣校园文化方面发挥着重要作用，新媒体平台推出的《广西大学，这是你的大学》《西大版南山南》和《西大版好想你》等作品都引起了校内师生和校友们的广泛转发，充分激起了师生们的爱校荣校情怀。

（二）微人物，立标杆

为发挥"微人物"的同辈影响，并挖掘同学心目中的好老师形象，通过榜样力量带动和影响青年大学生，新媒体平台定期推出"我身边的榜样——十大团员标兵""犬系理工男""虎系女学霸""开在西大的巾帼之花——优秀

教师专访"等微人物专题,引导青年大学生们见贤思齐,尊师重教,并获得了广泛认可和喜爱。在考研前夕推送的《学霸情侣》更是在推送后 8 小时内阅读量迅速破万,《南国早报》以头版图片予以刊登,并受到了网易新闻、腾讯新闻、今日头条等媒体的报道。通过这些典型标杆的选树,发挥朋辈影响,激励广大青年向学、向上、向善,为营造良好的学风校风发挥作用。

(三)微服务,益师生

团媒中心一直致力于服务师生,不断开发和完善服务功能,帮助师生排忧解惑。广大师生只需关注公众号,点击菜单栏功能区,即可轻松实现与学习生活有关的成绩、课表、快递等查询和服务等。此外,团媒中心还致力于搭建学生与学校职能部门之间沟通桥梁,充分与保卫处、后勤处、财务处以及饮食管理中心合作,累计报道达 40 余篇:"舌尖上的西大"系列,全方位立体化展示学校食堂一饭一菜的制作过程,报道了食堂大宗食品招标会,让同学们了解饭菜从采购到制作的流程,对食堂饮食安全与卫生做到心里有数。推出的《欠费之惑》《菜鸟驿站何时不菜鸟》等文章,针对同学最急需了解的问题,答疑解惑,贴心服务;寒、暑假学校与相关机构共同发起"寒、暑假返家爱心车"活动,通过微博、微信发布活动消息,两天内帮助 300 多名困难同学安心返家。

(四)微实践,接地气

整合线上、线下的各种资源,引导和鼓励学生利用新媒体开展志愿服务及各类"微"实践。2015 年寒假推出的"走基层,看变化"微实践活动,通过在微博、微信对"一张照片、一条文字、一段采访、一次服务"的宣传、投稿和展示,让同学们分享实践心得,增长见识,丰富社会阅历,也让更多地大学生在基层体验和服务中领悟了核心价值观的深刻内涵,获得了《广西日报》的报道。据不完全统计,2015 年寒假社会实践活动广西大学共青团官方原创微博、微信阅读量达 6 万人次,各话题转发量上千人次,点赞数近 2 000 人次。

除了线上"四微"内容体系外,团媒中心还依托西大闻名的荷花为元素,结合团学精神,设计出"荷团子"作为团学新媒体中心的品牌形象,并陆续设计推出系列荷团子周边产品。"荷团子"生动可爱的形象受到了广大师生的喜爱,也引起了广泛传播。团媒中心以"荷团子"为依托将社会主义核心价值观的内容深入浅出地展现在同学们面前,使枯燥生硬的大道理变成生动活泼的内容。

经过一年的建设，截至目前，团媒中心负责运营管理的校团委微信公众号"西大团学小微""粉丝"数达 62 248 人次，微博官方平台"广西大学共青团"粉丝数达 14 810 人次。从 2015 年 5 月至今，团媒中心的内容一直坚持原创，微信平台推出 778 篇文章，阅读量达 268 616 人次，好友分享量达 160 493 人次；微博平台自建立至今共发送 5 340 条微博，月均阅读量最高达 70 万人次。微信公众号"西大团学小微"曾在共青团中央与中国青年报联合推出的《全国基层团组织微信影响力排行榜》荣登榜首，两次位列团中央学校部推出的《全国高校团委微信公众号影响力排行榜》中第四位，多次跻身前十，与北京大学、清华大学、浙江大学等"985"重点高校同列全国 490 多所高校前列。同时团媒中心的工作也得到了自治区党委书记、自治区人大常委会主任彭清华，自治区党委常委、宣传部部长黄道伟等领导的认可和鼓励。

在看到成绩的同时，我们也清醒地意识到，我们离学校领导、老师同学们对我们的要求与期望还存在着一定差距，工作还存在许多不足，需要我们今后深入调研、勇于探索，凝聚共同智慧，努力加以解决。

目前，团媒中心工作存在着以下不足。

（1）宣传内容深度不足、形式过于单一。目前，新媒体的宣传工作主要以图文推送为主，内容以美图美文、人物专访为居多，在引发青年大学生深入思考，激烈讨论的话题方面所涉较少，思想性和趣味性未能形成有效的结合。在对校园历史、精神、文化上的挖掘不足，难以给同学们留下深刻的印象。对于舆论热点问题的反应不够迅速，急需拓宽宣传形式，丰富有思想有深度的内容。

（2）未形成系统的培养模式。团媒中心团队建设有待进一步加强。尤其是团队成员在分析与解决问题中的政治敏锐性、大局观还有待加强，技术力量和业务水平需要加强，团队的凝聚力与战斗力有待进一步提高，对宣传工作中的紧急情况处理还缺乏有效的工作方法与措施。

（3）线下影响力需进一步扩大。团媒中心是个年轻的组织，由于队伍成员工作精力有限、经验不足等原因，过去一年中主要精力在线上内容推送上，线下活动和文化产品开展研发较少，线上、线下有效结合有待进一步加强。

（4）与校内、外组织缺乏有效沟通。亟待建立和完善学生组织的对话交流机制，切实帮助校内学生组织宣传品牌活动，进一步整合校内外资源，发挥示范作用，带动校内、外高校团学组织占领新媒体阵地，形成新媒体社群协同效应。

青听新语 润物无声——广西大学学生新媒体文化建设实践与探索

展望未来，铿锵前行踏新程

成绩属于过去。如今站在新的起点，面对新的形势任务，我们豪情满怀、意气风发，正在开启未来一年新的工作篇章。

一、以践行社会主义核心价值观为根本，着力提高青年学生的思想意识

团媒中心始终以加强对广大青年的思想引领为首要任务，帮助广大青年学生打牢成长进步的思想基础，坚定跟党走中国特色社会主义道路的理想信念，积极配合党团组织广泛开展的社会主义核心价值观宣传、学习、实践活动，坚持贴近实际、贴近学生、贴近生活的"三贴近"的原则，在思想政治教育中发挥主动性、积极性和创造性，有效提高思想政治教育的针对性、实效性、吸引力和感染力。

二、以丰富平台内容和宣传形式为重点，着力提高平台影响力和感染性

团媒中心要紧紧围绕团学中心工作和当前大局，以社会焦点、热点为契机，不断拓展思路，开拓图文推送之外的微电影、微视频等宣传形式，进一步构建青年话语体系，实现内容的多元化并加强内容的政治性和思想性，提高平台的吸引力和感染力。着重打造荣校、爱校的宣传窗口，深入挖掘校训精神，提高师生对学校历史的认知，让同学们真正地以西大为荣。同时，也以献礼广西大学 90 周年诞辰为纽带，积极配合宣传学校历史、文化、景色，实实在在地影响同学们对于母校的情怀。

三、以完善管理机制为立足点，着力提高团媒中心的凝聚力、战斗力

进一步完善和优化中心现有的工作制度，切实提高团媒中心队伍的积极性与凝聚力。要注重团媒中心文化建设，形成团媒中心的独有的文化传统和团学精神；要鼓励同学们发奋学习专业知识，兼顾好学习与工作，继续开展各类培训，为同学们提供学习扎实技能的平台，加强对外交流和学习，进一步提高队伍的整体素质，打造一支素质高、效率高、战斗力强的创新高工作队伍。

四、以卡通形象为主要宣传载体，着力加强线上宣传和线下活动的结合

团媒中心人物形象"荷团子"已孕育而生，其活泼生动的形象已深入人心，要充分以"荷团子"的形象辐射扩散出更多的文化周边产品，同时以"荷团子"为依托制作具有思想性和趣味性的线下产品，进一步扩大团媒中心的线下影响力。在确保新媒体平台日常运营的情况下，充分结合团媒中心的特点和创新开展线下活动，扩大线下的辐射力和影响力。

微媒体背景下高等学校意识形态话语权的挑战及对策

【内容提要】微媒体背景下，要掌握马克思主义在高校主流意识形态话语权的地位，就要仔细分析微媒体的特点，正确认识高校马克思主义意识形态话语权面临的新挑战，以及如何借助微媒体创新话语体系，坚持正确话语导向，应对面临的挑战，捍卫已有话语阵地。

【关键词】微媒体；高校意识形态话语权。

习近平总书记在全国宣传思想工作会议上强调："我们必须把意识形态工作的领导权、管理权、话语权牢牢掌握在手中，任何时候都不能旁落，否则就要犯无可挽回的历史性错误。"这充分体现着习总书记对意识形态话语权的重视和要求。以微博、微信为代表的新媒体的兴起，虽然内容多样化，信息针对性更强，吸引了众多眼球，微媒体带给我们便利的同时，也出现着内容低俗化、娱乐化，形式随意化的现象，导致"逆主流意识形态"在高校传播，对高校主流意识形态话语权产生着冲击。因此，要把握高校主流意识形态话语权，必须了解微媒体的特点，深刻研究高校主流意识形态话语权被削弱的原因，并给出相应的对策以应对严峻的考验。

一、认识微媒体复杂多样的特点

目前，微媒体（Micro-media）尚没有相关学者对其有一个清晰确切的定义。使用"微媒体"一词的研究者并不多，尚停留在单纯研究微博、微信、微视频等不同类型的微媒体方面。折江虹认为："微媒体，是指由许多独立的发布点构成的网络传播结构，并且特指由大量个体组成的网络结构，只理解

为个体是没有意义的。"从国内微博发展角度来看，正是在"微博"的"微结构"基础上为个人提供的功能强大的个人独立平台，空前强化了个人在线活动的空间和自由，才从根本上冲击了个人参与社会传播的传统格局，进而催生了"微媒体"。[1]相对于传统媒体，微媒体具有以下特点。

（一）明显的"个性化"特点

微媒体的"个性化"特点是相对于传统媒体的"共性"特点而言，传统媒体通常代表某个群体的声音，很难将每个人的观点显现。而微媒体传播的主、客体渐渐倾向于个体，其信息风格、内容、目的都因个体而变，带有极强的个人色彩。微媒体的出现给了草根群众更多发声机会，微媒体的发展，虽然使得每个人都有了抒发心声的平台，但是也给不良社会信息的传播带来了机会。同时，由于个体之间分辨能力的差异，大量转载的出现，进一步扩大了不良微媒体信息的破坏力。

（二）鲜明的"不规范性"特点

微媒体的"不规范性"特点跟其"个性化"特点息息相关，主要体现在几个方面。首先，微媒体平台存在建设不力问题，出现的网络舆论，会误导事件的真实性，难以及时应对。其次，微媒体传播环境监管力度低、难度大，一些"垃圾信息""错误信息"甚至破坏社会主义建设的"不良信息"会大量传播。最后，微媒体对于信息源的掌控不力，很多新闻现场传统媒体并不能第一时间到达，而当地网友却可以方便地利用微媒体进行信息源发布，而信息源的真实性对于舆论的走向具有决定意义。通常，传播信息的"变质"就是由于对信息源的掌控不力。

（三）显著的"增值性"特点

微媒体的"增值性"特点不是通常意义上价值的提高，而是指信息源在传播过程中会不断加入新信息，从而可能吸引对此感兴趣的新的受众。与传统的"盈利性"特点相比，微媒体的"增值性"会大大增加受众参与程度，从而使更多受众作为主体参与到信息传播的过程中来。这对微媒体信息传播的有效性具有十分重要的意义。

（四）典型的"选择性"特点

微媒体的"选择性"特点与"个性化"特点不可分割，微媒体在给予个人展现心声平台的同时，也赋予了个人对微媒体信息的选择权利。新闻信息由关注被谈论到传播，到再传播，是微媒体的一般模式。这个过程中，传播主体会因自我喜好、价值观、自身素质的差异，对微媒体信息的内容、排序、真实性做出选择，同时作为受众客体时人们也会对微媒体信息进行筛选。也就是说，微媒体的"选择性"特点是多方面的，既体现在信息传播方面，又体现在信息接受方面。从一个角度看，这种"选择性"特点，也是人们权利扩大的一种表现。

二、微媒体的发展给高等学校意识形态话语权带来的挑战

（一）微媒体的"个性化"特点模糊了主流意识形态话语权的定位

高等学校始终处在信息接受和传播的前沿，微媒体的"个性化"发展，使得传播者有了更多自主权。但是，作为信息的发布、传播载体，会因为个人因素，将我们国家发展不健全的相关负面信息展现在高校学生面前，如贫富不均、法制不够健全、社会竞争存在不公平现象等。同时，高等学校面临多种国内外思潮。例如，正遭遇着的西方"自由主义"思想这波思潮，其本质上更带有政治渗透色彩，微媒体的迅速发展，使得国外反共势力有了新的"武器"，而且意识形态的渗透越来越成为国际斗争的主要方式。马克思主义作为我国高等学校的主流意识形态，受敌对势力意识形态的渗透，其指导地位出现逐渐被削弱的情况，马克思主义意识形态的话语权不断被模糊。相反，"拜金主义""个人主义"等思想却在高等学校盛行，微媒体丰富多彩的个性化内容，占据了大学生琐碎的时间，甚至占据了高等学校马克思主义理论的课堂时间，加之微媒体将更多中国社会消极的一面展现给大学生，一定程度上导致大学生对社会主义的不满，对共产主义信仰的不坚定，对社会主义核心价值体系缺乏认同，对马克思主义在高等学校的指导地位缺乏理性认识，以至于马克思主义在高等学校的指导地位和拥有的话语权逐渐模糊，高等学校师生对于马克思主义意识形态话语权逐渐缺少清晰的定位。

（二）微媒体的"不规范性"特点使高等学校主流意识形态"失语"

"失语"本是医学名词，高等学校意识形态话语权的失语有两层含义。首先，马克思主义意识形态在高等学校"说话"的权利渐渐减小。其次，马克

思主义意识形态控制舆论的权力逐渐缩小,即"说话"的有效性减弱。微媒体话语权的开放性和隐匿性,也成为微媒体"不规范性"特点的主要原因,同时也是微媒体特性及管控不力的必然结果。针对社会上形形色色的不良现象,微媒体成了鲁迅口中"看客文化"的载体,成了一部分人口中泄愤的工具。虽然不能否定微媒体会形成舆论压力,加速一些事件的解决,因此也带来一系列的舆论危机。高等学校是一个敏感人群的聚集地,微媒体中存在的不规范信息,例如,一些已经模糊了事实真相的信息,在这里传播后很容易进一步将事实变得面目全非;同时,因高等学校人员的特性,社会新思潮很容易快速传入高等学校,受其影响一些人会对自己的利益诉求更加明确,而对所倡导的传统的马克思主义思想产生偏见。另外,微媒体的发展虽然在一定程度上发扬了中国的传统文化,其"不规范性"同样给了传统文化中的"糟粕部分"新的传播契机。某些高等学校师生痴迷于中国古代的"妖术""鬼神"等并不稀奇,甚至对马克思主义产生怀疑,这都使得马克思主义思想在高等学校"失语"。而且高等学校意识形态不仅存在"失语"现象,还存在"失态"现象,这主要是指一些话语权主体,对话语权的把控态度不够坚定,状态不够稳定,从而导致话语权失去本真的现象。

(三)微媒体的"增值性"特点给高等学校"一元指导思想"增添歧义

微媒体的"增值性"特点,一定程度上加快了信息更新的速度,丰富了信息传播内容,却也将高等学校主流意识形态淹没在泛滥的信息之中。微媒体"增值性"使得高等学校受众群体参与互动的频率大大增加,同时微媒体传播中也掺杂着很多和主流意识形态相悖的以及各种垃圾信息。不少大学生沉溺于更新的微媒体信息,而忽略了高等学校弘扬的主流思想,从而迷失在信息爆炸的微媒体时代。作为年轻知识群体,大学生同样会对良莠不齐的微媒体信息判断力较弱,可能会转发某些垃圾信息,甚至添加自己的偏见,这是造成冗余信息的原因,也滋生了高等学校的"逆主流意识形态"。这些泡沫信息的盛行,更加挤兑了高等学校主流意识形态的发展空间。

(四)微媒体的"选择性"特点边缘化了高等学校主流意识形态

微媒体的"选择性"特点,主要是指传播者和受众客体对于微媒体信息的自我选择权利增大,主体可以依据自身需求进行微媒体信息的传播,受众客体也会根据自身素质和自身诉求,选择性地接受微媒体信息,并选择性再传播。我们认为，微媒体的"选择性"特点与其信息多元化密不可分，丰富多元的微媒体信息是人们选择的基础，微媒体平台的开放性带给人们新的传播和接受平台，并赋予其足够的权利去选择信息。从高等学校对微媒体信息的实际需求性来看，高等学校师生喜闻乐见的文化与马克思主义意识形态有一定的隔阂存在。有的大学生并没有选择对马克思主义思想和学说去深究，而是盲目被多样的似是而非的思想文化所吸引，导致高等学校马克思主义意识形态出现被边缘化情况。

三、加强高等学校主流意识形态话语权的主要对策

习总书记在全国高等学校思想政治工作会议上强调，"办好我国高等教育，必须坚持党的领导，牢牢掌握党对高等学校工作的领导权，使高等学校成为坚持党的领导的坚强阵地。党委要保证高等学校正确办学方向，掌握高等学校思想政治工作主导权，保证高等学校始终成为培养社会主义事业建设者和接班人的坚强阵地。"[2]

（一）加强高等学校微媒体平台建设，创新话语体系

高等学校微媒体平台的建立，给教育者和受众群体带来线上交流的机会，也带来一系列危机和风险。要加强高等学校微媒体平台建设，需要从微媒体的传播内容和传播形式出发。首先，把握高等学校主流意识形态话语权，重视高等学校马克思主义宣传工作，要通过微媒体这一平台，解决"思政上课难"的问题，改变传统的灌输模式，改善思想政治工作的话语表达形式，提高高等学校师生对马克思主义理论的积极性和认知能力，身体力行地做好把握高等学校话语权的基层工作。其次，微媒体的内容要代表我们党的利益，明确体现出阶级性。抢占高等学校话语权的先机，要充分保证高等学校党委对话语权的掌控。最后，习总书记特别强调重视高等学校思想政治教育工作，所以高等学校微媒体传播的内容要弘扬时代主旋律，既要响应党的号召，又要符合广大高等学校师生的需求，这就为微媒体的传播内容规定了范围。要有更强的针对性，要与社会主义核心价值体系相一致，加强引导大学生个人价值观的转变。

微媒体在高等学校传播形式的改变，对于加强高等学校马克思主义意识形态的话语权具有重要意义。首先，微媒体平台应增强主客体的互动交流，完善互动机制，高等学校思想政治工作的话语内容设置要贴近师生群体，而这一个目标的实现，需要给予受众客体充分的发言权利，只有满足高等学校

师生群体的利益诉求，才能巩固主流意识形态的话语权。其次，重视微媒体平台的升级，要拓宽微媒体信息的传播范围，从简单的微信公众号、微博公众号设立，向更高层次的传播平台发展，从小范围传播到全国乃至世界范围内的传播，将高等学校打造成建设马克思主义意识形态话语权的模范标兵。高等学校传统话语体系只有通过微媒体的创新才能适应当今时代的变化。例如，培育和践行社会主义核心价值观这一战略举措，就为我们提供了一种新的话语类型，它不仅丰富了中国化的马克思主义，更具有前沿性和先进性，也对高等学校巩固马克思主义意识形态话语权提供了指引。要创新高等学校马克思主义意识形态，首先，高等学校要重视话语体系的主题建设，主题要与党中央保持一致，与时俱进，要契合我党当前意识形态工作的方向，做到既彰显时代个性，又保持本校特色，这就需要高等学校微媒体工作者把握好宣传工作的尺度和方向。其次，要通过微媒体增强高等学校意识形态话语权的说服性。微媒体工作者只有改革传统话语体系，使之更加贴近高等学校师生群体生活、学习的各个方面，才能使高等学校师生善于利用马克思主义解决问题，发挥马克思主义在现实生活中的作用。而不是一味地学习书本中的教条，忽略了其实质，只有这样，才能切实增强马克思主义在高等学校的说服力和领导力。

（二）净化高等学校微媒体环境，坚持正确话语导向

教育部部长陈宝生强调："敌对势力的渗透首先选定的是教育系统。"[3]高等学校作为思想政治工作的引导者，要掌控主流意识形态话语权，重视微媒体环境是一项十分重要的任务。首先，要健全微媒体舆论监督机制。由于微媒体的"隐匿性"和"不规范性"特点，微媒体用户对信息有着充分的发言权和传播权，这种权利发挥过度，会误导高等学校主流意识形态的发展方向，微媒体舆情处理不当会带来严重后果。因此，要完善相关机制，限定舆论传播的尺度，让高等学校师生清楚言论传播范围。其次，要加强舆情监管队伍的建设。建立一支既能灵活运用微媒体技术，又能把握马克思主义发展新动态的师生队伍，对高等学校微媒体的传播内容、传播渠道加以严格监视，对微媒体信息源严格把控，从根源上杜绝"逆主流"意识形态的出现，让微媒体成为切实发挥主流意识形态的"话筒"。最后，要做到积极引导话语方向，既保持微媒体环境的开放性，又控制信息的合理性。只有做到收放自如，才能将社会主义核心价值体系贯穿到微媒体信息中的细微之处，才能使无处不在的微媒体信息成为加强高等学校主流意识形态话语权的有生力量。

（三）规范微媒体秩序，捍卫高等学校已有的话语阵地

目前，如何利用微媒体巩固已有的马克思主义意识形态话语权阵地？首先，要加强学校党委团委与微媒体的交流，加强与微媒体运营商的合作，要严格微信、微博等微媒体公众号的审查制度，采用技术手段强化微媒体垃圾信息的过滤。其次，要加强高等学校微媒体管理人员的党性修养，培育马克思主义在其心中的信仰地位，不断完善高等学校微媒体工作者的综合素质。微媒体秩序的规范，还需要做到对微媒体相关法律法规的健全，微媒体如果不在法律控制范围内，其自发性会带来一系列的网络道德失范现象，甚至违法行为。只有加强对微媒体的法律约束，才能使得微媒体用户保持道德自觉和自律，从根本上偏离社会不正之风，解决微媒体存在的一系列问题，真正发挥微媒体对把握高等学校意识形态话语权的推动作用。

（四）从"指尖"直抵"心间"——广西大学善用微媒体传递正能量的实践探索

广西大学现有"西大团学小微"等160个微信公号、628个微博账号，聚拢了"粉丝"逾10万，每周累计推送原创正能量信息逾200条，每月浏览、转发、评论的人数逾30 000人次，大大拓展了思想政治教育的覆盖面和实效性。打造了"微思想亮光芒、微人物立标杆、微实践接地气、微活动显风采、微服务有温度"的"五微一体"内容体系，探索出"春风化雨、润物无声"的微媒体育人模式。教育部陈宝生部长、广西壮族自治区党委彭清华书记、团中央傅振邦书记、教育部思想政治司冯刚司长等各级领导视察广西大学团学新媒体中心后都给予了充分的肯定，陈宝生部长还题写了"观雨无形融入壮观天地间，听雨无声滋润人生新征程"以示鼓励，《光明日报》《科技日报》、人民网等多家媒体对该校网络文化育人成效先后进行了近30篇（次）的报道。

（唐平秋，董浩然）

微时代背景下大学生网络意见领袖的培养

意见领袖是指在人际传播网络中经常为他人提供信息、意见、评论，对他人施加影响的"活跃分子"。[4]微时代背景下，大学生受价值多元化的影响，对高等学校网络思想政治工作产生了极大冲击。同时，在高等学校中同样存在着一些拥有众多微博或微信"粉丝"，在网络中拥有相当话语权的大学生网

络意见领袖。他们就网络热点的转发、评述、点赞往往能够在高等学校学生群体中产生很强的号召力和带动力，对高等学校学生的网络活动开展、校园舆情的发展有着很大的影响。微时代背景下，发挥好意见领袖的网络舆论导向作用，着力推动大学生网络意见领袖的培养工作就显得格外重要。

微时代背景下大学生网络意见领袖的现状

微时代背景下加强大学生网络意见领袖培养，首先要对大学生网络意见领袖的现状有相对全面的分析。

1. 官方与非官方大学生网络意见领袖共同存在

就目前大学生网络意见领袖的存在形式来分析，可将其分为官方与非官方两类意见领袖。官方的大学生网络意见领袖，更多指的是学生会、学生社团等官方学生组织中，受团委或思想政治教育工作者指导，借助微平台引领校园网络舆论且在网络微平台中有一定话语权的学生骨干。而非官方的学生网络意见领袖，则呈现出多样性。他们可能是学校里的"学霸"级人物、歌手、体育明星等，他们开通微博或微信等微平台后，自然会吸引众多粉丝关注，进而成为高等学校网络微平台的红人，并演变为大学生网络意见领袖。总的来看，非官方大学生网络意见领袖均有其独特之处，并足以对身边乃至学校的学生产生一定的影响。就微时代背景下的校园网络舆情发展情况而言，这两类意见领袖都有其存在的必然性和必要性，特别对于当下高等学校网络思想政治工作有着不容忽视的作用力。

2. 官方与非官方大学生网络意见领袖的不同特点

微时代背景下，虽然高等学校中存在着官方与非官方两类大学生网络意见领袖，但就具体情况来分析，这两类意见领袖的境遇截然不同。官方的大学生网络意见领袖，由于其本身就来自于团学组织，自然会受到高等学校共青团或思想政治工作者的关心和指导，从而获得很好的支持与关心。非官方的意见领袖则很少得到来自学校层面的帮助和引导，他们更多的是根据自己情感的需要参与网络生活。值得注意的是，官方的大学生网络意见领袖，由于其参与网络意见引导的目的与高等学校思想政治工作的统一性，使得他们在发表个人观点时更多地与思想政治教育希望的方向保持一致，长此以往可能导致他们失去作为大学生本该有的思想表达等特性，与同学们产生隔膜。相反，非官方大学生网络意见领袖在面对网络事件时，更多的是趋于自身感悟发表意见，他们在舆情引导过程中的用语则更接地气，更受普通大学生网络"粉丝"的认可。

微时代背景下大学生网络意见领袖培养的困境

微时代为大学生网络意见领袖提供了更广阔的平台，为意见领袖自我影响力的提升以及引领作用的发挥给予了极大的推动力。然而，通过走访调研，发现在很多高等学校中存在着对大学生网络意见领袖培养认识不足、对象选取单一、可持续性欠缺等问题。

1. 高等学校对加强学生网络意见领袖培养的认识不足

这是很多问题中较为突出的一个。受传统思想政治教育理念的影响，很多高校依然过分强调教育者本身的主体性，对于大学生群体中网络意见领袖的思想政治教育积极推动力认识不足，看不到大学生网络意见领袖在微时代中的特殊影响力和带动性，从而忽视了对大学生网络意见领袖的培养。即使有个别高等学校认识到了大学生网络意见领袖在网络思想政治工作中的重要性，也很少有专门针对大学生网络意见领袖的培养计划，更多地选择让意见领袖自我成长、自我管理，忽略了加强大学生网络意见领袖培养的现实需要，看不到意见领袖可能潜在的盲目性和非理智性。长此以往，对于大学生网络意见领袖的健康成长和正能量引导力必然不利，更可能失去这支高等学校思想政治工作的特殊力量，存在被西方敌对势力利用的潜在危险。

2. 高等学校学生网络意见领袖培养对象选取单一

对象选取单一，是高等学校加强学生网络意见领袖培养过程中普遍存在的一个问题。个别高等学校思想政治工作者，由于对微时代背景下大学生网络意见领袖缺乏足够的认识，只看到了团学干部在大学生思想引领中的意见领袖作用，忽视了对非官方意见领袖的培养。在他们看来，只有团学干部这样受过官方培训的学生才能成为大学生网络意见领袖，才能在高等学校网络思想政治工作中起到协助作用。对非官方意见领袖，他们认为更多的是局域性的领袖，对于整个高等学校的思想政治工作产生不了大的影响。这其实恰恰反映了个别高等学校思想政治工作者对团学干部过度依赖，以及对官方意见领袖局限性和非官方意见领袖特殊性认识不足的突出问题。受微时代价值多元化的影响，青年大学生有时更愿意接受来自民间的非官方声音，对于开通微媒介的校园精英网络意见领袖有着莫名的追随和崇拜感。如果对这类意见领袖疏于培养，大学生网络意见领袖队伍就会失去一股重要的力量。

3. 高等学校加强学生网络意见领袖培养可持续性欠缺

部分高等学校在学生网络意见领袖的培养过程中缺乏主动性和持久性，往往是在网络舆论事件发生时才想起大学生网络意见领袖的存在，只有在网络意见领袖出现问题时才意识到对大学生网络意见领袖培养不足的严峻性，等网络舆论的浪潮一过，就会继续忽略培养工作的重要性。

微时代背景下大学生网络意见领袖培养的路径

针对微时代背景下高校加强学生网络意见领袖培养存在的问题，各高等学校应在强化学生网络意见领袖培养的意识、扩大学生网络意见领袖培养的遴选面、建立学生网络意见领袖培养的新方案等方面做出改变，力求在微时代背景下为大学生网络意见领袖培养构建合理路径，为高等学校思想政治工作增添新动力。

1. 强化高等学校培养学生网络意见领袖的意识

大学生网络意见领袖归根结底是学生，是高等学校青年大学生群体中的一分子。微时代背景下，要想让大学生网络意见领袖得到好的成长，成为高等学校思想政治工作的可靠力量，高等学校的培养是关键。青年大学生对新事物历来有着高度敏锐性，特别在微时代背景下对于网络时事热点有着极强的兴趣。毛泽东认为，青年有自身的优势，但也有自己的不足。[5] 微时代背景下，大学生网络意见领袖受自身阅历以及理论知识缺乏的影响，可能会出现网络用语过激或表达不当等行为，有时甚至可能被西方敌对势力所利用。针对这些可能发生的现象，高等学校思想政治工作者必须从思想上重视学生网络意见领袖的培养，学会用马克思主义中国化的最新理论成果指导他们把握舆论导向，把对大学生网络意见领袖的培养看作青年大学生成长的重要组成部分，是对高等学校思想政治工作在微时代背景下的一种必然要求。只有在思想上重视起来，才能在具体实践中更好地培养大学生网络意见领袖。

2. 扩大高等学校培养学生网络意见领袖的遴选面

微时代背景下的大学生网络意见领袖呈现出类别多样化的趋势，不再只是以团学干部为主的官方意见领袖，更多地以在专业领域有突出影响力的青年大学生为主体。这些非官方的大学生网络意见领袖，往往更受普通学生的欢迎和信赖。只有把这一部分非官方的大学生网络意见领袖团结起来，才能更好地发挥大学生网络意见领袖的思想引领功能。列宁曾提出："必须更广泛和更大胆地、更大胆和更广泛地、再更广泛和再更大胆地把青年组织起来"。[6] 这也就是在提醒高等学校思想政治工作者，不能只对官方意见领袖加强培养，应该扩大培养的遴选面，尽可能地把各个领域的大学生网络意见领袖团结起来。在这一过程中，我们的高等学校思想政治工作者要甘于放下身架去寻找潜藏在校园中的非官方意见领袖,要善于跟他们谈心交流,并在充分尊重他们个人意愿的情况下,认可他们的价值,邀请他们加入高等学校学生网络意见领袖的培养队伍中,从而真正培养出涉足领域广、辐射面积大、值得信赖的大学生网络意见领袖队伍。

3. 建立高等学校加强学生网络意见领袖培养的新方案

建立一套完备的高等学校加强学生网络意见领袖培养新方案,是确保微时代背景下大学生网络意见领袖健康成长的必备条件。大学生网络意见领袖受自身学识和阅历的影响,对于很多舆论热点的态度更多地取决于自身对事物本身的理解,无论从理论深度还是社会认同等角度而言,都缺乏科学系统的分析和判断。培养方案要体现出以下三点:首先要对大学生网络意见领袖进行理论上的培训,让他们了解掌握一定的思想政治教育理论知识,学会用马克思主义新闻观指导自己处理网络舆情工作;其次要让大学生网络意见领袖明确自己作为老师和学生桥梁的纽带作用,善用学生喜爱的方式协助高等学校思想政治工作者做好大学生思想引领工作,为高等学校的网络舆情工作贡献自己的特殊力量;最后是要让大学生网络意见领袖树立自己的责任担当,鼓励他们团结一心甘做网络文明宣传员,对于网络中的不良信息勇于及时亮剑,对于网络中的正能量信息自觉评论和转发,真正做到自觉践行社会主义核心价值观。(左向蕾,王万奇)

提升高等学校思想政治教育有效性的"微"探索

[摘要]在以微信、微博为代表的"微"媒体迅速发展的时代背景下,青年大学生行为模式、心理发展、价值取向和道德观念发生了很大变化。"微"媒体的发展给高等学校思想政治教育带来了挑战和机遇,要将其"为我所用",必须高度重视,从组织、队伍、平台、资源和教育模式等方面进行探索,提升大学生思想政治教育的有效性。

[关键词]微媒体,思想政治教育,实效性。

2014年,教育部发出了《关于培育建设大学生网络文化工作室的通知》,以探索新形势下高等学校青年大学生融入校园网络文化建设的新方法、新途径。同年,教育部、国家网信办发布《关于进一步加强高等学校网络建设和管理工作的意见》对加强高等学校网络建设和管理工作提出进一步的要求。2016年习近平总书记在全国高等学校思想政治工作会议上更是明确指出,高等学校思想政治工作要运用网络传播规律，改进创新网上宣传，运用新媒体技术让思想政治教育活起来。随着以手机媒体等移动终端为依托的微信、微博等"微"媒体在青年大学生中使用频率越来越高，在学生中有效开展思想政治教育，就必须占领这些微媒体阵地，通过参与、互动、渗透的方式使思想政治教育随身随行，入脑入心。

一、"微"媒体给高等学校思想政治教育带来机遇和挑战

"微"媒体属于新媒体的一种，而新媒体严格来说是一个不断变化的概念。其定义业界和学界也并未达成共识，这里不做赘述。但其基本特征是依托数字技术、互联网技术、移动通信技术等新兴科技而产生的向用户提供信息服务的一系列新的工具或手段。这里所指"微"媒体是指以微信、微博、客户端等"两微一端"为主要代表的网络新媒体、移动新媒体（手机媒体）。这些媒体传播速度快，互动性强，并且阅读者可以通过关注、取消关注、订阅等操作进行选择性信息接受，编辑，传播。

"微"媒体的运用对大学生的行为模式、心理发展、价值取向发生了很大变化，据 CNNIC 发布的《中国互联网络发展状况统计报告》（第 38 次），截至 2016 年 6 月，我国的互联网普及率为 51.7%，拥有网民 7.10 亿人。其中，手机网民规模高达 6.56 亿人。《2016 年中国青少年上网行为调查报告》显示，截至 2015 年年底，中国青少年网民规模达 2.87 亿人，占中国青少年人口总体 85.3%，占整体网民比例为 41.7%。青少年网民使用手机上网的比例达到 90%，而在腾讯发布的 2015 年微信用户数据报告中，18～25 岁年龄段占比最高，为 45.40%。如果说每一代人都有自己的时代烙印，那么对于现在的青少来说，人人一部手机，每人一个微博一个微信，就是他们的时代记忆。可以说"谁赢得了互联网，谁就能赢得青年、赢得未来"。高等学校大学生思想活跃，网络技术娴熟，有着很强的网络空间话语能力，自我参与和表达的意识更强烈，"八股式"的思想政治教育让大学生感觉索然无味，内容与形式的吸引力和感染力不强，已经无法适应当代大学生的需求。"微"媒体：一方面为思想政治教育提供了新的渠道和阵地；另一方面也对教育者、对教育形式、教育实效性带来了新的挑战。

二、目前高等学校运用新兴媒体开展思想政治教育存在的问题

国内高等学校普遍认识到新媒体传播力量在大学生中的势不可挡，都在探索运用网络媒体平台和新媒体传播手段开展思想政治教育。但是，在实际

操作中对大学生的影响力和实效性不强，主要存在以下问题。

（1）平台力量分散。各高等学校的网络思想政治教育平台在量上大多都形成规模，各类门户网站、主题教育网站、微信、微博平台都在建设之列。但是，一味追求量的积累，各自为政，不同平台有不同部门管理，在组织体系和内容上尚未形成大格局和教育合力。

（2）教育内容枯燥，形式化严重。在很多高校，网络思想政治教育只是第一课堂阵地的简单转移。教育主客体在内容上的共享与互动少，学生参与性低，话语体系错位，通过"微"平台开展教育只不过是换汤不换药地机械"灌输"，"纯理论"的宣传式教育显得枯燥无味，思想政治教育效果自然也就大打折扣。

（3）网络思想政治教育队伍薄弱。思政教育队伍主体的新媒体意识、网络技术、内容创新能力等媒介素养跟不上青年大学生的节奏。缺乏一支素质高、业务好、技能强的网络思想政治教育队伍是目前高校开展网络思想政治教育的普遍短板。

（4）与思政教育第一课堂主阵地不能资源共享形成合力。微平台建设、微活动的开展不能与思想政治理论课堂同步，没有实现资源共享，第一、第二课堂依然停留在各自为政的阶段，结合也仅仅停留在形式上，内容上的真正融合通道尚未建立，教育合力没有形成。

三、提升思想政治教育实效性的"微"探索

作为一种新的传播形态，微媒体是把双刃剑。立德树人是高等学校的根本任务，从多年从事网络思想政治教育工作的实际经验出发，认为新媒体时代要提升高等学校思想政治教育时效性，可以基于网络思想政治教育的组织体系、媒体平台、教育队伍、内容、话语体系等方面做一些"微"探索。

（1）建立统筹协调、合力育人的"微"组织体系，将思想政治教育力量"合"起来。思想政治教育是一盘棋，落实全员全方位全过程育人必须加强学校思想政治教育的整体设计，以"党委统一领导、党政群齐抓共管"为根本原则，建立纵向层层落实、横向协调共管的统筹协调、合力育人的网络大格局和由上而下、协同联动、共抓共建的权责体系，实行各组织层级责任制，层层落实，为思想政治教育长效开展提供组织领导保障。

（2）打造纵横交错、互融互通的立体化"微"平台矩阵，将思想政治教育阵地"搭"起来。全面整合校园各类大学生教育网站和信息平台，完善院校两级官网及各职能部门门户网站建设，加大大学生思想政治教育主题网站

内容和形式改革，建立大学生校园网络互动社区及交流平台，在学生与学生、老师与学生的互动交流中进行渗透式、参与式教育。以学校官微、官博，团委官微、官博为基础，建立一批微信、微博、App等在内的大学生校园学习生活新媒体平台矩阵，将微博、微信、微视、校园网、论坛等整合联通，形成平台联动、"纵横交错"的微平台体系，为社会主义核心价值观等思政教育内容的传播提供了立足点。

（3）培育"师为主导、生为主体"的"微"思政教育队伍，让思想政治教育力量"强"起来。建立一支政治觉悟高、理论水平扎实的教师网络管理队伍。对整个校园网络平台建设、管理、运营进行规划和引导，对网络文化工作者进行教育、培训与管理，在网络思政教育中担当起引领方向、设置议题、把关内容、舆情监控等主导作用；培养一支信念坚定、能力强、业务精、素质高的校园网络宣传员队伍。实行学生"自建、自管、自用"的"三自"方式进行网络平台的建设、管理、运营，突出学生在思想政治教育的主体地位，提高学生的参与性。让学生"自己成为自己的思想引领者"，从以学生心理和视角出发，策划开展网络宣传文化活动，传播社会正能量。再辅以网络中心技术人员、计算机科学与技术专业教师为主要力量的技术队伍，为网络平台建设和整个网络思政实施过程提供技术支持与保障。

（4）整合开发多层次的内容资源，使思想政治教育内容"亮"起来。一方面可以整合校内学科专业资源，将专业性、思想性和趣味性有机结合；整合校史校训资源，引导学生更加了解学校的历史和底蕴，弘扬爱国主义、爱校荣校精神；整合品牌活动资源，创新线上拓展与线下结合的新形式，开发一些具有创意和内涵的衍生文化产品。另一方面充分利用和共享社会资源。微媒体可以以某个社会热点问题、节日纪念日、高频网络词汇、某部口碑好的电影电视剧、流行歌曲等等为创意点，开发制作微信、微博内容，引起青年大学生的集体共鸣或者热烈探讨。

（5）转化话语体系，春风化雨润物无声，让思想政治教育效果"活"起来。与传统的思想政治教育严肃规范的话语相比，新媒体话语更具轻松、活泼、诙谐的特点。大学生作为"网络原住民"，其话语习惯和喜好带有明显的网络话语烙印。要提升思想政治教育的有效性，就必须使用贴近青年的话语，立足青年人的情感需求，构建青年自己的话语体系，将传统课堂上学术性、严肃性的语言转换成为具有浓郁生活气息的、富有生命力的语言风格，将教诲式的单向灌输转化为参与式的双向话语。通过新媒体平台打造"多微一体"的传播内容：①"微思想·亮光芒"，在微平台上开设"微课堂"，将大道理转化为符合青年接受习惯和特点的微话语；②"微人物·立标杆"，用大学生的话语宣传校园内学生身边的优秀青年榜样，发挥同辈影响；③"微实践·接地气"，以线上、线下结合的方式开展社会实践，通过微信、微博等移动平台展示实践见闻，用"有意思"的方式展示"有意义"的内容；④"微服务·有温度"以服务学生成长成才为基本出发点和落脚点，通过线上做好信息咨询、排忧解惑的各类服务。

四、构建提升新媒体思想政治教育实效性的长效机制

高等学校思想政治教育简而言之即通过教育引起学生的思想和行为朝着预想方向变化。而要使这种有效变化能持续，必须构建起长效机制。① 建立组织协调机制。成立校级领导小组，全面领导和协调网络思想政治教育工作。实行校党委宣传部总体统筹，学工部、团委等学生管理部门分别直接管理并指导各二级学院及有关学生组织开展网络文化建设和网络思想政治工作，网络中心提供技术支持和安全维护的协同育人机制。② 建立监管与反馈机制。根据有关法律法规制定网络信息发布和管理规定，完善信息审核发布制度。确立党委宣传部为舆情归口管理部门，建立"舆情日报"制度。建立一支网络"红军"，及时监控舆情发展，确保全校日常舆情的引导和突发舆情危机的统一指挥和上下联动。③ 建立保障机制。建立健全各项规章制度提供制度保障；建设一支"两栖型"网络思想政治工作队伍提供队伍保障；加大包括资金、设备、技术等方面的投入与支持以提供物质保障。④ 建立评价机制。通过建立健全网络思想政治教育的评价体系，对各个要素所产生的思想政治教育效果进行评估，及时获取各类反馈信息，促进高等学校网络微平台的内容和形式的不断创新。（欧阳雄姣）